Fundamentals of Management

第2版

管理学基础

主　编　丁　苹
副主编　孙蔚闻　龚邦运
编　委　陈永强　葛杨生　殷亚姣　张思琪

上海财经大学出版社

图书在版编目(CIP)数据

管理学基础/丁苹主编．－2版．－上海：上海财经大学出版社，2022.6

ISBN 978-7-5642-3944-2/F·3944

Ⅰ．①管… Ⅱ．①丁… Ⅲ．①管理学 Ⅳ．①C93

中国版本图书馆CIP数据核字(2022)第004862号

□ 责任编辑 刘晓燕
□ 电　　话 021－65903667
□ 电子邮箱 exyliu@sina.com
□ 封面设计 张克瑶

管理学基础
(第二版)
主　编　丁　苹
副主编　孙蔚闻　龚邦运
编　委　陈永强　葛杨生
　　　　殷亚姣　张思琪

上海财经大学出版社出版发行
(上海市中山北一路369号　邮编200083)
网　　址：http://www.sufep.com
电子邮箱：webmaster @ sufep.com
全国新华书店经销
上海叶大印务发展有限公司印刷装订
2022年6月第2版　2022年6月第1次印刷

787mm×1092mm　1/16　13.75印张　352千字
印数：6 001－10 000　定价：42.00元
(本教材有电子课件和参考答案，欢迎向责任编辑索取)

前　言

鉴于目前大部分高职院校“管理学或企业管理学”教学仍选用普通本专科教材，其内容更注重系统性和理论知识的阐述，不适合高职高专层次的综合性技能型人才的培养。针对这种情况，我们组织本校一线教师举办教材建设方面的研讨会，深入讨论如何建设该教材。

高职教育的目标是培养应用型、技能型人才，这类学生的特点是基础知识欠扎实，系统化学习能力不强。因此，编写内容既要有基本理论知识，使学生明白“是什么”，更要有相关案例和实训，教会学生“怎么做”“如何做”等。

本书系统地介绍了管理学的基本知识和基础技能。从管理学的含义开始，讲述了管理学的历史发展，并分别阐述了管理学的四大职能（计划、组织、领导、控制），还讲述了战略管理和人力资源管理以及文化建设。本书能让学生在有限的课时内对管理学原理有大概的了解，为学生进一步学习打下基础。

本教材在编写上采用任务驱动模式，在每章中都以完成一个任务为核心，插入相当多的小案例，让学生在学习过程中不断思考，课后也有相关练习、案例分析题及实训题，让学生学完后能具备相关的分析能力，突出了高职院校强调应用型的特点。

本书由芜湖职业技术学院丁苹老师任主编。全书分为九个任务。任务一、二、八、九由龚邦运编写，任务三、四由孙蔚闻编写，任务五、六、七由丁苹编写，全书幻灯片由陈永强制作。本书第二版修正了原书中的一些错误，增加了一些新的管理方法介绍，对课后习题进行了优化，参加改编工作的有葛杨生、殷亚姣、张思琪老师。

本书的改编工作得到了芜湖职业技术学院经济管理学院领导的支持，同时，也得到了上海财经大学出版社的大力支持，在此一并表示真诚的谢意！

由于编者的水平有限，不足之处在所难免，敬请广大读者批评指正。

编　者

2022年1月

目　录

任务 1

了解管理概念及历史发展

能力目标

通过完成本任务，你应该能够：

1. 了解管理的含义、职能等基本概念
2. 了解管理学的历史发展

核心能力

1. 领会管理的内涵
2. 认识管理者的角色
3. 了解西方管理理论的演进

◆ 项目任务

1.1 了解管理学的基本概念

1.2 了解管理学的历史发展

◆ 任务导入

◆ 任务小结

◆ 能力自测

◆ 案例分析

◆ 实训操作

任务导入

【相关阅读】

求　道

有一个年轻人经过千山万水跋涉来到森林中的寺院，请求寺院里德高望重的住持收他为徒。住持郑重地告诉他："如果你真要拜我为师追求真道，你必须履行一些义务和责任。""我必须履行哪些义务和责任呢？"年轻人急切地问。"你必须每天从事扫地、煮饭、劈柴、打水、扛东西、洗菜……的工作。""我拜你为师是为了修习正道，而不是来做琐碎的杂工、无聊的粗活的。"年轻人一脸不悦地丢下这句话，就悻悻然离开了寺院。

正道不是高不可攀或莫测高深的理论，它隐藏在日常的工作琐事及生活细节中。同样的，管理的道理随处可得，只要认真去从事，用心去体验，在工作过程中自可深刻体悟管理的奥妙及意义。

你是否想成为一个高效的管理者，或者未来公司的CEO？通过本章的学习，你能够了解管理的内涵、管理活动的职能与作用、管理的基本属性、基本原理和管理人员的层次及管理者所承担的角色，了解管理思想的发展过程，为你成为或即将成为成功的管理者，实现你的伟大梦想奠定坚实的基础。

1.1　了解管理学的基本概念

管理是伴随着组织的出现而产生的，是实现组织目标的重要手段，是劳动协作的必然产物。凡是需要通过集体努力去实现个人无法达到的目标时，管理就成为必然。因此，小到企业，大至国家，任何组织都需要管理，它是协调个人努力必不可少的因素，是确保组织各项活动实现预定目标的前提。

1.1.1　管理的含义

什么是管理呢？从不同的角度和背景，可以有不同的理解。从字面上看，管理可以简单地理解为"管辖"和"处理"，即对一定范围内的人员和事物进行安排和处理。对于管理的含义，中外学者有着许多不同的见解和定义。具有代表性的有：

法国著名管理学家法约尔把管理定义为：管理，就是实行计划、组织、协调、指挥、控制。

著名管理学者、1978年诺贝尔经济学奖获得者赫伯特·西蒙认为：管理就是决策，决策贯穿于管理的全过程。

美国著名管理学者哈罗得·孔茨认为：管理是一种在正式组织团体中通过别人，并同别人一道去完成工作的技能；一种在正式组织团体中创造一种环境，使人们能为达到团队的目标，既作为个人又互相协作的完成工作的技能；一种消除完成工作障碍的技能；一种能以最高效率切实达到目标的技能。

美国学者 R. M. 霍德盖茨在《美国经营者管理概论》一书中认为，管理就是通过其他人来完成工作。

综合以上定义，我们认为，所谓管理就是通过决策、计划、组织、领导、控制等多项工作，尽可能合理而有效地利用组织所拥有的资源，以实现组织目标的过程。

理解这一定义，必须明确以下几点：

其一，决策、计划、组织、领导、控制等是管理的基本职能。

其二，管理的对象是组织所拥有的资源，包括人、财、物、信息、时间等方面。其中，人是管理的主要对象，时间是管理的最稀有、最特殊的资源，因为时间具有不可逆性。

其三，管理是为实现组织目标服务的，它是一个有意识、有目的的行为过程。

1.1.2　管理的属性

(1)管理的自然属性和社会属性

从本质上看，管理具有两重性，一是与生产力相联系的自然属性，二是与生产关系、社会文化相联系的社会属性。

首先，管理具有自然属性。因为管理过程就是对人、财、物、信息、时间等资源进行组合、协调和利用的过程，其中包括许多客观的、不因社会制度和社会文化的不同而变化的规律。管理的自然属性为我们学习、借鉴发达国家先进的管理经验和方法提供了理论依据，使我们可以大胆地引进和吸收国外成熟的管理经验，以迅速提高我国的管理水平。

其次，管理具有社会属性。因为管理是人类的活动，而人都生存在一定的生产关系下和一定的社会文化中，必然要受到生产关系的制约和社会文化的影响。不同的生产关系、不同的社会文化背景都会使管理思想、管理目的以及管理的方式、方法呈现出一定的差别，从而使管理具有特殊性和个性，这就是管理的社会属性。它既是生产关系、社会文化的体现和反映，又反作用于生产关系、社会文化。管理的社会属性告诉我们，绝不能全盘照搬国外做法，必须考虑我们自己的国情，建立有中国特色的管理模式。

(2)管理的科学性和艺术性

管理既具有科学性，又具有艺术性，完美的管理应当走科学性与艺术性结合的道路。

管理的科学性是指管理是对事物进行观察以后做出的判断，这种判断具有抽象性，并且可以条理化为系统的知识体系，具有规范化和合理化的特点。首先，管理的科学性表现在它极大地推动和促进了生产的发展和管理实践的发展。人类社会生产的发展是有规律的，管理作为进行社会生产的必备条件是与社会生产的规律性联系在一起的。社会生产的发展要求管理的发展，管理的发展也促进了生产的进步和经济的发展，这表明管理具有科学性。其次，管理学的许多内容可以提炼为科学知识体系。泰勒的科学管理原理如今已发展为工业工程学，以人为本的管理已发展为如今的行为科学，将数学运用于管理已发展为运筹学。由此可见，管理的内容本身就可以发展为科学的知识体系，这也充分证明了管理的科学性。

尽管管理学具有科学性，但管理却不是一门精确的科学。因为科学反映不了全部的管理行为。而科学所无法反映的管理内容或行为，人们称之为管理的艺术性。管理的艺术性可以有多种表现，首先表现为管理需要凭借人的直觉经验和洞察力。在许多情况下，直觉、经验和洞察力甚至是难以用语言或文字来表达的，而它们的运用是非常灵活的，是富有创造性的，这也正是管理艺术性的巧妙之处。其次，在管理过程中有些问题在客观上是难以精确并量化的，无法用数学模式去规范化，也没有现成的程序可以效仿。例如，人的潜能和行为、管理系统中各个因素相互之间的过程反馈、各种偶然事件等,这些问题都有赖于管理的艺术性来处理。

1.1.3 管理的职能

【相关阅读】

管理者应该管什么?

蒋华是某新华书店邮购部经理。该邮购部每天要处理大量的邮购业务,在一般情况下,登记订单、按订单备货、发送货物等都是由部门中的业务人员承担的。但在前一段时间里,接连发生了多起A要的书发给了B、B要的书却发给了A之类的事,引起了顾客极大的不满。今天又有一大批书要发送,蒋华不想让这种事情再次发生。

他应该亲自核对这批书,还是仍由业务员来处理?管理者应该管什么?

管理的基本职能有哪些?通过以下内容的学习你将能很好地回答上面的问题。

重要知识1-1

管理职能的含义

管理职能是指管理所应发挥的基本效能,也可以理解为管理者在管理活动中所应有的职责和功能,它表示管理者对管理对象影响的能力和程度。

20世纪初,法国工业家亨利·法约尔提出:所有的管理者都履行着五种职能:计划、组织、指挥、协调和控制。20世纪50年代中期,美国的哈罗德·孔茨提出计划、组织、人员配备、指导和控制等管理职能。20世纪80年代,斯蒂芬·罗宾斯提出计划、组织、领导、控制等管理职能。

(1)计划职能

计划是管理过程中的首要职能,包含规定组织的目标,制定整体战略以实现这些目标,以及将这些计划逐层展开,以便协调和将各种活动一体化。可以从两个角度讨论它的含义。第一,从静态的角度理解,计划是指实现组织目标的行动方案。第二,从动态的角度理解,计划是拟订实现组织目标的行动方案的过程,后者就是管理的计划职能。

(2)组织职能

组织职能包括决定组织要完成的任务是什么,谁去完成这些任务,这些任务怎么分类组合,谁向谁报告,以及各种决策应由哪一级决定。

组织职能是在组织结构基础上的组织运作所发挥出来的功能,或者说组织职能是通过组织工作体现出来的。组织工作是组织为实现其目标而对组织自身进行结构的设计与调整、业务活动的分类、管理人员职位的设置、管理职权的分配以及对组织成员的行为加以规范和协调等方面的工作。

(3)领导职能

领导是指管理者的一种行为和影响力,这种行为和影响力用于引导和激励组织成员去实现组织目标。领导活动是领导者运用权力或权威对组织成员进行引导或施加影响,以使组织成员自觉地与领导者一道去实现组织目标的过程。领导是管理的基本职能,它贯穿于管理活动的整个过程。

(4)控制职能

在管理活动中,控制也是一项重要的管理职能,控制是促使组织的活动按照计划规定的要求展开的过程。控制职能意味着管理人员去主动发现计划实施中出现的(或潜在的)偏差,并加以纠正(或预防)。它是指由管理人员对当前的实际工作是否符合计划进行测定,并促使组织目标实现的过程。控制主要体现在计划的执行过程中,是一种不断地对照计划来检查现有的作业状况的活动。

计划、组织、领导、控制这四种职能是一个互相关联、不可分割的整体。其中某些职能的完成情况会受其他职能完成情况的影响。

1.1.4　管理的基本原理

(1)人本原理

人本原理是管理的首要原理。人本管理原理是指管理者要达到组织目标,则一切管理活动都必须以人为中心,以人的积极性、主动性和创造性的发挥为核心和动力来进行。人本管理原理体现了以人为中心、以人为目的的管理理念,强调人是管理中最主要的因素或决定因素,是管理活动的最终目的,管理既是"依靠人的管理",也是"为了人的管理"。

人本原理要求管理者研究人的行为规律,掌握激励、沟通和领导艺术,真正地做到了解人、关心人、尊重人、信任人和激励人,努力开发和利用人的创造力,充分实现人的社会价值;要从人的本质出发,分析、考虑和满足人的各种合理的需求,开发人的潜能,实现人的自我价值。

(2)系统原理

所谓系统,就是相互有机联系、相互作用的诸元素的综合体。系统具有整体性、内部相关性、目的同一性等基本特征。运用系统理论,对管理对象进行系统分析,研究系统内部以及系统与外部环境之间的有机联系,着力于发挥系统的整体功能,以实现管理最优化的原理,就是管理中的系统原理。

(3)效益原理

"做正确的事"是追求效益的前提。"用正确的方法做正确的事"则是实现效益的保证。因此要提高管理活动的效益,管理者必须提高自己和下属的两种能力:做正确的事的能力和用正确的方法做事的能力。

(4)权变原理

现实中的管理不存在普遍适用的、一成不变的某种固定的模式,管理的有效性总是与特定的管理对象和环境条件相联系。当组织和环境发生变化时,组织的管理也应相应地做出适度的调整。任何管理都要根据所处的内外条件随机应变,实行动态管理,管理者不能将某一场合下使用成功的管理模式简单地照搬到另一种场合,而应根据管理工作所面临的特定情境,开发或选用合适的管理模式,这就是管理中的权变原理。

【相关阅读】

发现"不拉马的士兵"

一位年轻有为的炮兵军官上任伊始,到下属部队视察其操练情况。他在几个部队都发现同样的问题:在一个单位操练中,总有一名士兵自始至终站在大炮的炮管下面,纹丝不动。军官不解,究其原因,得到的答案是:操练条例就是这样要求的。军官回去反复查阅军事文献,终于发现,长期以来,炮兵的操练条例仍因循非机械化时代的规则。站在炮管下的士兵的任务是负责拉住马的缰绳(在那个时代,大炮是由马车运载到前线的),以便在大炮发射后调整由于后坐力产生的距离偏差,减少再次瞄准所需要的时间。现在大炮的自动化和机械化水平很高,已经不再需要这样一个角色了,但操练条例一直没有调整,因此才出现了"不拉马的士兵"。

军官的发现使上级对条例做了符合实际的调整,并使他获得了国防部的嘉奖。因循守旧、墨守成规是管理的最大敌人。创新则是组织生机勃勃的根本和源泉。

通过这件事你是否对管理原理有了些直观感觉?请继续学习本章下面的内容。

1.1.5 管理人员的层次

管理人员是指组织中行使管理职能,承担管理责任,指挥、协调他人完成具体任务的人员,其工作绩效的好坏直接关系到组织的成败兴衰。如公司的班组长、厂长,学校的系主任、院长,机关中的科长、处长、厅长等。管理人员是管理的主体。为了更加深入地了解管理者,需通过对管理人员的分类来进一步认识管理人员。组织中的管理人员按管理层次分为高层管理者、中层管理者和基层管理者三个层次。

(1)高层管理者

高层管理者是指对整个组织负有全面责任的管理者,如公司的董事长或总经理、医院的院长、学校的校长、政府的最高行政长官等。其主要责任是制定组织的总目标、总战略,掌握组织的大政方针,负责与其他相关组织的沟通,并评价整个组织的绩效。对外他们代表组织并以"官方"身份出现在各种场合;对内他们拥有组织中的最高职务和最高职权并对组织的总体目标、整体利益、长远利益负责。一般来说,组织高层管理者的工作绩效将决定一个组织的成败。

(2)中层管理者

中层管理者处于管理层级中承上启下的中间位置。中层管理者是指处于高层管理者和基层管理者之间的一个或若干个中间层次的管理人员,如公司的部门经理、工厂的车间主任等,他们的主要职责就是贯彻执行高层管理者所制定的重大决策,监督和协调基层管理者的工作。他们一方面要接受高层管理者制定的组织的总体目标和全局计划,另一方面还要将其转化为本部门的细化目标和局部计划,并分解为更具体的目标和更精细的计划,落实到具体的基层部门单位,更要把基层单位的反馈信息及时上报上级主管,供高层参考。与其他层次的管理者相比,中层管理者更加注重组织的日常管理,既需要贯彻执行高层管理者的意图,负责把任务落实到基层单位,并及时检查、督促和协调基层管理者的管理活动以确保目标的落实、任务的完成,又要高效、顺利地完成高层管理者交办的工作,并向上级提供进行决策所需的信息资料和各种方案。在一般组织中,中层管理者可进一步分为技术性管理者、支持性管理者和行政性管理者三种。

(3)基层管理者

基层管理者是管理结构中处于底层的管理者。一般称为基层管理者,又称一线管理者,是指现场管理、协调作业活动的管理者,所管辖的仅仅是作业者,而不涉及其他管理者,如生产车间的班组长、饭店中的领班等,其主要职责是给下属操作人员分派具体工作任务,制订本班组的作业计划、直接指挥和监督现场作业活动,确保各项具体工作任务的有效顺利完成。与其他层次管理者相比,他们所得到的指令是具体的、明确的,有权调动的资源也是有限的。对上,要及时汇报具体工作任务的执行情况,反映工作中所遇问题,并请求支持;对下,是其下属的导师、教练和助手。

值得注意的是,不论处于哪个层次的管理者,所从事的都是管理活动,所行使的都是计划、组织、领导和控制等基本管理职能。由于不同管理层次有其各自不同的管理权限、管理责任，在分工的基础上协同一致地做好组织的整体管理工作，所以，不同层次管理者在履行各项管理职能的程度和重点上是有所不同的。

高层管理者在计划、组织和控制职能上用的时间和花费的精力比较多，而基层管理者在领导职能上占用的时间和精力比较多，中层管理者居于两者之间。即便就同一管理职能而言，不同管理层次的管理者在管理工作中所表现出来的内涵也不是完全相同的。以计划职能为例，高层管理者所关心的是组织整体化、长远的战略规划，中层管理者关心的应是组织的中期的、本部门的管理性计划，基层管理者则侧重于短期的、本单位的业务和作业计划。

1.1.6　管理者的技能

管理者能否行之有效地开展工作，很大程度上取决于他们是否真正具备了管理所需的相应管理技能。通常管理人员应该具备的技能包括技术技能、人际技能和概念技能三种。

(1)技术技能

技术技能是指运用某一种特定领域的工艺、技术和知识的能力。如一个学校的校长在教学方面的造诣，一个财务总监对财务知识的掌握等，都属于技术技能。尽管管理者未必是技术专家，但其必须具备足够的技术知识和技能以便卓有成效地指导员工、组织任务。技术职能对基层管理者来说尤为重要，因为他们的大部分时间都是在指导下属并回答有关具体工作方面的问题。因而，对他们来讲，成为业务的内行是作为一个有效的管理者的前提条件。而对于中、上层管理者来说，技术技能的要求就可以相对低一些。

(2)人际技能

人际技能就是指与组织中上下左右的人打交道的能力，包括联络、处理和协调组织内外人际关系的能力，激励和诱导组织内工作人员的积极性和创造性的能力，正确地指导和指挥组织开展工作的能力等。人际技能是一种重要技能，对各层管理者都具有同等重要的意义，在同等条件下，人际技能可以极为有效地帮助管理者在工作中取得成功。

(3)概念技能

概念技能又称为决策技能，它是指分析、判断问题并做出正确决策的能力。具有概念技能的管理者往往把组织视为一个整体，并且了解组织各个部分的相互关系。具有概念技能的管理者能够准确把握工作单位之间、个人之间以及工作单位与个人之间的相互关系，深刻了解组织中任何行动的后果。概念技能的表现之一就是分析和概括问题的能力。具备较高的概念技能能够使管理者快速、敏捷地从混乱、复杂的动态情况中辨别出各种因素的内在联系，抓住问题的起因和实质，预测出问题将会产生的影响，判断出需要采取的措施及其可能产生的后果。概念技能的另一表现是形势判断能力，管理者通过对内外部形势的分析，预见形势发展的趋势，以便充分利用机会，避开威胁，使组织获得最理想的结果。

需要注意的是，以上三种管理技能对处于不同层次的管理人员的具体要求是不同的。技术技能对于基层管理者最重要，对于中层管理者较为重要，对于高层管理者不太重要。人际技能对于各种层次管理者的重要性大体相同。概念技能对于高层管理者最重要，对于中层管理者较为重要，对于基层管理者不太重要，如图1—1所示。

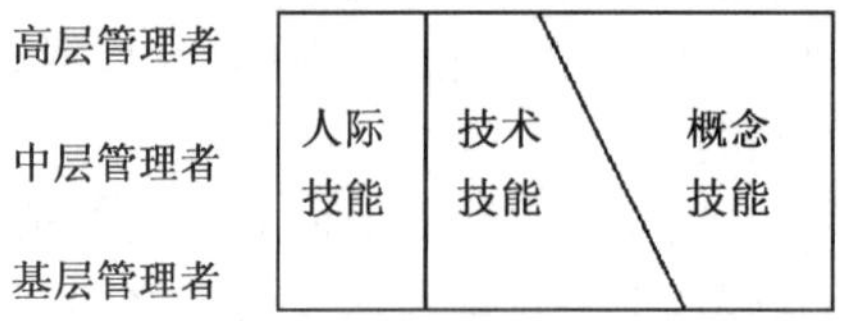

图 1—1　管理人员层次及其技能

1.1.7　管理者的角色

管理者在组织中要扮演一定的角色,而且在实际工作中常常扮演不止一种管理角色。所谓管理角色,是指特定的管理行为类型。在大量观察的基础上,明茨伯格提出了一个管理者究竟在做什么的分类纲要。其结论是,管理者扮演着 10 种不同的、但却是高度相关的角色。

1.1.7.1　人际关系角色

这种角色包括三类,都涉及人际关系及社会交往,即在扮演这类角色时,管理者的主要作用是以某些方式与别人交往。

(1)象征性领导者,为本组织扮演这种角色时,管理者是以组织领导者的身份出现,但其作用仅是礼仪性的,并不是真正发挥领导作用。例如,当学院的院长在毕业典礼上颁发毕业文凭时,或者工厂领班带领一群高中学生参观工厂时,他们都在扮演此角色。

(2)领导者,这个角色负责激励和动员下属,负责人员配备。成功的领导者总是通过创建一定组织文化、提出目标或共同远景使追随者信服或接受,从而发挥其领导作用。

(3)联络者,管理者的作用虽也包括组织内部相互之间的沟通与协调,但主要是涉及对外联络交往,例如代表公司与供应商、客户等进行价格谈判等。

1.1.7.2　信息传递角色

这种角色包括三类,都涉及信息的处理。

(1)信息监控者,这个角色是指管理者既需要积极地寻觅外界环境中对本组织或其中某些人有价值的信息,又要警觉地监控本组织对外输出的信息渠道,严防不宜对外的信息泄漏。

(2)信息传播者,管理者在向别人(无论内外)传播信息时,就是在扮演这一角色。例如,指示某一情况或政策应传达至某一级别或某些员工,或规定某种情况只能通知某几家关系客户等。

(3)发言人,这指的是代表本组织对外界发言。例如,在本公司举行的新闻发布会上宣布本公司某一战略性重大决策等。

1.1.7.3　决策制定角色

明茨伯格围绕制定决策提出了 4 种角色:

(1)企业家,即管理者发起和监督那些将改进组织绩效的新项目。

(2)混乱驾驭者,采取纠正行动以应付那些未预料到的问题,这主要指组织中部门之间产生了较严重的争执与矛盾时,身为上级的管理者必须做调解、仲裁、劝说等工作,以平息这些冲突。

(3)资源分配者,管理者负有分配人力、物资的责任。

(4)谈判者,当管理者为了自己组织的利益与其他团体议价和商定成交条件时,他们是在扮演谈判者的角色。

大量的后续研究试图检验明茨伯格的角色理论的有效性，这些研究涉及不同的组织和这些组织的不同的管理层次。研究证据一般支持这样一种观点，即不论何种类型的组织或在组织的哪个层次上，管理者都扮演着相似重叠的角色。

1.2　了解管理学的历史发展

【相关阅读】

丁谓重修皇宫

宋真宗时期，大臣丁谓用“一举三得”方案重建皇宫。当时，由于皇城失火，皇宫被焚毁，宋真宗命丁谓重修皇宫。这是一个复杂的工程，不仅要设计、施工，运输材料，还要清理废墟，任务十分艰巨。首先，丁谓在皇宫前开沟渠，然后利用开沟取出的土烧砖，再把京城附近的汴河水引入沟渠中，使船只运送建筑材料直达工地。工程完工后，又将废弃物填入沟中，复原大街，这就很好地解决了取土烧砖、材料运输、清理废墟三个难题，使工程如期完成。

丁谓用“一举三得”重建皇宫的方案给我们什么启示？

下面一节你将接触到人类社会几千年来最为辉煌的管理思想，直面一个多世纪以来管理学大师们的深邃的管理理念，它将全面提升你作为一个未来的管理者的精神境界。

自从有了人与人之间的社会生活或者说集体生活，就有了管理的实践和经验总结。管理经验、管理思想的历史与人类的历史一样古老。有关管理的理论和知识体系，是在人类长期实践、长期积累的基础上形成的。

对于管理的思想和智慧可以从广义和狭义两个角度加以把握。

广义的管理学是指人类所有集体化、社会化行为中积累起来的一般人文科学。自从有了人的社会生活，就有了管理实践，也就产生了关于管理的学说。

狭义的管理学是指近一个世纪以来，特别是近代工业革命以来，主要通过自然科学分析方法调查、实验、研究、提炼归纳形成的理论知识体系。本书所指的管理学即狭义的管理学。

管理学是在自然科学发展到一定程度，伴随着工业革命和市场经济而产生和发展起来的。在西方主流的管理学观点看来，泰罗科学管理理论出现之前的阶段称作史前时期，自泰罗率先在管理研究中采用实验分析方法开始，管理学逐渐成为一门科学。

到目前为止，管理的历史发展经过了史前的积累或早期的管理思想、古典管理理论、近代管理理论、当代管理理论等几个大的发展阶段。

1.2.1　中外早期的管理思想

管理思想源于管理实践，同时又指导着管理活动的开展。人类历史发展阶段的社会实践孕育了不同的管理思想。

1.2.1.1　早期西方管理思想

早期西方文明中的管理思想的形成和发展有着广泛的政治、经济、社会实践基础，同时，这些管理实践活动事实上也是在朴素的西方管理思想的指导下开展的。因此,二者很难截然分开。

在古希腊,色诺芬根据自己管理领域的经验写了《经济论》和讨论国家财政问题的《雅典的收入》。他认为家庭管理应该成为一门学问,研究的对象是优秀的主人如何管理好自己的财产。一个奴隶主是否管理好自己的财产,主要看他是否使自己的财富得到增加。色诺芬重视农业,他也对社会分工进行了解释。

在古罗马,格拉古兄弟在公元前2世纪对土地进行了一系列管理,其中弟弟在公元前122年当选为保民官,实行了三项重要的措施:第一,实施粮食法,规定国家仓库以低于市场价格向罗马贫民出售粮食。第二,实施审判法,取消元老院指派法官审理案件的权力,将它交给骑士。此外还实行了包征税,计划建筑道路和公共建筑物,吸收贫民参加。第三,实行关于殖民地的法律,把贫民迁移到殖民地,组织大农场。

据《旧约全书·出埃及记》第十八章记载,摩西是希伯来人的领袖,他在行政法、人际关系、人员挑选和训练等方面都有出色的能力。摩西的岳父耶特鲁,曾批评摩西在处理政务时事必躬亲的做法。他提出三点建议:第一,制定法令,昭示民众。第二,建立等级制度,委任管理人员。第三,分级管理,各司其职。

管理实践经过不断发展,到了18世纪工业革命时期,既继承了古代管理思想,又体现出强烈的时代特色,其中代表人物有亚当·斯密、罗伯特·欧文和查尔斯·巴贝奇。

亚当·斯密认为劳动是国民财富的源泉,劳动生产力的改良和增进,是国民财富增长的基本原因。这一观点,已经成为当时西方管理理论的一个重要论点。斯密特别强调了分工的作用并分析了劳动分工的经济效益,提出了"生产合理化"的概念。他的这些观点为西方管理理论提出了一条极其重要的原理。同时,斯密提出了"经济人"观点,即人们在经济活动中追求个人利益,社会上每个人的利益总是受到他人利益的制约,每个人都需要兼顾他人的利益,由此而产生共同利益,进而形成总的社会利益。这对西方管理的实践和理论,都具有重要的影响。

罗伯特·欧文最早注意到人的因素对提高劳动生产率的重要性,他反对将人视为机器,强调人和机器的根本区别在于人是有需要的有机体。欧文的管理思想,集中体现于他在苏格兰新拉纳克工厂的改良措施中。包括:(1)改善工厂的条件,使生产设备布局合理化,缩短劳动时间;(2)提高雇佣童工的最低年龄限制;(3)提高工资,在厂内免费为工人提供膳食,开设工厂商店,设立幼儿园和模范学校,创办互助储金会和医院,发放抚恤金;(4)与工人接触,了解工人的生产、生活情况。欧文的改革设想,尽管在当时看来很不现实,但他最早注意到管理中人的因素,欧文是人事管理的先驱者,他重视人的因素在工业中所起的重要作用。他的理论和实践对以后的管理特别是人事管理有相当大的影响。

1.2.1.2 中国古代的管理实践和管理思想

古代中国关于组织管理的实践起源于五千年以前,当时中国已经有了人类最古老的部落组织,在随后的两千多年漫长的历史中,中国战事频繁,其集权化的王国组织不断变更。大约在公元前12世纪—前11世纪,周朝制定的官僚组织和制度,是当时国家管理的集中代表。在这一体制中,周朝官员分为天、地、春、夏、秋、冬六官,以天官职位为最高,六官又分权,各司其职。这种权力化的国家管理思想,在以后的历代统治者手中继续得到完善和发展。公元前两百多年的秦王朝,建立了与现代中国国土面积相近的统一国家,其中央集权的治国思想得以进一步发展。秦代以后的历代王朝,其统治者出于自身的利益和建立集权的封建国家的需要,一是着重于治国的管理实践,二是着重于生产和分配的组织,从而形成了综合性的宏观管理思想，这种综合性的管理思想是治国之道的集中体现。

中国古代曾进行过许多大规模的工程建设，如人们熟知的大禹治水工程、秦代万里长城的修建、隋代沟通南北的运河修浚等。这些工程，即使在现代社会也可以被称之为巨型工程项目。在劳动生产力不发达的时代，要顺利实施并完成这些巨型工程项目并非易事，它需要动员举国之力，组织数万乃至百万劳动人员，按工程所需的劳动分工形式安排施工、调度物资、控制工期和质量，以确保工程的完成。在大规模工程建设的管理中，古代中国不仅创造了先进的技术，而且创立了分工协作、合理理财、综合管理和控制质量的管理理念与思想。

古代中国十分重视激励创造发明和改良生产工具，孔子曾说，“工欲善其事，必先利其器”。中国古代以四大发明（造纸术、印刷术、指南针、火药）为代表的技术发明和推广，极大地推动了社会物质文明和精神文明的建设。同时，建立在技术应用基础上的手工业的发展，促进了最初的手工业经营思想和工业管理思想的产生以及社会分工协作管理理念的形成。

中国古代有无数运筹、决策成功的实例。战国时期，田忌与齐王赛马屡败，后来，他改变了策略，按马力的强弱，以己之下马对彼之上马，己之上马对彼之中马，己之中马对彼之下马，取得了二胜一负的战绩，这充分显示了运筹控制在管理中的作用。

我国古代管理思想最主要体现在先秦到汉代的诸子百家思想中，如儒家、道家、法家、兵家、墨家等。许多古代经典著作，如《论语》《道德经》《孙子兵法》《九章算术》《三国演义》《红楼梦》等，充分反映了我国古代成功的管理思想和经验。

老子认为，“道法自然”，即指管理是一个有独特发展规律的、不以人的意志为转移的客观过程；“故道大，天大，地大，人亦大。域中有四大，而人居其一焉”。把人作为宇宙间与道、天、地并列的第四大要素，说明了老子的人本思想。老子认为：“祸兮，福之所倚；福兮，祸之所伏。”管理者要善于从困难和危机中，从难题和曲折中看到矛盾的转化，从危机中看到良机，看到管理系统面临的机会和转折，并要善于把握住这些机会。“无为而无所不为”是老子的一句名言，是老子管理思想的重要谋略。

孔子以“仁”为核心，以“礼”为准则，以“和”为目标的“以德治国”思想是其管理思想的精髓，成为中国传统思想的主流。在孔子看来，人生的最高境界为“仁”，管理的最高境界也是“克己复礼为仁”。无论是修身齐家还是国家管理，都要符合君、臣、父、子的伦理规范，符合社会尊、卑、贵、贱的等级秩序；孔子的管理基点是以“民”“人”为本，“博施于民而济众”，“仁者爱人”，把群体作为管理的基点；孔子中庸之道是其思想中的重要内容。孔子对中庸阐述最基本的是在《礼记·中庸》中所记述的孔子对舜帝评论时所说的一句话，“执其两端，用其中于民”。孔子认为不应该片面强调对立双方中任何一方，更不能肯定一方而否定另一方；应该坚持“中”，坚持常理、常规、标准、度，只有这样才能坚持“正道”。

孙武军事思想和管理思想主要体现在他的传世之作《孙子兵法》中。国外的许多大学师生和企业家们都把《孙子兵法》作为管理著作来研读。“不战而屈人之兵”、“上兵伐谋”、“必以全争于天下”、“出其不意，攻其不备”、“唯民是保”等思想至今仍为管理者们所运用。

总体来看，我国古代管理思想大致可分为三个部分：治身、治生和治国。

（1）治身，即强调人的自身修养和行为示范，从而达到服务社会、服务于人的目的。我国古代的“治身”有“圣人”与“君子”两种境界之分。“圣人”是人们追求的最高层次的最理想的人格。孔子认为，君子“修己以敬”到“修己以安人”，只不过是“仁”的境界，只有达到了“修己以安百姓”、“博施于民而济众”，才达到了“圣”的境界。孟子有：“规矩，方圆之至也；圣人，人伦之至也。”即不论什么地位、何种身份、什么角色的人，圣人都是最高的表率或楷模。对于君子，孔子说:“圣人,吾不得而见之矣;得见君子者,斯可矣。”孔子认为,君子应该有三要素:“君子道者三,我无能焉;仁者不忧,知者不惑,勇者不惧。”即“智、仁、勇三达德”。荀子也认为:一个人的学习是从“士”开始的,最终达到“圣人”境界,其中的阶段即为“君子之学”。同时也指出,要想成为“君子”,必须先从礼义开始努力。

(2)治生,即经营、谋生之计。出自“出入者长时,行者疾走,父老归而治生,丁壮者归而薄业”。古人倡导以“德本财末”和“诚、信、义、仁”伦理思想为哲学核心,并以“积着之理”为中心,用客观经济规律来指导生产经营活动。其核心价值是以德治生、以义取利、以仁德观建立企业经营的核心理念。

我国最早有文字记载的、详尽的劳动生产分工实践,是在《周礼》中。春秋时代的管仲,进一步主张以士、农、工、商四大类来划分全国居民,使其分业而居,终身从事一业,子孙世代相传,便于管理,又有利于劳动技艺的不断提高。对于产品在市场中的运作,我国古代有“酒香不怕巷子深”,这句话除强调了产品质量过硬、以诚实经营赢得顾客外,还包含一种忽视广告宣传效应的保守思想。

(3)治国,即治国之“道”。我国古代的治国总方略是“以民为本”,其出自《尚书》的“民惟邦本”,即只有民众才是国家的根本。即要求国家管理者在制定方针政策时,一切要以老百姓的根本利益为出发点,关心人民的疾苦,减轻人民的负担。

如孔子主张“克己复礼”,追求“安人、安百姓”。目的是建立一个“老者安之,朋友信之,少者怀之”的人与人之间互爱的社会。他主张推行“仁政”,将“仁者爱人”用之于治国,即要以人为先,以民为本。孟子认为,只有“与民同乐”、百姓不饥不寒的社会,才是理想的社会。

1.2.2 古典管理理论

1.2.2.1 泰罗的科学管理理论

1911 年弗雷德里克·泰罗在他的《科学管理原理》一书中明确地阐述了科学管理理论,其思想很快便为全世界管理者所接受。泰罗 1856 年出生于美国宾夕法尼亚州杰曼顿,中学毕业后进入哈佛大学法律系,后因眼疾而被迫辍学。1878 年进入费城米德维尔钢铁厂做一名普通工人,后又逐渐被提升为总工程师。这期间泰罗在实践的基础上推行了一套科学的管理方法。后来进一步研究,提出了被人们称之为泰罗制的科学管理思想。泰罗被后人誉为“科学管理之父”。

科学管理的主要内容包括:

(1)采用科学的方法代替传统的经验、方法。泰罗提出“由管理人员把过去工人们自己通过长期实践积累的大量的传统知识、技能和诀窍集中起来,然后将它们概括为规律和守则”。

(2)工时研究与标准化。工时研究的目的在于合理确定工作定额。工时研究为工业生产实现标准化、对工人进行科学方法的培训创造了条件。要完成按科学方法设定的工作定额,标准化不可或缺。

(3)科学地挑选工人并进行培训。泰罗认为,要使工人能够发挥出其最大能力,必须对工人进行恰当的选择,造就“第一流”的工人队伍。

(4)差别计件工资制。差别计件工资制的前提,是形成根据工时研究、制定的标准定额。完成任务,则得到正常报酬;未达到标准定额的,低报酬;超过标准的,高报酬。

(5)计划与执行相分离。计划职能不能由生产者承担,而必须由管理者承担,工人只负责执行。在企业设置专门的计划部门，负责从工时研究到计划控制等一系列管理工作。

(6)实行职能工长制。泰罗认为，解决管理人员不胜任的根本出路在于改造组织方式，抛弃以往的直线组织形式，以职能式组织取而代之。

(7)管理中实行例外原则。泰罗还提出了在组织中从事管理活动的例外原则。

重要知识 1－2

例外原则的含义

所谓例外原则，指的是对于日常事务，授权部下负责，管理人员只对例外事项(重大事项)保留处置权力。

泰罗科学管理的伟大贡献在于他所倡导的在管理中运用科学方法和实践精神，他指出在一切组织所进行的工作方面，都要用调查研究和科学知识来代替个人的意见和判断。在管理实践中泰罗采用工时研究，坚持操作程序、劳动工具、操作环境标准化的科学原则，建立起一套科学的管理方法和技术，从而使管理从感性上升到理性，标志着管理作为一门科学已经形成。

【相关阅读】

《圣经·旧约全书》的《出埃及记》中记载，希伯来人的领袖摩西事必躬亲，其岳父对此提出了批评："你应当把有才能的人挑选出来，让他们充当千夫长、百夫长、五十夫长、十夫长。""他们应该对每一件小事做出判断，但每一件大事，他们应该向你报告。"这体现了管理的哪些思想?

1.2.2.2 法约尔的一般管理理论

法约尔(1841—1925)，法国工业家。他根据自己多年的管理实践，于1916年出版了代表作《工业管理与一般管理》，被誉为"经营管理之父"。

(1)法约尔从企业经营活动中提炼出管理活动。他认为企业的经营有六项不同的活动，管理只是其中的一项。六项活动是：①技术活动，指从事生产、制造、加工；②商业活动，指购买、销售、交换；③财务活动，指资金的筹集和运用；④安全活动，指维护设备和保护职工安全；⑤会计活动，包括存货盘点、资产负债表制作、核算、统计等；⑥管理活动，包括计划、组织、指挥、协调和控制五种职能。

在这六项活动中，管理活动最为重要，管理是关于人的活动，其他各种财和物都要通过人才能实现组织的目的。

(2)法约尔倡导管理教育。法约尔认为管理能力可以通过教育来获得，"缺少管理教育"是由于"没有管理理论"，每一个管理者都按照他自己的方法、原则和个人的经验行事，但是谁也不曾设法使那些被人们接受的规则和经验变成普遍的管理理论。

(3)法约尔提出了一般管理的14项原则：劳动分工原则；权力与责任对等原则；纪律原则；统一指挥原则；统一领导原则；个人利益服从整体利益原则；人员报酬原则；集权原则；等级制度原则；秩序原则；公平原则；人员稳定原则；首创精神原则；团队精神原则。

■ 劳动分工

在这一点上，法约尔和泰勒的观点相同。他们都认为劳动分工可以提高效率。通过分工，每个人对自己的工作更加熟悉，工作的效率也就更高。但是，分工也有一定限度，实际经验告诉我们,一定程度上的分工可以提高效率,但分工过细就会阻碍效率提高。

■ 权力与责任对等

责任是权力的对等物,是对权力的有效补充。如果只有权力而没有责任,则权力的行使就会无法无天,没有一点限制。如果一个职务只有责任而没有权力,则这个职务就不会有人来承担。因此说,权力和责任谁也不能离开谁。在行使权力中应该规定责任范围,然后利用奖惩来有效管理。

■ 纪律

纪律实际上就是领导与下属之间协商一致的系列服从的表示。任何组织要有效地工作,就必须有统一的纪律来规范人的行为。企业要发展,纪律是绝对必要的,如果没有纪律,任何组织都不能兴旺发达,纪律的实质是对协定的尊重。为保证大家都遵守纪律,就必须要求纪律严明,而且高层领导和下级人员都必须接受纪律约束。

■ 统一指挥

统一指挥是指一个下属人员只应接受一个领导人的命令,无论对于哪一件工作来说,都需要统一指挥,它是一条普遍的永久不变的准则。

■ 统一领导

这条原则表示的是为达到统一目标的全部的活动,只能由一个领导人负责一项计划,只有这样,才能统一行动,协调组织中一切力量。统一指挥和统一领导是有区别的,人们通过统一领导来完善组织,而通过统一指挥来发挥人员的作用,统一指挥不能离开统一领导而存在,也就是说没有统一领导,就不可能有统一指挥,但是有统一指挥,也不一定能保证统一领导。如果没有统一领导,那么一项活动就很难顺利地开展下去。不同的人有不同的看法,不容易保证一致性。

■ 个人利益服从集体利益

法约尔说,个人利益和雇员群体利益都不应该高于企业利益,集体利益应先于其成员利益,国家利益应高于公民个人的利益。然而,每个人都有私心,有时候,无知、贪婪、自私、懒惰以及人类的一切冲动就会让人忘记集体利益而追求个人利益。领导人做好榜样,可以给员工以感染力,让他们以集体利益为重,另外还要很好地监督,惩罚那些损公肥私的人,还要签定公平的协议。

■ 人员报酬

人员报酬是其服务的价格,报酬应该尽可能合理,并尽量使企业与所雇人员都满意。

合理的报酬可以增加员工的积极性,不合理的报酬方式会损害员工的积极性。那么,该怎么选择报酬方式呢?

有以下几点可以遵循:

(1)它能保证公平。

(2)它能奖励有益的努力和激发热情。

(3)它不应超过合理的限度。

报酬率的高低不仅取决于人员的才能,而且取决于可雇人员的多少、生活消费水平、企业的一般情况和企业的经济地位等。

报酬的核心是让员工满意,管理者不应该只关心企业的利益,也应该关心员工的身心健康,既给他们物质上的激励,又给精神上的激励,这样才能让员工更加安心地工作。

■ 集权

这条原则主要讨论了管理的集权与分权的问题，像劳动分工一样，集权也是一种必然的现象。分权是提高总体作用的重要性的做法，而集权则是降低这种作用的重要性的做法，作为管理的两种制度，它们本身是无所谓好坏的。这是一个简单的尺度问题，问题在于找到一个适合于企业的度。而影响集权与分权的主要因素是：组织规模、领导者与被领导者的个人能力以及工作经验和环境的特点。

■ 等级制度

等级制度是组织的高权力机构直至低权力机构的领导序列，是组织内部传递信息和信息反馈的正常渠道，依据这条路线来传递信息，对于各层统一指挥是非常重要的，但它并不是最快捷的途径。如果企业的规模很大，这样做会影响速度和效率。为了解决这个矛盾，法约尔还专门设计了一个"跳板"，后来称为"法约尔桥"，以便使得组织中的不同等级线路中相同层次的人员在有关上级同意的情况下直接联系。

■ 秩序

在社会上，每个人都有他自己的位置，每个人都在他自己的位置上。为了能建立一个企业的社会秩序，按照定义，应该使每个人都有一个位置，每个人都在被指定的位置上。完善的秩序要求位置适合于人，人也适合于他的位置，即做到"合适的人在合适的位置上"。

■ 公平

在对待所属人员时，应该特别注意他们公平、平等的愿望，这样下属容易感到公平。当员工感到不公平时，容易产生不满，降低工作积极性。

■ 人员稳定

人员稳定指的是人员安排上的秩序要和每个工作岗位所需的固定人数相对应，这样做的目的是为了保持企业生产经营的正常状态。

一个人要适应新的工作，不仅要求具备相应的能力，而且也要给他一定的时间来熟悉这项工作。因为经验的积累是需要时间的，如果这个熟悉的过程尚未结束便被指派从事其他的工作，那么，其工作效率就会受到影响。法约尔特别强调，这条原则对于企业管理人员来说是尤其重要的。

■ 首创精神

首创精神是指人在工作中的主动性和创造性。这种精神是企业发展的原动力，是市场竞争的必然要求，想出一个计划并保证其成功是一个聪明人最大的快乐，也是人类活动最有力的刺激因素。这种发明与执行的可能性就是人们所说的首创精神，建议与执行的自主性也都属于首创精神。如果其他情况都一样的话，则一个能发挥下属人员首创精神的领导要比一个不能这样做的领导高明得多。

■ 团队精神

法约尔有句话："团结就是力量。"同心协力是最大的力量，管理人员应避免使用可能导致分裂的方法。例如多用口头联系，少用书面联系。口头的、面对面的交流有助于增强团结，促进他们之间更好地了解。

【相关阅读】

一位著名企业家在做报告，一位听众问："你在事业上取得了巨大的成功，请问，对你来说，最重要的是什么？"企业家没有直接回答，他拿起粉笔在黑板上画了一个圈，只是并没有画圆满，留下一个缺口。他反问道："这是什么？""零""圈""未完成的事业""成功"，台下的听众七嘴八舌地答道。

他对这些回答未置可否:“其实,这只是一个未画完整的句号。你们问我为什么会取得辉煌的业绩,道理很简单:我不会把事情做得很圆满,就像画个句号,一定要留个缺口,让我的下属去填满它。”

1.2.3 近代管理理论的发展

1.2.3.1 巴纳德的一般组织管理原理

切斯特·巴纳德(1886—1961)是近代管理理论的奠基人。1909 年进入美国电话电报公司的统计部门工作,先后担任很多管理职务。1927 年成为新泽西贝尔公司总经理。他的代表作是 1938 年出版的《经理的职能》。巴纳德在管理理论上有以下思想:

(1)组织是一个协作系统。巴纳德认为组织是“有意识地加以协调的两个或两个以上的人的活动或力量的系统。”“组织不是集团,而是相互协作的关系,是人相互作用的系统。”即组织是由人的行为构成的系统;组织的成员包括所有通过自己的行动为组织目标的实现做出贡献的人;组织系统是协作系统的一个组成部分。

(2)协作系统的三个基本要素。巴纳德认为,作为正式组织的协作系统,不管这个协作系统是企业中的各个部门子系统还是由许多子系统组成的整个“社会”,都包含了三个基本要素:协作的意愿、共同的目标和信息联系。对于任何一个组织来说,都是由许多具有社会和心理需求的人组成的协作系统。在他们加入协作系统成为系统的一员后,他们就必须交出个人行为的控制权,使个人的行为非个人化,必须按照协作系统的规范要求来从事他们的行动。

巴纳德提出一个著名的关系式:诱因≥贡献。他认为只有当组织给个人的报酬大于或等于个人为组织所做出的贡献时,个人才有可能愿意为组织目标的实现做出个人的努力和贡献;巴纳德认为组织的共同目标也是组织成员产生协作意愿的前提。

(3)组织平衡理论。他认为组织能否持续存在,取决于其内外部是否平衡。具体包括:①组织内部平衡,指组织整体与个体之间的平衡。也是诱因与贡献的平衡,即组织提供给个人的可用于满足个人需求、影响个人动机的诱因必须等于或大于个人对组织的贡献。②组织与环境的平衡,也就是组织作为环境的有机体其适应环境的行为。要实现组织与环境的平衡,主要取决于组织目标与环境状况的适应性和目标实现程度。③组织动态平衡,即组织内外所有相关因素都处在变化中,由此,不断打破旧平衡、建立新平衡的过程。

(4)管理人员的职能。管理人员最根本的职能是协调,实现组织的平衡。管理人员有三个基本职能:建立和维持一个信息系统;从组织成员那里获得必要的努力;规定组织的共同目标。

【相关阅读】

两个饥饿的人

从前,有两个饥饿的人得到了一位长者的恩赐:一根鱼竿和一篓鲜活硕大的鱼。其中,一个人要了一篓鱼,另一个人要了一根鱼竿,于是他们分道扬镳了。得到鱼的人原地就用干柴搭起篝火煮起了鱼,他狼吞虎咽,还没有品出鲜鱼的肉香,转瞬间,连鱼带汤就被他吃了个精光,不久,他便饿死在空空的鱼篓旁。另一个人则提着鱼竿继续忍饥挨饿,一步步艰难地向海边走去,可当他已经看到不远处那片蔚蓝色的海洋时,他浑身的最后一点力气也使完了,他也只能眼巴巴地带着无尽的遗憾撒手人间。

有两个饥饿的人，他们同样得到了长者恩赐的一根鱼竿和一篓鱼。只是他们并没有各奔东西，而是商定共同去找寻大海，他俩每次只煮一条鱼，他们经过遥远的跋涉，来到了海边，从此，两人开始了捕鱼为生的日子，几年后，他们盖起了房子，有了各自的家庭、子女，有了自己建造的渔船，过上了幸福安康的生活。

读了这则故事，你是否对巴纳德的组织是一个协作的系统有了进一步的了解？

1.2.3.2　梅奥的人际关系学说

人际关系学说的代表人物是美国的行为学家梅奥。梅奥(1880－1949)，美国哈佛大学心理学家。科学管理理论的运用导致企业管理人员严重忽视人的尊严和人的主观能动性，同时长期从事单一、枯燥的标准工作，使得员工的工作效率大为下降。因此，对于管理的研究除了研究生产率与工作场所的物质环境、企业的制度环境、人的工作能力和技术水平之外，管理学者开始研究劳动生产率与工人的工作态度和情绪、工作的积极性和主动性以及其他社会心理需求的关系。即从“经济人”的研究转向对“社会人”的研究。

人际关系理论的研究开始于著名的霍桑试验。从1924年起，由美国科学研究委员会组织研究人员围绕工作条件与生产效率的关系问题，在美国西方电气公司的霍桑工厂进行了一系列的试验。梅奥根据霍桑试验的结果进行分析与研究，于1933年发表了《工业文明中人的问题》，提出了人际关系学说，该学说主要有以下观点：

(1)工人是“社会人”而不是“经济人”。梅奥认为，人们的行为并不单纯出自追求金钱的动机，还有社会方面的、心理方面的需要，即追求人与人之间的友情、安全感、归属感和受人尊敬等，而后者更为重要。因此，不能单纯从技术和物质条件着眼，而必须首先从社会心理方面考虑合理的组织与管理。要调动职工的积极性，就应该使职工的社会和心理方面的需要得到满足。

(2)企业中存在着非正式组织。企业中除了存在着古典管理理论所研究的为了实现企业目标而明确规定各成员相互关系和职责范围的正式组织之外，还存在着大量非正式组织。这种非正式组织的作用在于维护其成员的共同利益，使之免受其内部个别成员的疏忽或外部人员的干涉造成的损失。为此非正式组织中有自己的核心人物和领袖，有大家共同遵循的观念、价值标准、行为准则和道德规范等。

梅奥指出，非正式组织与正式组织有重大差别，在正式组织中，以效率逻辑为其行为规范，而在非正式组织中，则以感情逻辑为其行为规范，如果管理人员只是根据效率逻辑来管理，而忽略工人的感情逻辑，必然会引起冲突，影响企业生产率的提高和目标的实现。因此，管理当局必须重视非正式组织的作用，注意在正式组织的效率逻辑与非正式组织的感情逻辑之间保持平衡，以便管理人员与工人之间能够充分协作。

(3)新的领导能力在于提高工人的满意度。在决定劳动生产率的诸因素中，置于首位的因素是工人的满意度，而生产条件、工资报酬只是第二位的。职工的满意度越高，其士气就越高，从而产生的效率就越高。高的满意度来源于工人个人需求的有效满足，不仅包括物质需求，还包括精神需求。

1.2.4 当代管理理论的发展

1.2.4.1 管理理论中的学派

经历了20世纪30年代至40年代的发展时期后,管理学进入蓬勃发展阶段,出现了百花齐放、百家纷呈的局面,其中既有沿着历史线索逐渐丰富和完善的历史源流,也有新出现的思想和主张。美国著名管理学家哈罗德·孔茨将之概括为"管理理论的丛林"。这种概括未必准确,却也反映了管理理论研究的多姿多彩局面。

(1)决策理论学派

决策理论学派的代表人物是美国管理学家、诺贝尔经济学奖获得者赫伯特·西蒙。该学派的基本出发点是认为"管理是以决策为特征的,管理的本质就是决策",所以他们在吸收了行为科学理论、系统理论、运筹学和计算机科学知识的基础上,创立了一个新的管理理论学派。西蒙的代表作是1960年发表的《管理决策的新科学》,该书被认为是决策理论学派的"圣经"。西蒙的主要观点有:

①管理就是决策。西蒙认为管理就是决策,"管理过程就是决策的过程"。他认为组织是作为决策者的个人所构成的系统。决策贯穿于管理的整个进程,"管理通常是被当作'设法完成任务'的艺术来加以讨论的。管理原则的提出,通常也是为了让一群人采取协调一致的行动。任何实践活动,无不包含着'决策制定过程'和'决策执行过程'。然而,管理理论既要研究后者也要研究前者这一点,却还没有得到普遍承认。"

②决策是一个过程。西蒙认为,决策的过程包括四个阶段:a."情报活动"阶段,即对各种信息情报资料进行分析,寻找有利的决策机会和决策的条件。b."设计活动"阶段,即要根据决策目标的要求,拟定各种可行的备选方案。c."抉择活动"阶段,即根据决策目标的要求和进行决策的准则,对各种备选方案进行比较与分析,从中确定一个方案作为实现决策目标的行动方案。d."审查活动"阶段,即对所确定的决策方案进行评价。

③决策的满意化原则。人们在对各种可行方案进行评价和选择时,总是采用"最优化的原则"。西蒙认为它需要满足以下几个条件:全面寻找备选行为;考察所有复杂后果;根据"全面而一贯的优选程序"来进行选择。但是在实际操作中,由于决策者受自身能力和时间、经费及情报的限制,不可能具备这些前提。所以决策理论学派提出用"满意原则"来代替"最优原则"。所谓满意原则,就是寻找能使决策者感到满意的决策方案的原则。即对于各种决策方案,决策者不是去寻找最优的方案,如果已有了能够实现目标的满意方案,就不再继续进行探索。决策学派认为"满意原则"比"最优原则"更为现实合理。

【相关阅读】

憨女婿的故事

陕北民间有许多关于憨女婿的故事,其中有一则说的是,有一天一个憨女婿带着三斤羊肉去看老丈人,他走着走着,碰上一个路人,他就问路人,看望老丈人,以三斤羊肉作礼品,是否够?路人说,够了,哪怕二斤也够了,于是憨女婿就坐在路边吃掉了一斤羊肉。当他吃了一斤羊肉,起身走了一段路,又碰到了一个路人,他便又问路人说二斤羊肉够不够,那路人就说,够了,哪怕一斤都够了,这时憨女婿便又吃掉了一斤羊肉。当他吃了又一斤羊肉,再起身行路,又碰到一个路人，问一斤羊肉是否够时，路人就告诉他，即便一斤羊肉都不送也没有关系，所以憨女婿把最后的一斤羊肉也吃掉了。

决策或多或少受理论的支配。路人对憨女婿说的话，其实就是一种理论。而憨女婿之所以心里想吃羊肉，却要去问问路人，那不过是他想找一些吃羊肉的借口和理由。在憨女婿看来，只要有路人的支持，吃掉羊肉，他就完全有根据了，而并不是他想吃、贪吃才吃掉的，即使老婆骂了，也没有关系，因为有人支持他，他会说，别人都说二斤、一斤甚至没有都没有关系。他把吃掉羊肉的责任全推给了别人，从这个角度来看，其实憨女婿是不憨的。

决策时不能只听参谋的。作为一个管理者，如果经常犹豫不决，不能果断决策，那是会延误时机的。我们说憨女婿之憨，其实说的是其究竟送三斤好、还是一斤好，一直犹豫不决，老是要问别人，由别人来替他做主。因而从管理效率来讲，憨女婿的管理效率是很低的。

(2)管理科学学派

管理科学学派，又称作管理中的数量学派，也称为运筹学。这个学派认为，解决复杂系统的管理决策问题，可以用电子计算机作为工具，寻求最佳计划方案，以达到企业的目标。管理科学其实就是管理中的一种数量分析方法。它主要用于解决能以数量表现的管理问题。其作用在于通过管理科学的方法，减少决策中的风险，提高决策的质量，保证投入的资源发挥最大的经济效益。

它主要不是探求有关管理的原理和原则，而是依据科学的方法和客观的事实来解决管理问题，并且要求按照最优化的标准为管理者提供决策方案，设法把科学的原理、方法和工具应用于管理过程，侧重于追求经济和技术上的合理性。就管理科学的实质而言，它是泰罗的科学管理的继续与发展，因为他们都力图抛弃凭经验、凭主观判断来进行管理，而提倡采用科学的方法，探求最有效的工作方法或最优方案，以达到最高的工作效率，以最短的时间、最小的支出，得到最大的效果。不同的是，管理科学的研究，已经突破了操作方法、作业研究的范围，而向整个组织的所有活动方面扩展，要求进行整体性的管理。由于现代科学技术的发展，一系列的科学理论和方法被引进管理领域。因此，管理科学可以说是现代的科学管理。其基本特征是:以系统的观点，运用数学、统计学的方法和电子计算机技术，为现代管理决策提供科学的依据，解决各项生产、经营问题。

(3)经验主义学派

经验主义学派又称为经理主义学派，以向大企业的经理提供管理当代企业的经验和科学方法为目标。代表人物是德鲁克，其主要著作有《管理实践》《管理:任务、责任和实践》《有效的管理者》《效果管理》等。

经验主义学派认为管理学应当研究管理经验，认为通过对管理人员在个别情况下成功的和失败的经验教训的研究，会使人们懂得在将来相应的情况下如何运用有效的方法解决管理问题。因此，这个学派的学者把对管理理论的研究放在对实际管理工作者的管理经验教训的研究上，强调从企业管理的实际经验而不是从一般原理出发来进行研究，强调用比较的方法来研究和概括管理经验。

传统管理理论通常以管理技巧为中心、以原则为中心或者以职能为中心，它带来的结果仿佛是先天存在一整套管理职能能够运用到各种组织中。德鲁克首先意识到任务对管理行为的影响，首先有任务才有管理，任务决定管理。他认为:工商企业以及公共服务机构都是社会的器官。它们并不是以自身存在为目的，而是为实现某种特别的社会目的并满足社会、社区或个人的某种特别需要而存在的。它们本身并不是目的，而是手段。对它们提出的正确的问题不应该是“它们是什么”,而应该是“它们应该做些什么以及它们的任务是什么”。

经验主义学派理论的研究内容主要涉及几个方面的管理问题:管理应侧重于实际应用,而不是纯粹的理论研究;管理者的任务是了解本机构的特殊目的和使命,使工作富有活力并使职工有成就;管理者应当实行目标管理的管理方法。

(4)权变学派

20世纪70年代权变学派出现于美国,权变学派的学者认为,不存在“最佳的”“能适应一切情况的”“一成不变的”管理方法与管理理论。

该学派是从系统观点来考察问题的,它的理论核心就是通过组织的各子系统内部和各子系统之间的相互联系,以及组织和它所处的环境之间的联系,来确定各种变数的关系类型和结构类型。它强调在管理中要根据组织所处的内外部条件随机应变,针对不同的具体条件寻求不同的最合适的管理模式、方案或方法。其代表人物有卢桑斯、菲德勒、豪斯等人。

美国学者卢桑斯在1976年出版的《管理导论:一种权变学》一书中系统地概括了权变管理理论。他认为:权变理论就是要把环境对管理的作用具体化,并使管理理论与管理实践紧密地联系起来;环境是自变量,而管理的观念和技术是因变量,这就是说,如果存在某种环境条件,对于更快地达到目标来说,就要采用某种管理原理、方法和技术;权变管理理论的核心内容是环境变量与管理变量之间的函数关系,即是权变关系。

权变理论为人们分析和处理各种管理问题提供了一种十分有用的方法。它要求管理者根据组织的具体条件及其面临的外部环境,采取相应的组织结构、领导方式和管理方法,灵活地处理各项具体管理业务。这样,就使管理者把精力转移到对现实情况的研究上来,并根据对于具体情况的具体分析,提出相应的管理对策,从而有可能使其管理活动更加符合实际情况,并更加有效。

(5)管理过程学派

该学派主要致力于研究和说明“管理人员做些什么和如何做好这些工作”,侧重于说明管理工作实务。其开山鼻祖是法约尔,当代最著名的代表人物是孔茨。管理过程流派吸收其他管理学家的思想和主张,不断丰富各项管理职能的内容,具有广泛的影响。该学派认为管理是一种在正式组织中通过别人,并同别人一起去完成工作的过程。通过对这个过程的研究与分析,就可以总结出一些基本的原理和规律性的东西。

管理过程学派的管理理论是以以下基本信念为依据的:管理是一个过程,可以通过分析管理人员的职能从理论上很好地对管理加以剖析。根据在各种企业中长期从事管理的经验,可以总结出一些基本管理原理,这些基本管理原理对认识和改进管理工作能起到一种说明和启示的作用。可以围绕这些基本原理开展有益的研究,以确定其实际效用,增大其在实践中的作用和适用范围。这些基本管理原理只要没有被证明不正确或需要修正,就可以为形成一种有用的管理理论提供若干要素。管理是一种可以依靠原理的启发而加以改进的技能。

孔茨把管理揭示为通过别人使事情做成的各项职能,他非常强调管理的概念、理论、原则和方法。认为管理工作是一种艺术,其基本原理和方法可以应用于任何一种现实情况,至于管理的各项职能,应划分为计划、组织、人事、指挥和控制五项。他认为协调的本身不是一种单独的职能,而是有效地应用了这五种职能的结果。

(6)行为科学学派

1949年,美国一些从事人际关系研究的管理学者正式采用了“行为科学”一词,并成立了“行为科学高级研究中心”,进一步开展对人的行为规律、社会环境和人际关系与提高工作效率关系的研究。研究的重点转到研究工作本身的性质及其在何种程度上能够满足人们发挥自己技能与才能的需要上，主张以人为中心来研究管理问题。从此，行为科学学说的发展替代了科学管理而风行一时，出现了许多行为科学的著名学者和行为科学理论，如马斯洛的"需要层次理论"，赫兹伯格的"双因素理论"，麦格雷戈的"X理论—Y理论"以及布莱克和穆顿的"管理方格图理论"等。

行为科学既是管理理论的发展又是管理实践的总结，它的产生和发展使企业老板、管理者重新认识到员工的地位，员工已不是一般意义上与资本、土地等相同的生产要素，而是具有相当重要意义的主动因素，这对工人在企业中得到一定的尊重也有很大的帮助，在某种程度上也缓解了劳资关系。所以，行为科学对管理理论及管理实践有着巨大的贡献。行为科学研究的内容和贡献包括以下几方面：

①社会人假定。行为科学认为古典管理学者"经济人"模式太简单化，而肯定了人的复杂性。按照社会人的假定，在社会上活动的员工不是各自独立存在的，而是作为某一群体的一员有所归属的"社会人"。"社会人"固然有追求金钱收入的动机和需求，但并不仅仅如此，他在生活和工作中还有友谊、安全、尊重和归属等需求。因此，对人的管理不应仅仅从其经济动机的一个方面去考虑，调动人的积极性，有时使用非物质的方式、非经济的方法可能更有效。

②有关需求、动机和激励问题的研究。行为科学认为，提高效率的关键在于提高士气。要提高士气，就要研究人的行为动机。而动机是产生于人们本身存在的各种需要。若根据需求和动机进行激励，就能通过提高士气而达到提高效率的目的。行为科学理论对激励过程和激励模式进行了分析和概括，提出了对人的激励理论。对人激励的研究将人的管理提升到所有管理对象中最重要的地位。

③关于领导和领导行为的理论。行为科学对领导问题做了深入的研究，发现领导是个复杂的过程，是一种影响力，是一个动态地影响下属行为的行为过程。行为科学提出了领导特质理论、领导行为理论和领导权变理论三种广义的领导理论。

④关于企业群体行为(作业组合)的研究。行为科学认为，作业组合是由共同持有某些准则的员工所组成的集合体，他们为实现组合体的目标而努力。因此，探讨作业组合的构成、特性与动作，分析作业组合的积极效应，就成了行为科学对管理理论的另一重大贡献。

1.2.4.2　当代管理理论的新发展

处在知识经济时代的现代企业管理借助于日益先进的科学技术，尤其是信息技术，借助于基础设施网络，能够更为方便地进行信息交流和知识共享。对企业来说，现代信息技术及其设施的拥有和利用已成为评价管理信息化程度以及企业综合竞争力的一个重要尺度。当代管理理论主要有以下几种新发展。

(1)知识管理

近几十年来，以信息为基础的组织或知识型企业焕发勃勃生机，创造和传播知识已经成为检验企业核心能力的关键要素，知识的创造和应用能力成为不折不扣的企业核心竞争力的强力支撑。知识管理，是针对知识本身的，包括对知识的创造、获取、加工、存储、传播和应用的管理。就是通过改变员工的思维模式和行为方式，建立起知识共享与创新的企业内部环境，运用集体的智慧提高应变和创新的能力，最终达到目标。

知识管理可以分为以下三类：

①企业内部全员参与的知识交流和共享。因为在知识经济背景下竞争的企业，衡量其成

功的标准在于知识而不再是有形资产或库存。这是指企业从战略上重视知识这种生产要素,并努力对其进行有效管理的活动。

②企业外部知识管理。这部分主要包括市场中供应商、用户和竞争对手等利益相关者的相关信息,专家、顾客意见的采集,员工情报报告系统,行业领先者的实践数据等。

③管理企业的知识资产。知识作为一种竞争资本,要像对其他经营资源一样进行管理,主要包括市场资产、知识产权资产、人力资产和基础结构资产等的管理。

(2)学习型组织

1990年,美国麻省理工学院斯隆管理学院的彼得·圣吉教授出版的《第五项修炼——学习型组织的艺术和实务》,引起了管理学界的极大关注。作者以全新的视野来考察人类群体危机最根本的症结所在,认为人们片面和局部的思考方式及由此所产生的行动,造成了目前破碎的世界,为此要突破线性思考方式,根除组织机构中的一些陋习和作风。

重要知识 1-3

学习型组织的含义

所谓学习型组织,是指通过培养弥漫于整个组织的学习气氛,充分发挥员工的创造性思维能力,而建立起有机的、高度柔性化变频的符合人性的可持续发展的学习组织。学习型组织的主要特点有:工作学习化,学习工作化;强调个人学习基础上的组织学习;强调产生变革的学习;通过学习推陈出新。

我们需要看清如何有效地改善系统。不仅是要学习一种思考方法,更重要的是在实践中反复运用,从而可以从任何局部的变化中看到整体的变动。

在学习型组织的五项修炼中,改善心智模式和团队学习是基础,自我超越和建立共同愿景是向上的张力,系统思考是整个五项修炼的核心,并渗透于前面四项修炼之中。

(3)企业再造

美国管理学家迈克尔·海默和詹姆斯·钱皮在1994年出版了《公司再造》,该书一出版便引起管理界和企业界的高度重视。在书中,两位作者认为工业革命200年来,亚当·斯密的劳动分工理论始终是社会组织的主宰。而大部分企业的组织都表现为效率低下,现代科学技术的发展和竞争环境的变革使得效率不一定产生于分工之中,有可能产生于整合之中,将一个整体的问题交由一个部门显然是不能妥当处理的。这种整合问题的产生为流程再造奠定了基础。

企业再造就是以企业的生产作业或服务作业的流程为审视对象,从多个角度,重新审视其功能、作用、效率、成本、速度、可靠性等,找出其不合理的因素,是一种变革性、革命性的创造,而不是简单地对现有流程进行改进。通过重新设计,以效率和效益为中心构造新的服务流程,以提高企业的整体效率。企业再造的推动力和目的可以表示为"3C",即顾客(customer)、竞争(competition)和变化(change)。市场竞争的加剧也让顾客有了更多的选择,通过流程再造可以帮助企业留住顾客、赢得竞争。

(4)虚拟组织

虚拟组织也称动态联盟,一般是由两个或两个以上独立的公司组成的临时的合作伙伴关系,是一种共享技术、分担费用、联合开发、建立在信息网络基础上的组织形式。它不具法人资格,也没有固定的组织层次和内部命令系统,是一种开放的组织结构。

虚拟组织的产生使企业界限模糊化了，越来越多的企业在激烈的市场竞争中借助于外部的人才资源来弥补自身智力资源的不足，通过功能的虚拟化与其他企业的功能整合提高自身的竞争力。此外，通过与其他企业合作，共同开发产品，既能发挥各自的优势，又能最大限度地降低失败所带来的风险。所以虚拟组织有着强大的生命力和适应性。

虚拟组织一般要由盟主企业负责组建、管理虚拟企业。虚拟企业的特征体现为功能特点专长化（每个成员企业贡献自己的核心能力、资源）、运作方式合作化（整合资源、形成合力）、联盟形式动态化（临时联盟）、组织结构扁平化（进行项目化管理）、工作方式并行化（并行工作，快速响应机遇）、损益共担化（共担费用、风险，共享收益）。虚拟企业的实质是突破企业有形界限，延伸和组合各企业的功能；策略是充分利用外部资源，减少投资风险，加速实现市场目标；目标是通过资源整合，实现“聚变”，创造出超常竞争优势。

(5)第五代管理

1991年，查尔斯·M·萨维奇在《第五代管理》中，提出了突破工业时代严格的等级制和例行程序，实现“知识网络化”管理。对企业的科学管理不仅仅是重新设计企业的具体管理流程，而是使企业的经营观念、经营战略、组织结构、组织行为、管理规范、管理方法、管理技术、企业文化都要完成适应网络化管理需要的整合。

萨维奇在《第五代管理》中解释了企业管理的不同阶段：第一代，以所有权作为组织劳动力、资源和技术的小业主管理；第二代，建立了严格的等级制；第三代，在继承发展严格的等级体系的同时，引入了矩阵组织；第四代，更完善地建立严格的金字塔式的等级制度，更有效地运用矩阵管理方式，同时利用计算机技术加强水平方向和垂直方向不同职能部门的接触；第五代，知识网络。第五代管理的组织基础是知识的网络化。在管理上更注重人的作用和人际沟通，企业经营实行网络化，即可以同时进行一项和多项工作。组织结构更依赖小组和团队的活动，管理层次大为减少。在这种以知识的网络化为特征的管理中，知识网络中等级制组织的一些成分仍然存在，董事会、董事长及高级管理者与专业人员、普遍雇员还各有分工和权限。

【相关阅读】

在一次宴会上，唐太宗对王珐说：“你善于鉴别人才，尤其善于评论。你不妨从房玄龄等人开始，都一一做些评论，评一下他们的优缺点，同时和他们互相比较一下，你在哪些方面比他们优秀？”

王珐回答说：“孜孜不倦地办公，一心为国操劳，凡所知道的事没有不尽心尽力去做，在这方面我比不上房玄龄。常常留心于向皇上直言建议，认为皇上的能力与德行比不上尧舜很丢面子，这方面我比不上魏征。文武全才，既可以在外带兵打仗做将军，又可以进入朝廷搞管理担任宰相，在这方面，我比不上李靖。向皇上报告国家公务，详细明了，宣布皇上的命令或者转达下属官员的汇报，能坚持做到公平公正，在这方面我不如温彦博。处理繁重的事务，解决难题，办事井井有条，这方面我也比不上戴胄。至于批评贪官污吏，表扬清正廉明，嫉恶如仇，好善喜乐，这方面比起其他几位能人来说，我也有一日之长。”唐太宗非常赞同他的话，而大臣们也认为王珐完全道出了他们的心声，都说这些评论是正确的。

这个故事给我们什么启示？

任务小结

亲爱的读者,你已经完成了任务 1 的学习,相信你已经初步具备了一个管理者的基本素质。《论语》里有一句名言:“工欲善其事,必先利其器。”用到这里来,也是很合适的。要想把管理做好,先得在思想上武装自己,尤其是要树立现代管理理念。本任务就是让你了解与管理相关的知识点,了解管理思想的演变,懂得管理学不仅是一门科学,而且是一门艺术。

这里我们特别强调,现代管理理念是一个不断演进过程的产物,了解管理理念的变化就是让我们树立现代管理理念,以先进的经营理念做指南,紧紧围绕着以人为本的观念,开展各项管理活动。

下面请进入能力自测部分,一方面巩固以上所学内容,同时也为后续课程的学习夯实理论基础。

能力自测

一、单项选择题

1. 对管理最形象的描述是(　　)。

A. 艺术　B. 科学　C. 艺术和科学　D. 上述均不是

2. 不属于管理职能的是(　　)。

A. 组织活动　B. 控制活动　C. 获取资源　D. 计划

3. 管理者在作为组织的官方代表对外联络时,他扮演的角色是在(　　)。

A. 信息情报方面　B. 决策方面

C. 人际关系方面　D. 业务经营方面

4. 法约尔的代表作是(　　)。

A.《科学管理原理》　B.《工业管理和一般管理》

C.《社会组织和经济组织理论》　D.《车间管理》

5. 对高层管理人员来说,相对更重要的技能是(　　)。

A. 形成概念的技能　B. 人际关系技能

C. 计划技能　D. 技术技能

6. 把第二次世界大战后管理理论研究的多彩多姿局面概括为“管理理论丛林”的是(　　)。

A. 孔茨　B. 福特　C. 马斯洛　D. 巴纳德

7. 科学管理中能体现权力下放的分权尝试的原理是(　　)。

A. 差别计件工资制　B. 职能原理

C. 例外原理　D. 工时研究

8. 下面属于基层第一线管理人员的职位是(　　)。

A. 总裁　B. 厂长　C. 部门经理　D. 工长

9. 在管理过程中采用科学方法和数量方法解决问题是(　　)的主张。

A. 组织管理学派　B. 行为科学学派　C. 管理科学学派　D. 经验管理学派

10. 被称为“科学管理之父”的是(　　)。

A. 法约尔　B. 泰罗　C. 巴纳德　D. 韦伯

11. 对基层业务管理人员而言,其管理技能侧重于(　　)。

A. 技术技能　B. 财务技能　C. 谈判技能　D. 营销技能

12. 奠定了管理过程思想基础的是(　　)。

A. 泰罗的科学管理理论　B. 法约尔的一般管理理论
C. 韦伯的理想的行政组织理论　D. 西蒙的管理决策理论

13. 科学管理理论是基于对人的(　　)的人性假设而提出的。
A. 理性人　B. 经济人　C. 社会人　D. 一般人

14. 梅奥通过霍桑实验得出,人是(　　)。
A. 经纪人　B. 社会人　C. 理性人　D. 经济人

15. “管理过程就是决策的过程”的提出者是(　　)。
A. 赫伯特·西蒙　B. 切斯特·巴纳德
C. 哈罗德·孔茨　D. 罗特利·斯伯格

16. 认为不存在“最佳的”“能适应一切情况的”“一成不变的”管理方法与管理理论的学派是(　　)。
A. 经验学派　B. 权变学派
C. 决策理论学派　D. 社会系统管理学派

17. (　　)提出用“满意原则”来代替“最优原则”。
A. 经验学派　B. 权变学派
C. 决策理论学派　D. 社会系统管理学派

18. 针对知识本身的,包括对知识的创造、获取、加工、存储、传播和应用的一种新型管理是(　　)。
A. 学习型组织　B. 流程再造　C. 知识管理　D. 虚拟组织

19. 在学习型组织的五项修炼中,(　　)是整个五项修炼的核心,并渗透于前几项修炼之中。
A. 系统思考　B. 改善心智模式
C. 团队学习　D. 自我超越

二、多项选择题

1. 科学管理的基本原理有(　　)。
A. 采用科学的方法代替传统的经验方法
B. 科学挑选工人并进行培训
C. 运用科学的手段对工人进行教育、训练和培养
D. 管理者应与工人们彼此合作、协调

2. 法约尔将管理职能分为计划和(　　)等。
A. 组织　B. 指挥　C. 协调　D. 控制

3. 人际关系理论的主要内容有(　　)。
A. 工人是“社会人”而不是“经济人”
B. 企业中存在着非正式组织
C. 新的领导能力在于提高工人的满意度
D. 工人应该成立工会

4. 行为科学研究的主要内容和贡献表现在(　　)。
A. 社会人假定
B. 有关需求、动机和激励问题的研究
C. 关于领导和领导行为的理论
D. 关于企业群体行为(作业组合)的研究

5. 巴纳德认为协作系统包括的基本要素有(　　)。
A. 协作的意愿　B. 共同的目标
C. 信息联系　D. 精神激励

6. 知识管理可以分为(　　)。
A. 企业内部全员参与的知识交流和共享
B. 企业外部知识管理

C. 企业对其先进技术的管理

D. 管理企业的知识资产

7. 明茨伯格的管理角色理论中人际关系方面包括(　　)。

A. 挂名首脑　　B. 领导者　　C. 联络者　　D. 企业家

8. 管理人员应该具备的技能包括(　　)。

A. 技术技能　　B. 人际技能　　C. 决策技能　　D. 概念技能

9. 法约尔通过一般管理和工业管理实证研究归纳的一般的管理原则包含(　　)。

A. 劳动分工原则　　B. 职权与职责原则

C. 命令统一原则　　D. 人员稳定原则

三、简答题

1. 简单描述古典管理理论的每一学说。
2. 简单描述明茨伯格所提出的管理角色理论,并逐一举例。
3. 高层经理人员应该具备什么技能?
4. 简述法约尔提出的管理原则。
5. 巴纳德的社会系统学派有哪些代表观点?
6. 学习型组织有何特点?

案例分析

案例一　新达公司的效率

新达批发公司的产品销往6个省市中的500多个零售商。批发业务的一个主要盈利因素就是尽快满足用户订单要求。零售商一旦发出订单,就希望能尽快到货,假如在交货中有任何耽搁,他们就会寻找其他批发商购货。

新达公司的经理黄胜上一个月刚刚完成了对公司的整改。第一,他对所有物品做了新安排,以便将那些需要快递的物品尽可能地安置在最靠近装货码头的那些仓库中。第二,他引入了新的库存控制制度,所有重要的原始记录都由电脑储存。第三,对一些办公室做了新的安排,并配备了新的办公设施。此外,在工作场所还播放轻松悦耳的乐曲。

自从做了这些改变后,黄经理对公司的营运绩效十分关注。记录显示公司的交货期由原先的4天减少到3天,盈利率增加到27%。当然,这种变革后的成效是暂时的还是长期的,目前还很难断言。但黄经理相信,绝大部分效率的提高应直接归功于他在工作环境中引入的变革。

思考题:

1. 黄经理在这次变革中应用了哪些主要管理方法?是管理科学、一般科学,还是行为科学?

2. 这些工作上的变革对职工的行为有何影响?请解释。

3. 对于管理过程的理解是否有助于黄经理进行这些工作上的变革?还有哪些方式能帮助他成为一名有效的管理者?你认为这次盈利率的提高,究竟是临时性的提高,还是长期趋势?

案例二　管理创新增效益——浙江花园集团

任何一家成功企业,都有其成功的管理经验。花园集团的发展和成长是进行制度创新、强化管理的必然结果。具体表现在以下几个方面:

1. 不断改革各项制度,促进企业稳步发展

花园集团的前身是个体小作坊,裁缝之子邵钦祥、邵钦培兄弟俩以及老支书三人,带领18名职工自带缝纫机办起了制衣小厂。邵钦祥既是厂长,又是推销员,在没有任何办厂经验的情况下,凭着他顽强、好学的精神,硬是摸索出一套管理、营销经验,学会了与各种人打交道,以及用人的管理技巧。随着市场的发展,邵钦祥

一方面凭着他敏锐的观察力，认识到企业想要大发展，个体经济必将受到多种因素的制约，诸如资金、人才、土地以及环境等方面的制约。另一方面，作为先富起来的一部分人之一，凭着他坦荡的胸怀和追求人生价值的理想，毅然决定将个体企业改制成村办企业，从企业产权制度改革入手，将企业托上了一个台阶。为了加快企业发展步伐，迅速改变花园贫困落后的面貌，壮大集体经济，走共同致富路，他创建了"村企合一"的管理体制，利用企业的积累，统一村企规划，进行基础设施建设，对企业进行股份制改造，组建了拥有多家紧密层企业及多家成员企业的浙江省首家村级企业集团，使花园在国家进行宏观调控、多数乡镇企业举步维艰的情况下，迈上了新的台阶。

2. 完善内部管理，提高经济效益

改革是永无止境的。在企业大发展的同时，花园集团狠抓企业内部管理，先后引进和培训了一些中高级管理人才，建立、健全各项经营管理的规章制度，加强和重视管理人员的业务培训工作，举办多期不同专题的业务培训班，对科室管理人员进行专业培训，以提高管理人员的业务水平，使企业管理走上了规范化、科学化的轨道。1994 年 11 月建立了企业内部银行，利用内部银行将暂时闲置、分散的资金集聚起来集中管理，解决了企业资金紧张的矛盾。1995 年内部银行共投资 1 000 万元，提高了资金使用效率，降低了资金成本，获得了可观的经济效益。各成员企业也在抓管理、促效益上出成果。服装厂从提高管理效率着手，精简管理机构，裁减非生产性人员，使其产品以优质量、低成本、好信誉，赢得了市场竞争的优势。彩印厂、火腿厂在强化质量管理上获得了直接或间接效益，其中彩印厂通过狠抓降低废品率，增加了效益；火腿厂在质量上乘的前提下创出了"花园"牌火腿王的名品。

3. 坚持管理创新，采取灵活的经营机制

从 1990 年起，花园就推行了企业经营承包责任制。之后通过不断改革、完善，形成了目前具有花园特色的"厂长风险责任承包制"。该制度采用了"厂长终身制，承包基数一年一包"的办法，很好地解决了厂长的短期行为。所谓"厂长终身制"并不是能上不能下，而是指厂长的相对稳定性，如果厂长管理不善，总经理随时有权解聘。"承包基数一年一包"，主要是根据花园具体情况实施的。花园集团近年来发展很快，新企业较多，而对新企业涉及的新行业，行情把握不太准确，加之这几年市场变化快，中长期预测误差太大，短期预测较为容易、准确，因而承包基数一年一定，就比较合理、科学，容易调动承包者的积极性，给企业注入活力。

思考题：

1. 花园集团是如何强化内部管理的？
2. 花园集团在管理方面有哪些成功经验？
3. 你认为本案例对提高企业的经济效益有何启示。

实训操作

【实训目标】

进行实地调查与访问，与企业家双向交流，了解管理者的职责与素质及管理理念。

【实训内容与要求】

1. 课下与同学一起参观本课程实训基地企业，学生自愿组成小组，每组 6－8 人。在调查访问之前，每组需要根据课程所学知识经过讨论制定调查访问的主题，并把具体步骤和主要问题计划好。

2. 具体可参考下列问题：

(1)企业中主要有哪些管理工作？属于哪种管理层次？

(2)这些管理工作的职责和权力是什么？

(3)做好这些管理工作需要哪些素质？如何加以培养？

3. 调查访问结束后，组织一次课堂交流与讨论，时间为 2 节课。主要谈谈管理者的管理理念，并对照所学的管理思想的演进对被调查者作简单的评价。

【成果与检测】

1. 教师根据各小组的表现进行评估打分：

(1)所调查企业的管理工作分类表。

(2)所调查企业的管理者素质分析报告,要求提交书面材料(300字左右)。

(3)所调查企业的一把手的管理创新之处,如果你是一名管理者,须注意哪些问题?课堂口头评述3分钟左右。

2. 各小组在讨论的基础上,每个同学把自己调查访问所得重要的信息如照片、文字材料、影音资料等制作成宣传册展出,之后交老师保存。

任务 2

了解企业

能力目标

通过完成本任务，你应该能够：

1. 了解企业的含义、特征
2. 熟悉企业的常见类型
3. 了解现代企业制度的含义和内容
4. 熟悉现代企业制度的组织形式

核心能力

1. 领会什么是企业
2. 熟悉现代公司的主要形式及特点

◆ 项目任务

2.1 了解企业的含义、特征和类型

2.2 了解公司

◆ 任务导入

◆ 任务小结

◆ 能力自测

◆ 实训操作

任务导入

【相关阅读】

在一家民营企业,总裁(也就是老板)出门时对他新来的助手说:“小雨,门锁坏了,叫物业部门来修一下。另外,那幅画挂得斜了,你把它扶正。”隔日,老板出门时又对他说:“会议室的饮水机漏水了,叫人去擦一擦;还有,那几盆君子兰花长歪了,让办公室的人经常转转方向。”小雨不由得对同事感叹道:“这老板,真叫个细呀!”同事告诉他:“你才知道?老板管的事情具体着呢,你小心点吧!还有,老板没对你说吗?管理无小事!”

在另一家合资企业,老板下班时发现一名员工手里拿着几张考勤卡在打,直接打电话把他的总经理训了一顿,并召集他的五名高层领导开会讨论这个事情。当有人认为他不应该过问这么具体的事情时,他斩钉截铁地说:“管理无小事!”

你知道什么是企业吗?它和社会上的其他组织有什么本质上的差别?不同性质和规模的企业,管理方法和模式会相同吗?通过本章的学习,你将能够了解企业的典型特征,熟悉企业的常见类型,熟悉现代企业制度的含义及组织形式,为你成为或即将成为成功的管理者奠定坚实的知识基础。

2.1 了解企业的含义、特征和类型

企业是一个历史的概念,是社会生产力发展到一定水平的产物,是商品经济的产物,并且随着人类社会的进步、生产力的发展、科学技术水平的提高不断发展和进步。

2.1.1 企业的含义和特征

重要知识 2-1

企业的含义

通常所说的企业是指从事生产、流通或服务等经济活动,以产品或服务满足消费者需要并获取盈利,自主经营、自负盈亏、依法设立的经济实体。

企业可以从以下几方面来理解:

(1)企业以盈利作为其经济活动的主要目的

企业经营的主要目的就是获取盈利,只有盈利才能保证企业的生存和发展,才能使企业不断发展壮大。但强调企业以盈利为主要目的,并不是说盈利是企业的唯一目标,企业作为一个社会组织,应当承担社会责任和义务。相反企业只有盈利,才能不断发展壮大,才能更好地承担起社会职责与义务。

(2)企业以自己的产品和劳务服务于社会

企业和任何其他社会组织一样，是社会需要的产物。生产性企业为社会提供所需的商品，非生产性企业为社会提供所需的服务，尽管不同的企业提供的产品差异很大，但共同的特点是企业以自己的产品和劳务服务于社会，使企业获得生存和发展的保证。

(3)自主经营、自负盈亏是企业的基本特征

自主经营是指企业按客观规律和市场需求，对企业的生产经营活动依法自主决策。企业应当有明确的产权关系和健全的经营机制，能够根据自身的利益和内外部条件进行自主经营。自负盈亏是指企业能独立承担自主经营而引起的全部经济责任，对自己的行为和经营后果负责。自主经营和自负盈亏体现了企业权利与义务的有机统一。

(4)企业是依法设立的经济实体

企业要依法设立，取得法人资格。即企业能以自己的名义独立地享有民事权利和承担民事义务。企业作为法人必须具备以下条件。

①具有符合国家规定数额的独立财产。这是企业法人作为民事主体的根本保证。

②具有自己的名称、组织章程、经营机构和经营场所。企业名称是企业法人区别于其他法人的标志。

③能够独立承担民事责任。

④必须经主管机关核准登记。这样才拥有法人资格，才能独立从事经营活动。

2.1.2 企业的类型

人们为了对企业进行有效的管理，往往根据不同的需要，将企业划分为不同的类型：

(1)按企业所从事的经济活动的不同划分为生产型企业、流通型企业和服务型企业。生产型企业主要是指从事生产的工业企业、农业企业和建筑安装企业等。流通型企业主要是指交通运输企业、邮政电信企业和贸易型企业等。服务型企业主要是指金融、饮食、旅游、咨询、信息服务等企业。

(2)按企业生产要素的结构的不同划分为劳动密集型企业、资本密集型企业、知识技术密集型企业。

(3)按所有制形式划分为全民所有制企业、集体所有制企业、私营企业、合营企业、外资企业等。

(4)按企业规模划分为大型企业、中型企业和小型企业等。

(5)按企业的财产构成不同划分为个体企业、合伙制企业和公司。

①个体企业是由业主个人出资兴办，由业主自己直接经营的企业。业主个人享有企业的全部经营所得，同时对企业的债务负有完全责任。个体企业一般规模较小，内部管理机构简单。

其优点是：建立程序比较简单易行，产权能够比较自由地转让，经营者与所有者合二为一，利润独享。其缺点是多数个体企业本身财力有限，取得贷款的能力较差，企业的生命力弱。

在市场经济体制下，这种企业数量庞大，占企业总数的大多数，而且是最早的企业形式，但由于规模较小，发展能力有限，在整个经济中不占有支配地位。个体企业通常存在于零售商业、“自由职业”、个体农业等领域，由零售商店、注册医师、注册律师、注册会计师、家庭农场等组成。

②合伙制企业是由两个或两个以上的个人通过签订合伙协议联合经营的企业组织。合伙人分享企业所得，并对经营亏损共同承担。合伙制企业可以由其中的一位合伙人出面经营，也

可以由若干合伙人共同承担。

其优点是:合伙人共同出资,筹集的资金量可以大为增加;合伙人对企业的债务负有无限连带责任,合伙人对企业的盈亏都十分关心。其缺点是:合伙制企业是依照合伙人之间的协议建立起来的,几乎所有的决策都要经全体合伙人一致同意,造成经营决策时效的延误;合伙人中有一位死亡或者撤出,原来的合伙协议就要进行修改,甚至会影响合伙制企业能否继续生存;合伙制企业实行无限连带责任,增大了投资者的风险。

重要知识 2-2

无限连带责任的含义

所谓无限连带责任,是指当企业出现经营失败、资不抵债时,每个合伙人都要以自己的家庭财产按照入股比例进行赔偿。

合伙制企业的上述特点,决定了它一般适用于资产规模较小、管理不复杂、不需设专门管理机构的行业。此外一些营业资金需要量较小、而工作业务涉及资金量较大、个人信誉非常重要的企业,如会计师事务所、律师事务所等往往采取合伙制形式。

③公司制企业(本部分内容见下一节)。

2.2 了解公司

公司是由两个以上股东出资构造出来的、能够独立地对自己经营的财产享有民事权利、承担民事义务的组织。它具有以盈利为目的、具备法人资格、必须依法成立等特点。

在公司制成立的三百多年的发展历史中,形成了各种类型的公司。可按公司责任关系划分为有限责任公司、股份有限公司等。

2.2.1 有限责任公司

(1)有限责任公司的概念与特征

有限责任公司又称有限公司,在英、美等国家称为封闭公司或私人公司,是指由两个以上股东共同出资,每个股东以其认缴的出资额对公司行为承担有限责任,公司以其全部资产对其债务承担责任的企业法人。其特点有:

①有限责任公司是一个资合公司,但同时具有较强的人合因素;

②有限责任公司的资本不需要划分为等额股份;

③有限责任公司设立的程序相对简单;

④有限责任公司的组织结构设置比较灵活;

⑤有限责任公司的股权转让受到限制,其股权一般只能在股东之间相互转让,不能像股份有限公司那样股票可以自由流通。

(2)有限责任公司的设立

纵观世界各国的公司发展史,公司设立的立法体例大体经历了自由设立主义、特许主义、核准主义、准则主义的过程。在我国，有限责任公司的设立，除其他法律、行政法规有特别规定以外，原则上采用准则主义。

①设立条件

《公司法》规定，设立有限责任公司，应当具备一定的条件。例如，股东符合法定人数，即不超过 50 人。股东共同制定公司章程，公司章程对公司、股东、董事、监事、高级管理人员具有约束力；有公司名称、公司住所等。

②设立程序

有限责任公司的设立程序较为简单，主要有以下步骤：发起人通常要先签订一个发起人协议，以明确各自的权利、义务和责任；全体发起人应依照法定要求并结合拟成立公司的具体情况制定章程；申请公司名称；缴纳出资；验资机构验资并出具证明；经营范围或行业涉及审批的，应报政府有关部门审批；办理设立登记手续并领取营业执照；公告公司成立。

(3)有限责任公司的组织机构

①股东会

有限责任公司股东会由全体股东组成。股东会是公司的权力机构，有权对公司的重大事项做出决议。除法律有特别规定，有限责任公司必须设立股东会。

②董事会

董事会是公司股东会的执行机构，负责公司的经营决策，其成员由 3—13 人组成。董事会中的职工代表由公司职工通过职工代表大会、职工大会或者其他形式民主选举产生。

③经理

有限责任公司可以设经理，经理负责公司日常经营管理工作，由董事会决定聘任或者解聘。经理对董事会负责。

④监事会

监事会是公司内部的监督机构，其成员不得少于 3 人。监事会应当包括股东代表和适当比例的公司职工代表，其中职工代表的比例不得低于 1/3，具体比例由公司章程规定。

(4)有限责任公司的股权转让

①内部转让

有限公司的股东之间可以相互转让其全部或者部分股权。

②对外转让

股东向股东以外的人转让股权，应当经其他股东过半数同意。其他股东半数以上不同意转让的，不同意的股东应当购买该转让的股权；不购买的，视为同意转让。

经股东同意转让的股权，在同等条件下，其他股东有优先购买权。两个以上股东主张行使优先购买权的，协商确定各自的购买比例；协商不成的，按照转让时各自的出资比例行使优先购买权。

③强制执行

法院依强制执行程序转让股东的股权时，应当通知公司及全体股东，其他股东在同等条件下有优先购买权。其他股东自人民法院通知之日起满 20 日不行使优先购买权的，视为放弃优先购买权。

④变更手续

依照上述三种规则转让股权后，公司应当注销原股东的出资证明书，向新股东签发出资证明书，并相应修改公司章程和股东名册中有关股东及其出资额的记载。对公司章程的该项修改不需再由股东会表决。

⑤股份继承

自然人股东死亡后,其合法继承人可以继承股东资格;但是,公司章程另有规定的除外。

2.2.2 股份有限公司

(1)股份有限公司的概念与特征

股份有限公司又称股份公司,在英、美又称公开公司或公众公司,是指由一定人数以上的发起人设立的,全部注册资本由等额股份构成的,并通过发行股票或股权证筹集资本,股东以其认购的股份为限对公司的债务承担有限责任,公司以其全部财产对公司的债务承担责任的企业法人。其特点有:

①股份有限公司是典型的资合公司;

②股份有限公司的设立需要严格的法律手续;

③股份有限公司具有较严密的内部组织机构;

④股份有限公司的股权可以转让;

⑤股份有限公司符合上市条件的,还可以申请上市交易。

(2)股份有限公司的设立

在我国,对股份有限公司的设立采取准则主义,《公司法》规定了较有限责任公司更为严格的设立条件和复杂的设立程序。

①设立方式

股份有限公司设立有两种方式:发起设立和募集设立。发起设立是指公司发行的股份由发起人全部认足,而不再向社会公众募集,从而一次确定股东而设立公司。募集设立是指由发起人认购公司应发行股份的一部分,其余股份向社会公开募集或者向特定对象募集而设立公司。

②设立条件

设立股份有限公司,应当具备一系列条件,例如,发起人应符合法定人数,设立股份有限公司,应当有 2 人以上 200 人以下为发起人,其中须有半数以上的发起人在中国境内有住所;股份发行、筹办事项符合法律规定;有公司名称;建立符合股份有限公司要求的组织机构;有公司住所等。

③设立程序

发起设立比较简单,不需要向社会公众募集股份,其程序包括:订立发起人协议,制定设立公司的可行性研究报告,制定公司章程,发起人认股和缴纳股款,选举公司董事、监事,申请设立登记,登记机关核准登记等。

募集设立的程序稍显复杂,需要向社会公众募集股份,因此其设立程序有:发起人签订发起人协议、起草公司章程;发起人认购公司股份,如无法律、行政法规特别规定,全体发起人认购的股份不得少于公司股份总数的 35%;发起人募集股份;召开创立大会;申请设立登记。

(3)股份有限公司的组织机构

①股东大会

股份有限公司股东大会由全体股东组成。股东大会是公司的权力机构,对公司重要事项享有最终决定权。

②董事会

股份有限公司设董事会，其成员为 5－19 人。董事会成员中可以有公司职工代表。董事会中的职工代表由公司职工通过职工代表大会、职工大会或者其他形式民主选举产生。

③经理

经理是对股份有限公司日常经营管理负有全责的高级管理人员，由董事会决定聘任或者解聘，对董事会负责。公司董事会可以决定由董事会成员兼任经理。

④监事会

股份有限公司设监事会，其成员不得少于 3 人。监事会应当包括股东代表和适当比例的公司职工代表，其中职工代表的比例不得低于 1/3，具体比例由公司章程规定。

(4)股份发行和转让

①股份与股票

股份是指均分公司全部资本的最小单位。股份有限公司的资本划分为股份，每一股的金额相等。股份具有金额性、平等性、不可分性、可转让性的特点。公司的股份采取股票的形式。股票是公司签发的证明股东所持股份的凭证。

②股份的发行

股份发行是指股份有限公司为筹集资金或其他目的而向投资者出售或分配自己股份的行为。股份有限公司在公司成立前可以为募集资本发行股份，成立后可以为扩充资本发行新股。股票发行价格可以按票面金额，也可以超过票面金额，但不得低于票面金额。股票采用纸面形式或者国务院证券监督管理机构规定的其他形式。公司发行的股票，可以为记名股票，也可以为无记名股票。

③股份转让

股份转让是指股份有限公司的股东将持有的股份依合法的方式转让给他人，使他人取得股份而成为股东的行为。通过股份转让，股东可以收回投资。股份转让是通过股票转让实现的。股东转让其股份，应当在依法设立的证券交易场所进行或者按照国务院规定的其他方式进行。

相关链接

首次公开募股(Initial Public Offerings，IPO)，又名首次公开发行、首次公开招股、股票市场启动，是公开上市集资的一种类型。意即公司通过证券交易所首次将它的股票卖给一般公众投资者的募集资金方式。股份有限公司通过这个过程会转变为上市公司。

首次公开募股通常被公司用来募集资金，尽可能地将早期个人投资者的投资货币化、资本化，同时让公司的股份(股票)在交易所公开、自由地买卖。出售股份的公司没有义务向公众投资者偿还资本。首次公开募股之后，公司的股份会在公开市场上自由交易，资金也仅仅在公众投资者之间流通。尽管首次公开募股可以提供很多有利条件，但是它的缺点也不容忽视。其中最主要的代价就是公募过程中产生的成本，以及在此过程中需要公开某些公司内部信息。而这些信息很可能对竞争对手有利，或者对潜在认购者的认购意愿有所影响。

购买者一般可分为个人(大众)和机构投资者。正式发行之前，公司需要向潜在购买者发布招股书(又叫募股书)，招股书公开公司的基本资讯、历史背景、业务详述、财务表现、股份买卖细则等，以及由第三方出具的合规文件，例如会计师报告。大多数公司在着手开展首次公开招股时，会需要投资银行以担保人的资格进行协助。担保人需提供包括帮助准确评估公司股票的价值(股价)和帮助建立股票公众市场(首次售卖)等相关服务。一般情况下,首次公开募股的价格由公司与担保人按照公司的估计价值、业绩表现、市场状况、认购反应等因素共同议定。

任务小结

亲爱的读者,你已经完成了任务2的学习。相信你又有了一定的收获,初步了解了企业的含义、特点,它和社会上的其他组织的不同点;熟悉了企业制度的内涵、现代企业制度的特征和内容,以及现代企业制度的组织形式。

这里我们特别强调,在众多的企业组织形式中,公司制较好地体现了现代企业制度的主要内容,因而成为现代企业制度的主要形式。其中,有限责任公司和股份有限公司又是公司制企业的主要形式。

下面请进入能力自测部分,一方面巩固任务2所学内容,同时也为后续课程的学习夯实基础。

能力自测

一、单项选择题

1. (　　)是由两个以上股东共同出资,每个股东以其所认缴的出资额对公司承担有限责任,公司以其全部资产对其债务人承担责任的企业法人。

A. 股份有限公司　　B. 无限责任公司
C. 两合公司　　D. 有限责任公司

2. 把企业分为劳动密集型企业、资本密集型企业、知识技术密集型企业,是按(　　)划分的。

A. 企业所从事的经济活动的不同　　B. 企业生产要素的结构的不同
C. 企业的财产构成的不同　　D. 所有制形式的不同

3. 现代工商企业是(　　)的产物。

A. 社会劳动分工和商品经济发展　　B. 市场发展
C. 产量增加　　D. 社会制度发展变化

4. 甲、乙二人各出资100万元联合经营一企业,因经营不善而倒闭,负债400万元,法院判两个出资者均负有200万元的偿债责任,该企业的性质属于(　　)。

A. 股份有限制　　B. 有限责任制　　C. 合伙制　　D. 全民所有制

5. 下列对公司的基本内涵理解不正确的是(　　)。

A. 公司是企业的一种重要形式
B. 公司是具备法人资格的企业
C. 公司是由投资者直接经营的
D. 公司是依照国家法律设立的

二、简答题

1. 什么是企业?企业的基本特征有哪些?
2. 有限责任公司的特点有哪些?
3. 简述独资企业、合伙企业与公司制企业的联系与区别。

实训操作

【实训目标】

通过模拟有限责任公司设立登记，了解有关设立该类型公司的具体细节内容，如股东人数、注册资本、出资方式、公司章程、股东会、董事会等。

【实训内容与要求】

现有张明、李江、宋一、周天、朱免商量设立一家批发服装的商贸有限公司，请同学们设想自己为五人中一人，然后任课老师可将班级同学分成若干小组，每小组五人，模拟有限责任公司设立登记，有关设立该公司的具体细节，由学生补充完整。

【成果与检测】

各小组在讨论的基础上，写出设立有限责任公司的计划书。要求具有以下内容：

(1)公司名称与住所；

(2)经营范围；

(3)注册资本；

(4)出资方式、出资额；

(5)公司机构及产生办法、职权、议事规则；

(6)法定代表人；

(7)董事会组成。

任务 3

制订计划与做出决策

能力目标

通过完成本任务，你应该能够：

1. 了解计划以及制订计划的程序和步骤
2. 掌握编制计划的方法和技术
3. 了解目标管理
4. 了解决策以及决策的过程
5. 掌握决策的方法

核心能力

1. 掌握不同的计划编制方法
2. 掌握几种主要的定性决策方法
3. 掌握几种主要的定量决策方法

◆ 项目任务

3.1 什么是计划

3.2 怎样制订计划

3.3 目标管理

3.4 什么是决策

3.5 学习决策的方法

◆ 任务导入

◆ 任务小结

◆ 能力自测

◆ 案例分析

◆ 实训操作

任务导入

【相关阅读】

孙子曰：兵者，国之大事，死生之地，存亡之道，不可不察也。

历史上，战争是国家的大事，除了关系到百姓生死、国家存亡，还涉及政治、经济、文化、法制等社会各个方面。所以，运筹谋划是一个领导者决定战争胜负的首要因素和前提条件。

春秋末年，越王攻灭吴国之战，就全面体现了谋划的重要性。公元前494年，越国进攻吴国而战败，越王勾践在危急关头，决定委屈求和保存国土，以谋东山再起。并根据本国国情和吴国情况，制定了徐图复兴、转败为胜的战略，即“破吴七计”。勾践卑言慎行，忍辱负重，一方面收买吴国重臣，麻痹夫差；一方面实行内政改革，发展生产，恢复国家元气，赢得了百姓的拥戴。同时利用外交活动，实行离间计，挑拨夫差与伍子胥之间的关系。最后，知人善用，抓住时机，终于完成了长达13年之久的灭吴计划。

无论在军事战争、社会生活还是企业管理实践中，计划和决策都占据着非常重要的位置。通过计划，你可以开阔思维，描绘一幅更远的蓝图；而正确的决策则是通往成功的必经之路。在本章中，你可以了解到什么是计划，掌握计划编制的程序和方法；了解决策以及决策的过程，掌握决策的定量定性分析方法。作为一个管理者或者个人，你可以通过所学到的知识更有效地进行计划和决策，为你的成功迈出坚实的一步。

3.1　什么是计划

【相关阅读】

管理学家亨利·法约尔在1916年发表的《工业管理与一般管理》一书中首次提出计划工作是管理的一项基本职能，他指出：“‘管理应当预见将来’这个格言使人们对工商企业界的计划工作的重要性有所理解……人们应当在行动之前就知道可能做什么，要求做什么。大家知道，如果没有计划，那就要导致犹豫、错误的手段和不合时宜地转变方向，这些都是无能为力，或者说是事业毁灭的原因。所以不会有人提出行动计划的必要性这个问题。”

美国管理学家哈罗德·孔茨指出：“计划工作是一座桥梁，它把我们所处的此岸和我们要去的对岸连接起来，以克服这一天堑。”不管我们所处的现实与预期的目标有多么遥远，计划工作使我们明确实现预期目标的路径和方法。计划是一个利用智慧的过程，它要求我们必须有意识地决定行动方案。

在管理实践中，计划被视作管理的一项重要职能，各项管理活动几乎都离不开计划。在充满竞争性和不确定性的环境中，管理人员必须对组织活动进行周密的计划，明确规定组织所要达到的目标以及实现目标的途径和方法。

3.1.1 计划的含义和内容

(1)计划的含义

什么是计划?关于计划的含义,管理学者们有着不同的认识。有人认为,计划是事先对未来行动所做的规划和安排,是预先制订的行动方案;也有人认为,计划是一种结果,是计划工作所包含的一系列活动完成之后产生的,是对未来行动方案的一种说明;还有人认为,计划是一种普遍的和连续的执行功能,它包括复杂的领悟、分析、理性思考、沟通、决策和执行的过程,等等。这些解释从不同角度对计划做出了不同的诠释,综合管理学者的这些解释,我们给出如下定义:

重要知识3-1

计划的含义

计划是组织依据其外部环境和内部条件的现实要求,确定未来一定时期的目标,并通过计划的编制、执行和监督来协调各类资源以实现预期目标的过程。

(2)计划的内容

【相关阅读】

曾有这样一个人,每天都要去偷邻居的鸡,有人告诉他说:“这样的行为,不符合君子之道。”那人回答说:“那就减少一点好了,以后每月偷一只鸡,等到明年的时候,就完全不偷了。”

这个说法是不是很荒谬?但是我们有时候自己就做着这样的事情。吸烟有害身体,怎么办呢?戒掉吧,每天少抽点;企业的管理机制有问题,一步一步来解决。可是事情到了最后怎么样?烟依然还在抽,企业的问题还是没有彻底解决,一步一步来嘛!

明智的管理者在做任何一项工作时,都会有明确的计划。计划使我们的思想具体化,体现出我们期望做什么,什么时候做好,谁去做,以及如何做,计划使我们的工作更加有序。那么计划的内容究竟有哪些呢?

一项完整的计划必须清楚地确定和描述下述六个方面内容,西方管理学把这些概括为“5W1H”:

①做什么(What)。明确计划工作的具体任务和要求,以此确定一定时期的工作任务和工作重点。

②为什么做(Why)。明确实施计划的原因和目的,并论证其必要性和可行性。

③谁去做(Who)。将计划所涉及的各项工作落实到具体的部门和负责人。

④何时做(When)。确定计划中各项工作开始和完成的时间以及具体的工作进度。

⑤何地做(Where)。合理安排计划实施的空间布局,明确规定计划的实施地点和场所。

⑥如何做(How)。明确计划实施的方式与方法,制定实现计划目标的措施。

3.1.2 计划的作用

为什么组织中的各项管理活动都离不开计划?计划在整个管理过程中起到什么作用?

(1)为组织成员指明方向,为组织的管理活动提供依据

计划为管理工作提供了基础,是管理活动的依据,良好的计划能够为组织中的所有成员指明行动方向。计划工作通过明确组织的宗旨、目标和战略,通过制定出一整套分层次的计划体系,使组织中全体成员的活动方向趋于一致,从而形成一种协调的组织行为,保证实现计划所设定的目标。计划使得管理者的各项管理工作更加有效,使得管理工作的监督、检查和纠正工作有了明确的依据。

(2)减少浪费和冗余,合理配置资源,提高组织运行效率

计划是将组织活动在时间、空间上进行分解,通过规定组织中不同部门在不同时间应从事何种活动,明确所需资源的时间、数量和种类等,从而为组织合理配置资源提供了依据。良好的计划可以通过协调有序的工作流程,减少组织中的重复性和浪费性活动,提高组织整体运行效率。

(3)预见未来变化,降低风险,掌握主动

组织面临的未来充满变化和不确定性,比如,经济环境的变化、竞争者的变化、国家方针政策的变化等。一个组织如果对未来的变化没有准确的预测,必然会导致组织行为的失败。计划工作可以促使管理者通过预测,主动预见未来的变化,并针对各种变化因素制定相应的对策和方案,以最合理的方案安排组织的各项活动,降低组织未来活动的风险;同时还可以利用变化所带来的机会,掌握主动权。

(4)设立控制标准,实施有效控制

整个管理活动起始于计划,而结束于控制,计划是控制的基础,计划的实施也需要控制活动给予保证。在管理过程中,计划职能为组织活动设立目标,控制职能将组织活动所取得的实际绩效与原定目标进行比较,一发现偏差就采取措施,以保证计划目标的实现。因此我们说,计划为控制提供了明确的标准,是控制的基础和前提,没有计划,控制就成为无本之木。

3.1.3　计划的种类

计划的种类很多,根据不同的标准,可将计划分为不同的类型。按计划的时间可分为长期计划、中期计划和短期计划;按计划的职能可分为生产计划、供应计划、销售计划、财务计划、人力资源计划、产品开发计划等;按计划的战略制定者层次可分为战略计划、战术计划和作业计划;按计划的明确程度可分为指导性计划和指令性计划;按制定计划的组织层次可分为高层管理计划、中层管理计划和基层管理计划;按计划的内容可分为专项计划和综合计划。常见的计划分类如表3－1所示。

表3－1　计划的类型

分类标准	计划类型
时间	长期计划、中期计划、短期计划
职能	生产计划、供应计划、销售计划、财务计划、人力资源计划等
战略制定者层次	战略计划、战术计划、作业计划
明确程度	指导性计划、指令性计划
制订计划的组织层次	高层管理计划、中层管理计划和基层管理计划
内容	专项计划、综合计划

(1)长期计划、中期计划和短期计划

长期计划主要是规划组织在较长时期的发展方向和方针,设定组织在较长时期内应达到的目标和要求,描绘组织在较长时期发展的蓝图,是企业长期发展的纲领性文件。一般指期限在5年及5年以上的计划。

中期计划是长期计划的具体化,它赋予长期计划以具体内容,又为短期计划指明了方向,是保持计划连续性的关键,是连接长、短期计划的桥梁或纽带。一般指期限在5年以下、1年以上的计划,企业常用的中期计划是年度计划。

短期计划是中期计划更进一步的细化、分解与落实,它是指导组织具体活动的行动计划,具体规定组织各部门在目前到未来的较短时期应从事的活动及相应的要求,从而为组织成员近期的行动提供依据。一般指1年及1年以内的计划,在企业中常用的有季度、月、旬计划等。

(2)战略计划、战术计划、作业计划

战略计划,是指从战略的高度出发,规划组织在较长时期的全局性发展目标和整体性目标,进行重大的战略性部署的综合性计划。战略计划是关于组织未来整体的行动计划,时间跨度较长,涉及范围较广,相关因素多而复杂。

战术计划,是依据战略计划的内容和要求,落实到各部门如何分步实施战略计划的具体行动计划。它是战略计划的一部分,服从于战略计划,为实现战略目标服务。战术计划一般是局部的、阶段性的,时间跨度较短,内容较具体,是实施总战略计划的步骤和方法。

作业计划,是根据战略计划和战术计划而制订的执行性计划,目的是实施战略及战术计划规定的任务。它一般由基层管理人员或企业负责计划工作的人员制订,时间跨度短且非常具体。作业计划通常具有个体性、可重复性和较大的刚性。

(3)指导性计划与指令性计划

指导性计划,是指只提出指导方针和原则性的意见,没有明确规定的目标、要求以及特定的活动方案的计划。指导性计划可为组织指明方向、统一认识,但并不发布确切的指令,不带有行政的强制性,下属机构和人员有一定的自由处置权。指导性计划具有较大的弹性,多用于复杂多变的外部环境下,灵活机动地处理组织的应变问题及一般问题。

指令性计划,带有行政的权威性与强制性,有明确规定的计划目标、必须达到的要求以及一套可操作的行动方案。指令性计划具有较强的刚性,组织的下属机构和人员必须严格执行,没有自由处置权。

3.2 怎样制订计划

3.2.1 制订计划的程序

计划的制订是一个复杂而全面的过程,制订一个完整的计划一般需要五个步骤,如图3-1所示。

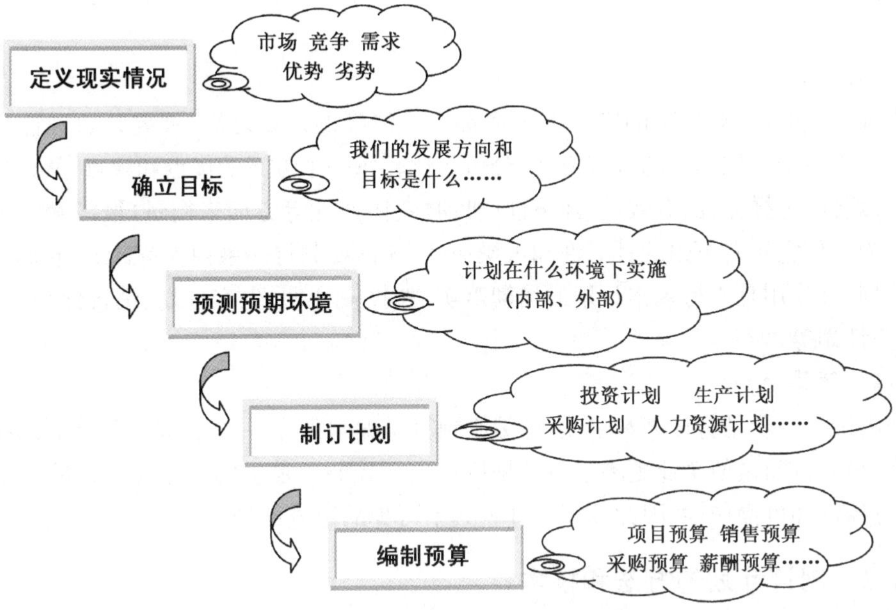

图3—1　计划制订的程序

(1)定义现实情况

计划工作的第一步就是了解组织所面临的现实情况,包括对外部环境和内部条件进行分析,确定组织将来可能有的机会,评估组织对于机会把握的能力。通过这一步骤,组织可以认识自身的优势、劣势,分析将面临的机会和威胁,明确需要解决的问题,为什么要解决这些问题,期望得到的是什么等,其目的就是找出有利于组织发展的机会,以确定组织目标。

(2)确立目标

通过对现实情况的分析,管理者对组织面临的机会和挑战以及应对策略形成了初步判断,第二步就是确定组织的目标。目标是组织行动的出发点和归宿,确定目标是计划的核心内容。在这一步骤中,首先要确定整个企业的目标;其次要把整体目标分解到组织中各个部门和各个环节中;第三,确定相应的长期和短期目标。由此形成了组织中的目标网络体系。在这个目标体系中,组织的整体目标具有支配组织内所有分目标和计划的性质。

(3)预测预期环境

计划工作始终是面向未来的,而未来不论是组织所处的外部环境还是组织自身条件都具有不确定性,计划目标及具体方案是否可以实现,在相当大的程度上取决于对未来环境的准确估计。对组织未来的内外部环境进行分析和预测,分析计划执行过程中可能存在的有利和不利条件,对未来环境做出正确的预测是计划能够顺利实施的前提。未来环境复杂多变,影响因素很多,组织在预测预期环境时,主要考虑以下几种因素:①经济形势预测。包括宏观经济环境以及与计划内容密切相关的环境因素。②社会环境预测。指对社会、政治、法律、文化等的发展趋势及其对组织的影响的预测。其中,最重要的是对政府政策的预测,如税收政策、价格政策、信贷政策、产业政策、金融政策、能源政策、技术政策、进出口政策等。③市场预测。包括预测市场环境的变化,供货商、批发商、零售商、消费者的变化,以及竞争对手的变化等。④技术发展预测。预测与本行业相关的技术发展趋势。⑤资源预测。包括人员、资金、原材料、设备、能源等。

(4)制订计划

在明确了目标,并对未来的内外部环境都有了清晰的认识之后,就要开始进行计划的制订。首先提出多个可供选择的计划方案,分析与比较每一个方案的优点和缺点,从计划方案的客观性、合理性、可操作性、有效性、经济性、机动性、协调性等方面来衡量,最终确定组织的总体计划。为了使它具有更强的针对性和可操作性,还需要制订一系列支持计划,它们是总体计划的子计划,其作用是支持基本计划的贯彻落实,如投资计划、生产计划、销售计划、人力资源计划、财务计划等。

(5)编制预算

计划的最后一步是将计划数字化,即编制预算。编制预算,一方面是为了计划的指标体系更加明确,另一方面是使企业更易于对计划执行进行控制。定量的计划比定性的计划更具有可比性、可控性和可操作性,因此预算是计划必不可少的组成部分。

3.2.2 制订计划的方法和技术

制订计划的方法和技术有很多种,下面介绍两种常用的计划方法:滚动计划法、网络计划技术。

A. 滚动计划法

滚动计划法是一种编制长期计划的方法,是在已编制出的计划的基础上,根据本期计划的执行情况和客观环境的变化情况,逐期往后推移,连续滚动编制计划的方法。图 3－2 所示的是一个五年期滚动计划编制的过程。

(1)基本思路

由于长期计划时间跨度较长,很难准确地预测未来影响企业经营的各种变化因素,而且,随着计划期的延长,这种不确定性就越大。所以,如果机械地按几年以前的计划实施,则可能导致巨大的错误和损失。滚动计划法采用"近细远粗"的方法,即把计划分为若干段。前段是比较详细的实施计划,后段是比较粗略的远景计划。在执行一个计划期的计划以后,根据实施计划的完成情况及滚动期内各种内外环境因素的变化情况,对远景计划进行调整,并续编一段计划。这样,整个计划的长度仍未改变,而每一间隔期滚动一次,就能保持计划前后衔接和相互协调。

(2)方法评价

滚动计划法虽然使计划编制工作的任务量加大,在一定程度上提高了计划工作的复杂性,但是随着计算机的广泛应用以及一些计划辅助工具的开发,这一方法越来越显示出其优势。首先,滚动计划法相对缩短了计划时间,加大了计划的准确性和可操作性。其次,滚动计划法能使长期计划、中期计划与短期计划相互衔接,保证了即使由于环境变化出现某些不平衡时,也能及时地进行调整,使各期计划基本保持一致。同时,滚动计划法增强了计划的弹性,避免了计划的僵化,提高了计划的适应性和组织的应变能力。

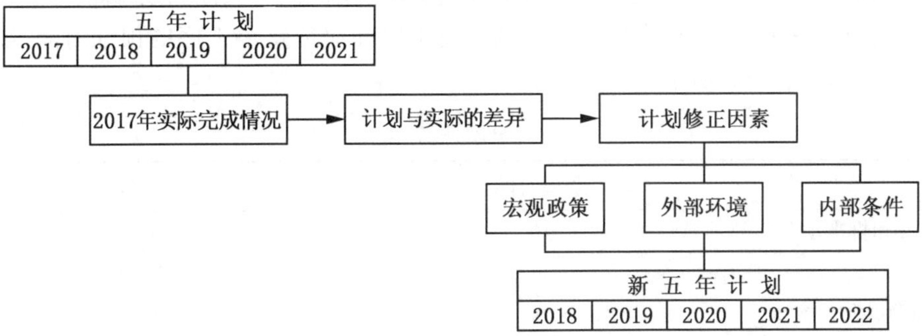

图 3—2 滚动计划法编制程序

B. 网络计划技术

【相关阅读】

网络计划技术是 20 世纪 50 年代在美国产生和发展起来的。它包括各种以网络为基础制订计划的方法，如关键路径法(CPM)、计划评审技术(PERT)、组合网络法(CNT)等。1957 年美国杜邦公司在编制公司内部各业务部门的系统规划时，制订了第一套网络计划。这种计划借助于网络来表示各项工作与所需要的时间，以及各项工作的相互关系，效果非常明显，第一年就为杜邦公司节约了 100 多万美元。1958 年美国海军武器计划处采用了计划评审技术，使北极星导弹工程的研制工期由原计划的 10 年缩短为 8 年，节约了 10%—15%的成本。1961 年，美国国防部和国家航空署规定，凡承制军用品，必须用计划评审技术制订计划上报。从那时起，网络计划技术开始被广泛地应用。CPM 和 PERT 虽然在作业时间的确定上有一些差别，但其基本原理是一致的，都是通过网络图的形式对项目在时间进度、费用资源上进行分析与控制，故人们将它们统称为网络计划技术。

(1)基本思路

网络计划技术的基本原理是将一项工作或项目分为若干作业，然后按照作业的顺序进行排列，应用网络图对整个工作或项目进行统筹规划和控制，以便用最少的人力、物力和财力以及最快的速度完成任务。目前网络计划技术在企业管理中得到广泛应用，对于规模大、环节多、建设周期很长的大型项目，网络计划技术提供了相应的优化技术，能够合理地安排各方资源，用最短的时间、最省的费用按质完成项目。

网络计划技术的基本步骤是：①分解任务。把整个计划活动分成若干个数目的具体工序，并确定各工序的时间，然后在此基础上分析并明确各工序时间的相互关系。②绘制网络图。根据各工序之间的相互关系，按照一定规则，绘制出网络图。③根据各工序所需作业时间，计算网络图中各路线的路长，找出关键线路。

网络图的绘制：网络图是网络计划技术的基本工具。将计划任务分解成多步骤的作业或活动，根据这些作业或活动在时间上的衔接关系，用箭线表示它们的先后顺序，绘制出一个由各项作业相互联系并注明所需时间的箭线图，这个箭线图就称作网络图。图 3—3 是一个简单的网络图形。

下面举一个例子来说明。假定你负责一座办公楼的施工过程，施工前，你要预计工期，以便对整个项目进行统筹规划和控制。这样的问题就可以用网络计划技术来解决。

第一步:分解任务,列出整个施工项目的主要工序和完成每个工序的预计时间,以及工序间的时间顺序,如表 3—2 所示。

表 3—2 分解任务

事件	期望时间	紧前事件
A 审查设计和批准动工	10	——
B 挖地基	6	A
C 立屋架和砌墙	14	B
D 建造楼板	6	C
E 安装窗户	3	C
F 搭屋顶	3	C
G 室内布线	5	D,E,F
H 安装电梯	5	G
I 铺地板和嵌墙板	4	D
J 安装门和内部装饰	3	I,H
K 验收和交接	1	J

第二步:按照上表所列的工序及相互关系,绘制网络图,如图 3—3 所示。

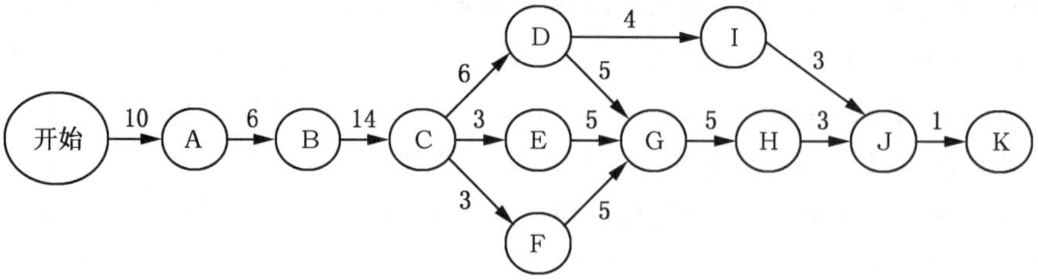

图 3—3 PERT 网络图

从图 3—3 可以看出网络图是由以下部分组成的:

→表示作业(工序、活动)。作业是指一项工作的过程,需消耗时间、资源和人力才能完成的作业活动。箭尾表示该工序的开始,箭头表示该工序的结束,从箭尾到箭头则表示该工序的作业时间。完成作业需要消耗一定的资源和占用一定的时间。根据作业之间的前后关系,可将作业分为紧前作业和紧后作业。紧前作业是指在某作业之前的作业,紧前作业不结束,则该项作业不能开始。紧后作业是指紧接在某作业之后的作业,紧后作业的开始取决于该作业的结束。

○表示事项。它是两个作业之间的连接点,又称结点。事项既不消耗资源,也不占用时间,只表示前面活动结束、后面活动开始的瞬间。一个网络图中只有一个始点事项,一个终点事项。

线路和关键线路。线路是从网络始点事项开始,沿着箭线方向,连续不断地到达终点事项的一条通道。一个网络图中通常有许多条线路,每条线路所需要的时间有长有短,其中作业时间之和最长的一条或几条线路称为关键线路。关键线路上的作业被称为关键作业。关键线路所需要的时间也就是完成整个计划任务所需要的时间。关键线路上各作业的完工时间提前或推迟都直接影响整个活动能否按时完工。确定关键线路，就知道了影响整个项目最短工期的活动内容，就可以有针对性地安排各项计划。

第三步：根据网络图所示的路径及各工序所需时间，计算各路径路长，找出作业时间最长的一条作为关键线路。

例如图 3—3 中从始点连续不断地走到终点的线路有 4 条，即：

线路一：A—B—C—D—I—J—K（10+6+14+6+4+3+1=44）

线路二：A—B—C—D—G—H—J—K（10+6+14+6+5+5+3+1=50）

线路三：A—B—C—E—G—H—J—K（10+6+14+3+5+5+3+1=47）

线路四：A—B—C—F—G—H—J—K（10+6+14+3+5+5+3+1=47）

其中线路二作业时间最长，因此，确定线路二为关键线路。

(2)方法评价

虽然网络计划技术存在着计算繁琐、具体作业时间不能很准确地估计等一些局限性，但因其显示出的一系列优点而在现代企业广泛应用。

①该技术能清晰地表明整个计划中各项作业的先后顺序和相互关系，并指出了完成计划的关键路径。管理者在制订计划时可以统筹安排，全面考虑，同时又能进行重点管理。

②可对工程的时间进度与资源利用实施优化。在计划实施过程中，管理者可调动非关键线路上的人力、物力和财力支援关键作业，进行综合平衡。这既可节省资源又能加快工程进度。

③可事先评价达到目标的可能性。该技术指出了计划实施过程中可能发生的困难点，以及这些困难点对整个计划产生的影响，准备好应急措施，从而减少完不成任务的风险。

3.3　目标管理

【相关阅读】

"目标管理"的概念是管理专家彼得·德鲁克(Peter Drunker)1954 年在其名著《管理实践》中最先提出的，其后他又提出"目标管理和自我控制"的主张。德鲁克认为，并不是有了工作才有目标，而是相反，有了目标才能确定每个人的工作。所以"企业的使命和任务，必须转化为目标"，如果一个领域没有目标，这个领域的工作必然被忽视。因此管理者应该通过目标对下级进行管理，当组织最高层管理者确定了组织目标后，必须对其进行有效分解，转变成各个部门以及每个人的分目标，管理者根据分目标的完成情况对下级进行考核、评价、奖惩。

目标管理提出以后，便在美国迅速流传。时值第二次世界大战后西方经济由恢复转向迅速发展的时期，企业急需采用新的方法调动员工积极性以提高竞争能力，目标管理的出现可谓应运而生，遂被广泛应用，并很快为日本、西欧国家的企业所仿效，在世界管理界大行其道。

3.3.1 目标管理的概念

重要知识 3-2

目标管理

目标管理(managing by objectives,MBO)也称为成果管理,是指组织中的上级和下级通过协商的方式,共同参与目标的制定,在目标实施过程中鼓励实行"自我控制"以实现组织目标的一种管理制度和方法。

目标管理是一种程序或过程,它使组织中的上级和下级一起协商,根据组织的使命确定一定时期内组织的总目标,由此决定上、下级的责任和分目标,并把这些目标作为组织经营、评估和奖励每个单位和个人贡献的标准。我国于20世纪80年代初开始引进目标管理法,现已在许多企业及其他社会组织中应用,并取得了较好的成效。目标管理是以"目标"作为组织管理一切活动的出发点、归宿和手段,贯穿于一切活动的始终。它要求在一切活动开始之前,首先确定目标,一切活动的进行要以目标为导向,一切活动的结果要以目标的完成程度来评价,充分发挥"目标"在组织激励机制和约束机制形成中的积极作用。

3.3.2 目标管理的特点

与传统管理的目标设定和目标实施不同,目标管理有如下几个特点:

(1)目标管理是参与管理的一种形式

目标管理要求上级与下级在一起共同确定目标,目标的实现者同时也是目标的制定者。其做法是:首先确定总目标,然后对总目标进行分解。某一层次的目标需要一定的手段来实现,将这些手段作为下一层次的目标,实现下一层次目标的手段又可以作为更下一层次的目标,这样逐级展开,并通过上下级共同协商,就可以制定出组织各部门直至每个员工的目标,用总目标指导分目标,用分目标保证总目标,就形成一个"目标—手段"链。

相关链接

制定目标的 SMART 原则

SMART 原则是根据美国马里兰大学管理学及心理学教授洛克的目标设置理论在实践中总结出来的,它主要有以下几个方面:

(1)目标必须是具体的(Specific),指绩效考核要切中特定的工作指标,不能笼统。所谓具体,就是要用具体的语言清楚地说明要达成的行为标准。明确的目标几乎是所有成功团队的一致特点。

(2)目标必须是可以衡量的(Measurable),指绩效指标是数量化或者行为化的,验证这些绩效指标的数据或者信息是可以获得的。衡量性就是指目标应该是明确的,而不是模糊的。它应该有一组明确的数据,作为衡量是否达成目标的依据。

(3)目标必须是可以达到的(Attainable),指绩效指标在付出努力的情况下可以完成,避免设立过高或过低的目标。目标是可以让执行人实现、达到的。

(4)目标必须和其他目标具有相关性(Relevant),指绩效指标是实实在在的,可以证明和观察。目标的相关性是指实现此目标与其他目标的关联情况。如果实现了这个目标,但与其他的目标完全不相关,或者相关度很低,那么这个目标即使达到,意义也不是很大。

(5)目标必须具有明确的截止期限(Time-based),注重完成绩效指标的特定期限。目标的时限性就是指目标是有时间限制的。没有明确的时间限定的方式也会带来考核的不公正,伤害下属的工作热情。

(2)强调"自我控制"

目标管理的主旨在于,用"自我控制的管理"代替"压制性的管理",强调员工根据预先设定的目标进行自我管理,自行选择和确定实现目标的方法、手段和途径。这种"自我控制"比起"被动管理"具有更强的动力,推动员工尽最大的努力实现预定目标。

(3)促进组织分权

集权和分权的矛盾是组织的基本矛盾之一,唯恐失去控制是阻碍大胆授权的主要原因之一。推行目标管理,就要在目标制定之后上级根据目标的需要,授予下级部门或个人以相应的权力。授权是提高目标管理效果的关键,也是协调集权和分权的矛盾,并使组织在保持有效控制的前提下,更具活力。

(4)注重管理实效,是一种成果管理

目标管理强调成果,注重目标的实现。由于有了一套完善的目标考核体系,从而能够按员工的实际贡献大小如实地评价员工的业绩。

(5)力求个人目标与组织目标融为一体

目标管理是一种系统管理思想,它要求以企业总目标为核心,各部门和个人围绕总目标提出各自具体的子目标,有机地组成企业目标体系,总目标和子目标之间相互依存,可以有效地增强员工在工作中的满足感、荣誉感,调动员工的积极性,增强组织的凝聚力。

3.3.3 目标管理的步骤

一般来说,目标管理的过程包括三个阶段,即建立目标体系,目标的组织与实施,成果的检查与考核。

第一阶段,建立目标体系。

实行目标管理,首先要建立一套以组织总目标为核心的目标体系,这是目标管理过程中最重要的一步。目标体系的建立通常从组织的最高层开始,从上到下、层层分解、逐级落实,上下级的目标之间是一种"目的—手段"的关系,上一级目标指导下一级目标的制定,下一级目标是实现上一级目标的保证。组织总目标按组织层次和部门逐步下达、展开,直至每一个组织成员。组织体系中的每个层次、每个部门、每个成员均可以根据自身分工和职责的要求,对下达的目标进行修订,修订目标自下而上按层级上报,组织将修订目标分析,比较后再下达。这个过程反复进行,直至上下意见达成一致,最终形成一套完善的目标体系。

第二阶段,目标的组织与实施。

目标体系确立之后,就进入目标的组织实施阶段。目标管理的组织实施强调权力下放和自我控制。各个层级的员工在实现目标的过程中,充分发挥主动性和积极性,进行自主管理,即不断进行自我分析、自我检查、自找差距、自我激励、自我完善。上级的管理则主要表现在指导、协助、授权、提供情报、提出问题、创造条件、纵横协调、改善环境等工作上;此外,就是做好检查和考核工作,实施奖惩。

第三阶段,成果的检查与考核。

成果评价是目标管理的重要环节。为了保证目标的实现,对目标实施的全过程必须进行控制和检查。各级单位和员工的目标实施情况定期逐级反馈到上级单位,如发现差异,应及时采取措施,纠正偏差。若在检查中发现预定目标与实际情况不符,或因不可抗拒的原因造成无法实现预定目标,则应对原定目标进行调整、修改。在对目标实施过程进行检查、控制的同时,还应对检查结果做出评价和考核,并根据评价结果实施奖励或惩罚。一个计划期的目标管理过程结束之后,可以进行总结,推广成功的经验,吸取失败的教训,并用以指导和改善下一个计划期的目标管理工作,进行新的、更高水平的目标管理循环。

相关链接

OKR 工作法

OKR(Objectives and Key Results)即目标与关键成果法,是一套明确和跟踪目标及其完成情况的管理工具和方法,由英特尔公司创始人安迪·葛洛夫发明,并由约翰·道尔(John Doer)引入到谷歌。1999 年 OKR 在谷歌发扬光大,在推广 Chrome 浏览器上发挥了重要作用,并在 Facebook、LinkedIn 等企业中广泛使用。2014 年,OKR 传入中国。2015 年后,百度、华为、字节跳动等企业都逐渐使用和推广 OKR。

Objectives 是指每一家公司都有在未来的一段时间内渴望达成的目标,但选择正确的目标往往没那么简单,这需要花费很多的精力去思考和很多的勇气去完善。

Key Results 是对前面设定好的 Objective 的过程性或结果性描述,但需要注意的是,它必须是基于具体数值的(比如你想提升网站浏览量,但不能仅设成“大幅提升网页浏览量”,而应更具体一些,如“日均独立浏览量超过 1 000,相比之前提升 50%”)。基于数值的期望描述能够产生可量化、可评分的结果,那些过于空泛的表述会因为主观的评估而失去意义(这很容易理解。比如“我想让我们部门的业绩更好”,年底的时候我的确会这么觉得,但我们可能并不知道这仅仅是因为圣诞节到了而已)。定性描述的目标往往无法展现我们的真实能力,因为它会让我们倾向于发挥最基本的平均水平。比如,如果我设定一个“培训销售团队”的目标,之后我很可能只培训 1 个销售员工就草草了事,但如果我设定一个“培训 50 个销售员工”的 Key Result,即便我最终只培训了 10 个,那么我也超额完成了 10 倍的最初目标。这是要符合 SMART 原则的。

3.3.4 目标管理的评价

目标管理改变了以往的目标设定程序,使组织内目标制定过程从单纯的自上而下转变为上下结合,使目标设定真正成为提高工作绩效的内在动力。各级领导者对下属人员的领导,不是简单地依靠行政命令,而是运用激励理论,引导职工自己制定工作目标,自主进行自我控制,自觉采取措施完成目标,自动进行自我评价,从而激发了员工的生产潜能,提高了员工的工作效率,促进了企业总体目标的实现。同时由于目标管理提供了一套具体的、可衡量的考核标准,使得责任更明确,控制更有效。

尽管目标管理方法有很多优点,但也有其不足之处。比如,目标难确定,过多强调短期目标,目标修正缺乏灵活性等。

任务导入

《孙子兵法》中有“定计”之说。所谓“定计”才能“必胜”，说的是决策正确才能取得胜利。在《史记·淮阴侯列传》中，也有“成败在于决断”的论断。美国学者P.马文曾对高层管理者做过一项调查，要他们回答三个问题：“你每天花时间最多的是哪些方面”？“你认为你每天最重要的事情是什么”？“你在履行你的职责时感到最困难的工作是什么”？结果，绝大多数人的答案只有两个字：“决策”。20世纪30年代，美国学者巴纳德和斯特恩最早将决策概念引入管理理论。后来，美国的西蒙和巴奇等人发展了巴纳德的理论，创立了现代决策理论。决策在管理工作中如此重要，可以认为整个管理过程都是围绕着决策的制定和实施而展开的。美国管理学教授斯蒂芬·罗宾斯指出：“决策对管理者每一方面工作的重要性是怎么强调也不过分的，因为决策几乎渗透于所有主要的管理职能中。”诺贝尔经济学奖获得者西蒙甚至强调性地指出，“管理就是决策”。

3.4　什么是决策

3.4.1　决策的基本概念

重要知识3-3

决策的概念

决策是指在明确问题的基础上，为未来的行动确定目标，并在多个可供选择的行动方案中，选择一个合理方案的分析判断过程。

决策的概念包括两层含义：第一，决策是一种自觉的有目标的活动。决策是为了解决某个问题，为达到一定目标而采取的决断行为。第二，决策是一个过程。不能把决策仅仅理解为“瞬间”做出的决定，它应是一个方案择优的过程。决策总是决策者先经过调查和预测确定行动目标，然后围绕目标制订若干方案，再经过比较与分析，最后做出最优方案的抉择。所以决策是由决策者一系列相互关联行为所构成的过程。

3.4.2　了解决策的类型

决策贯穿于管理的全过程，在管理活动中存在着大量的决策问题，不同的决策有着不同的性质和特点，因此决策可分为多种类别。

(1)战略性决策、管理性决策和业务性决策

按照决策在企业管理中的地位，可以把决策划分为战略性决策、管理性决策和业务性决策。

①战略性决策。战略性决策是指影响管理全局，对企业全局性、长期性的管理方向和方针

等方面的重大问题的决策。例如管理目标、产品开发、技术更新改造等。

②管理性决策。管理性决策是指实现战略性决策过程中的具体战术性决策。即实现战略性决策的比较短期的具体的决策。重点解决如何组织企业内部力量提高管理效能的问题,如设备更新的选择、新产品定价等。

③业务性决策。业务性决策是指在日常管理业务中,为实现某一局部目标而做出的决策,又称作业决策,是企业为了提高管理效率和生产效率,更好地执行管理性决策,在日常活动中对日常业务活动进行的安排。如作业计划的制订、库存控制定额的制定等。

(2)高层决策、中层决策和基层决策

按决策者在企业中的地位划分,可以分为高层决策、中层决策和基层决策。

①高层决策。高层决策是指企业最高领导人所做的决策。它所解决的问题通常是全局性的以及与外界环境有密切联系的重大问题。

②中层决策。中层决策是指企业中层管理人员所做出的决策。一般来说,中层决策多是管理性决策。

③基层决策。基层决策是指企业基层管理人员所做的决策,这类决策多是指业务性决策,主要是解决作业中的问题。

(3)程序化决策和非程序化决策

按决策问题是否重复出现划分,可分为程序化决策和非程序化决策。

①程序化决策。程序化决策是指对生产经营活动中经常重复出现的问题所做的决策。如订货、制订生产作业计划等。这类把决策过程标准化的决策,又称为程序化决策。

②非程序化决策。非程序化决策是指对生产经营管理中不经常发生的问题所做的决策。如新产品开发、企业转产、多种经营等。这类决策一般非常重要,但又没有一套常规化的办法和程序,又称为非常规决策。

(4)确定型决策、风险型决策和不确定型决策

按决策问题所处的条件不同划分,可以分为确定型决策、风险型决策和不确定型决策。

①确定型决策。确定型决策是指各种可行方案所需要的条件已经完全确定情况下的决策。这种决策比较容易做,只要比较各个方案的结果,从中择优选取就可以做出决策。

②风险型决策。风险型决策是各种可行方案所需要的条件大部分是已知的,但每一方案的执行都会面临几种不同的状态,各种状态的出现都有一定的概率是可以预测到的,决策时存在着风险,因而称为风险型决策。

③不确定型决策。不确定型决策是指各种可行方案的几种环境状态出现是未知的,并且其出现概率也是不可预测的或只能靠主观概率判断做出决策。

3.4.3 制定决策的步骤

【相关阅读】

《梦溪笔谈》记载:海州知府孙冕很有经济头脑,他听说发运司准备在海州设置三个盐场,便坚决反对,并提出了许多理由。后来发运使亲自来海州谈盐场设置之事,还是被孙冕顶了回去。当地百姓拦住孙冕的轿子,向他诉说设置盐场的好处,孙冕解释道:“你们不懂得作长远打算。官家买盐虽然能获得眼前的利益,但如果盐太多卖不出去,三十年后就会自食恶果了。”然而,孙冕的警告并没有引起人们的重视。他离任后,海州很快就建起了三个盐场,几十年后,当

地刑事案件上升，流寇盗贼、徭役赋税等都比过去大大增多。由于运输、销售不通畅，囤积的盐日益增加，盐场亏损、负债很多，许多人都破了产。

作为一个企业的经营者，在制定一个经营决策的时候，一定要综合考虑各方面的因素，而不能被一时的利益蒙蔽了眼睛。同时要学会发挥集体的力量，特别是做事关企业命运的决策的时候。万万不可因头脑一时发热，拍拍脑袋就制定错误决策而毁掉自己经营一生的成果。那么如何才能科学地制定决策呢？

据一项研究表明，科学系统地制定决策可以有效避免决策的失败。因此，了解如何科学地制定决策对管理者来说非常重要。制定决策的过程是一个有序的过程，一般按照如下程序进行：

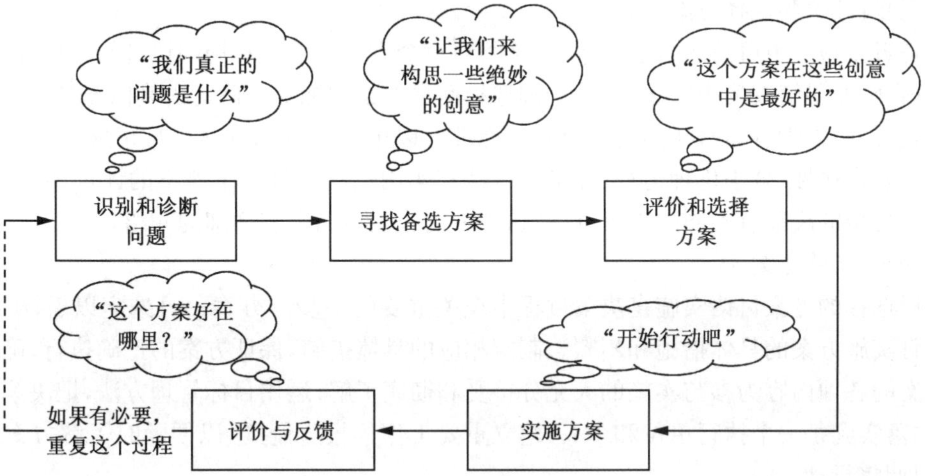

图3—4 制定决策的步骤

第一步：识别问题和机会，确定决策目标。

决策的目的是为了解决组织运行中存在的问题，或者是为了利用一个潜在的机会。决策者首先要研究组织的现状，识别存在的问题，发现未来的机会，提出针对性的解决方案或措施，并进一步明确方案和措施需符合哪些要求，必须达到何种效果。也就是说，决策者要明确决策的目标。

决策的最终目的就是要达到既定的目标。目标确定得不明确或不合理，决策就会导致失误，明确决策目标，首先要提出目标的最低和理想水平，决策不仅要保证实现最低限度的要求，还要力争达到既定约束条件下所能达到的最好状态；其次，任何组织在任何时候都不可能只有一种目标，更多的是具有多元或多重的目标，决策者在选择了主要目标后还必须尽可能地兼顾其他目标，并明确多元目标间的关系；最后，在确定目标时还要注意保持目标的可操作性。

第二步：寻找备选方案。

决策时需要进行正确的选择，就必须提供多种备选方案。备选方案产生的过程，可大致分为以下步骤：首先，在研究外部环境和内部条件的基础上，根据组织的宗旨、使命、任务和目标，提出改变的初步设想；其次，对提出的各种方案设想加以集中、整理和归类，形成内容比较具体的若干个可以考虑的初步方案；再对这些初步方案进行筛选、修改，同时进行方案的可行性分析，形成可行方案；最后，对可行方案做进一步完善与修订，并预计其执行的各种结果，如此便形成了有一定数量的可替代的决策方案。可供选择的替代方案数量越多，被选方案的相对满意程度就越高,决策质量就越有保障。寻找备选方案的过程如图 3－5 所示。

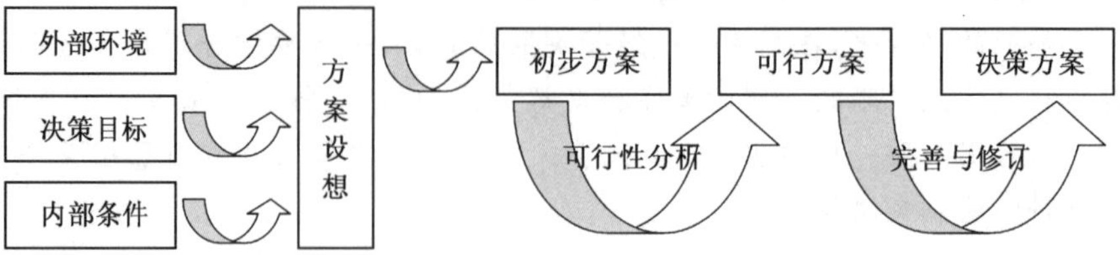

图 3—5 寻找备选方案的过程

第三步:评价和选择方案。

管理者获得一组可行的备选方案后,必须对每个方案的优势和局限性进行分析、比较和评价,在这个阶段要解决两个问题:一是合理选择衡量方案的标准。确定衡量标准对于方案的评价至关重要,西方学者通常认为有四个基本标准可以用来对备选方案进行正反两个方面的评价,它们是:合法性、合乎伦理道德、经济可行性和实用性。二是确定科学的评价和选择方法,对于不同类型的决策有不同的决策方法,这部分内容在后面会有详细的介绍。

第四步:实施方案。

将所选择的方案付诸实施是决策过程中至关重要的一步。方案一旦选定以后,组织应该着手制订实施方案的具体措施和步骤。制定相应的具体措施,保证方案的正确执行;确保有关决策方案的各项内容为参与实施的人充分接受和彻底了解;运用目标管理方法,把决策目标层层分解,落实到每一个执行单位和个人;建立重要工作的报告制度,以便随时了解方案进展情况,及时调整行动。

第五步:评价与反馈。

决策过程的最后一个步骤是跟踪评价决策效果并及时反馈。评价的问题主要包括:有没有正确地识别问题或机会?备选方案设计是否合理?方案评价是否失当?方案选择和实施是否正确?决策者跟踪决策实施情况,取得各种反馈信息的目的,一方面是为了及时地采取措施,纠正行动与既定目标的偏离,以保证既定目标的实现;另一方面,对客观条件发生重大变化而导致原决策目标确实难以实现的,则要进一步寻找问题,确定新的决策目标,重新制订可行的决策方案并进行评估和选择。评价的结果可以促使管理者不断地回顾与反思,总结成功经验和失败教训,从而提高决策能力和水平。

3.5 学习决策的方法

随着决策理论和实践的不断发展,人们在决策中所采用的方法也日趋多样化。企业经营决策方法一般可分为两大类:一类是定性决策方法,另一类是定量决策方法。前者注重于决策者本人的经验和直觉,后者则注重于决策问题各因素之间客观的数量关系。

3.5.1 定性决策方法

定性决策方法,又称“软”决策方法,是一种主要依靠决策者的直觉、经验和主观判断的决策方法。决策者运用社会科学的原理并根据个人的经验和判断能力，充分发挥各自丰富的经验、知识和能力，从对决策对象的本质特征入手，掌握事物的内在联系及其运行规律，对企业的经营管理决策目标、决策方案的拟定以及方案的选择和实施做出决断。这种方法适用于受社会经济因素影响较大的、决策环境复杂、难以用定量指标描述的决策问题。

常用的定性决策方法主要有德尔菲法、头脑风暴法。

3.5.1.1　德尔菲法

德尔菲法(Delphi technique)是由美国兰德公司于20世纪50年代初发明的群体决策方法。它是以匿名方式通过几轮函询征求专家们的意见，组织决策小组对每一轮的意见进行汇总整理，整理后的资料再发给每一个专家，供他们分析与判断，提出新的意见。如此反复，专家的意见集中统一，最后得出最终结论。这种决策方法的基本步骤是：

(1)根据决策目标设计调查问卷。

(2)选择专家，分发问卷，要求每一位专家以匿名方式完成问卷。选择专家的人数，一般以10—50人为宜。所选择的专家一般是指有名望的或从事该工作数十年的有关方面的专家。

(3)回收问卷，决策的组织者将第一次决策的结果及资料进行综合整理、归纳，再反馈给有关专家，据此提出修改意见和新的要求。这一决策的修改，一般可进行3—5轮。

(4)经过专家们几次反复修改，确定出专家趋于一致的决策意见。

德尔菲法具备以下三个特点：①匿名性。就是应邀参加决策的专家，彼此不知是谁。这就消除了“权威者”的影响，参加的成员可以参考第一轮的决策结果。②有价值性。由于不同领域的专家参加决策，各有专长，考虑问题的出发点不同，会提出很多事先没有考虑到的问题和有价值的意见。③决策结果的统计性。为了对决策进行定量估价，采用统计方法对决策结果进行处理，最后得到的是综合的统计的评定结果。

3.5.1.2　头脑风暴法

头脑风暴法(Brainstorming)的创始人是被称为“风暴式思考之父”的英国心理学家A. F. 奥斯本。它是一种集体决策方法，做法是针对需要解决的问题，专家们在一种宽松的氛围中敞开思路，在头脑中进行智力碰撞，畅所欲言，产生多样化的决策思路和方案。

采用头脑风暴法组织群体决策时，要集中有关专家召开专题会议，主持者以明确的方式向所有参与者阐明问题，说明会议的规则，尽力创造融洽轻松的会议气氛。一般不发表意见，以免影响会议的自由气氛。由专家们“自由”提出尽可能多的方案。

怎样才能成功地组织一次“头脑风暴”会议？建议您遵循以下规则：

(1)参加者最好10—15人，如果人太少，会失去很多好的创意；而人太多，意见又不容易集中，易引起喋喋不休的争论。

(2)让每个人都有机会提出自己的想法。鼓励随心所欲，欢迎奇异的想法。

(3)对各种意见、方案的评判必须放到最后阶段，此前不能对别人的意见提出批评和评价。认真对待任何一种设想，而不管其是否适当和可行。

(4)追求数量。意见越多，产生好意见的可能性越大。

(5)鼓励参加者对已经提出的设想进行改进和综合，为准备修改自己设想的人提供优先发言的机会。

【相关阅读】

头脑风暴法

在群体决策中,由于群体成员心理相互作用与影响,易屈于权威或大多数人的意见,形成所谓的“群体思维”。群体思维削弱了群体的批判精神和创造力,损害了决策的质量。为了保证群体决策的创造性,提高决策质量,管理上发展了一系列改善群体决策的方法,头脑风暴法是较为典型的一个。

头脑风暴法的目的在于创造一种自由奔放思考的环境,诱发创造性思维的共振和连锁反应,产生更多的创造性思维。为提供一个良好的创造性思维环境,应该确定专家会议的最佳人数和会议进行的时间。风暴式思考的一般参与者以10—15人为宜,时间一般为20—60分钟,参加的人员中不宜有领导者,参加者也不一定都与所讨论的问题专业一致,可以包括一些学识渊博、对讨论问题有所了解的其他领域的专家。

实践经验表明,头脑风暴法可以排除折中方案,对所讨论问题通过客观、连续的分析,找到一组切实可行的方案,因而头脑风暴法在军事决策和民用决策中得到了较广泛的应用。例如在美国国防部制订长远科技规划中,曾邀请50名专家采取头脑风暴法开了两周会议。参加者的任务是对事先提出的长远规划提出异议。通过讨论,得到一个使原规划文件变为协调一致的报告,在原规划文件中,只有25%—30%的意见得到保留。由此可以看到头脑风暴法的价值。

当然,头脑风暴法实施的成本(时间、费用等)是很高的,另外,头脑风暴法要求参与者有较高的素质。这些因素是否满足会影响头脑风暴法实施的效果。

3.5.2 定量决策方法

定量决策方法,又称“硬”方法,其核心是把同决策有关的变量与变量、变量与目标之间的关系,用数学关系表示,即建立数学模型,然后,通过计算求出答案,供决策参考使用。近年来,计算机的发展为数学模型的运用开辟了更广阔的前景,现代企业决策中越来越重视决策的“硬”方法的运用。

3.5.2.1 确定型决策方法

确定型决策是一种最理想的决策状态,对于未来情况能够十分明确地把握,每种备选方案只有一种确定结果,所涉及问题的相关因素是确定的,决策模型所设定的各种参数也是确定的。因此,确定型决策的求解相对比较简单。

解决确定型决策的方法有很多,如量本利分析法、价值分析法、线性规划等,这里我们给大家介绍比较常用的量、本、利分析法。

量、本、利分析也称盈亏平衡分析或保本分析,是通过分析生产成本、销售利润和业务量(产量、销售量、销售额)三者间的相互制约关系,掌握盈亏变化的规律,从而预测利润、控制成本的一种数学方法。

(1)掌握成本习性(费用和产量的关系)

在进行量本利分析之前,必须搞清楚成本和产量之间的关系,即所谓的成本习性。

企业在生产经营过程中,在一定时期内为生产一定数量某种产品必然消耗一定数量的生产费用,即为生产成本。按照成本和产量的关系,分为变动成本和固定成本。

变动成本是指成本总额在一定时期和一定业务量范围内随业务量增减变动而成正比例增

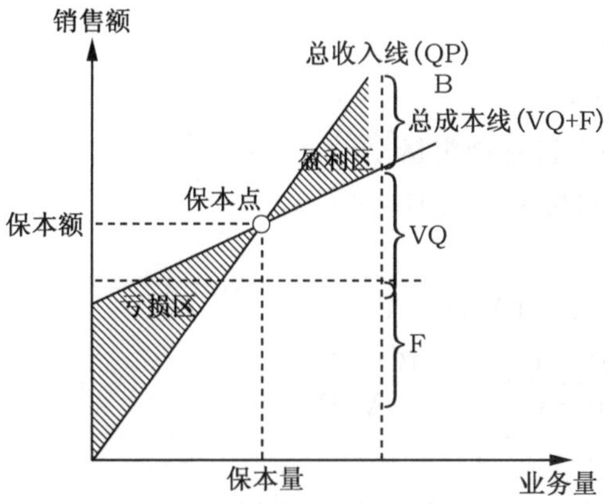

图3—6　量、本、利关系

减变动的，如直接用于产品生产的原材料、燃料、动力和计件工资。

固定成本是指成本总额在一定时期和一定业务量范围内不受业务量增减变动影响而固定不变的，如固定资产折旧费、差旅费、办公费等。

由此得出：

总成本＝固定成本＋变动成本＝固定成本(F)＋单位变动成本(V)×业务量(Q)

(2)基本公式及其图示

如图3—6所示，量、本、利关系图描述了一定时期企业利润、销售收入以及生产成本之间的关系。

基本公式

B＝R－C＝QP－(VQ＋F)＝Q(P－V)－F

符号说明：

B：利润；R：销售收入；C：总成本；Q：销售量；

P：销售单价；V：单位变动成本；F：固定成本。

(3)确定盈亏平衡点

量、本、利分析法的关键是找到盈亏平衡点。通过盈亏平衡点的分析，可预先判定产量或销量达到什么水平才能保证企业不亏损。所谓的盈亏平衡点是指在一定的销售量下，企业的销售收入等于总成本，即利润等于零的那个点。以此点为限，销售收入高于此点，企业赢利；反之，企业亏损。

重要知识3-4

盈亏平衡点

销售收入减去变动成本的余额(临界贡献)抵偿固定成本的剩余为利润，当临界贡献等于固定成本时，盈亏平衡。

B＝R－C＝Q(P－V)－F＝0

(P－V)：单位临界贡献

盈亏平衡销售收入(产值)：

$R^0=F/(1-V/P)$

$(1-V/P)$：临界贡献率

(4)盈亏平衡分析的应用

a. 销售决策中用来确定目标销售量

如企业在计划期内的目标利润为 B'

由公式 $B=Q(P-V)-F$

得：目标销售量 $Q'=(B'+F)/(P-V)$

目标销售额 $R'=\dfrac{B'+F}{P-V}\times P=\dfrac{B'+F}{1-V/P}$

b. 确定保本点价格

企业盈亏平衡时，由 $PQ-F-VQ=0$ 可以得出：

$$P=\frac{F+VQ}{Q}=F/Q+V$$

c. 确定目标单位成本，进行成本控制

如企业在计划期内目标利润为 B'，则

$B'=PQ-F-VQ$

$$V=\frac{PQ-F-B'}{Q}=P-\frac{F+B'}{Q}$$

d. 分析企业经营状况，可以用经营安全率来判别，数值越大，企业经营状况越好。

$D=(Q_1-Q_0)/Q_1\times100\%$

Q_1 实际销售量　　　Q_0 盈亏平衡点销售量

$Q_1>Q_0$ 盈利状态　　　$Q_1<Q_0$ 亏损状态

根据经验数据，经营安全率达到 30%以上，企业经营很安全；25%—30%比较安全；15%—25%不太好，但是还能勉强过得去；到了 10%—15%，企业要充分警惕；10%以下企业经营状况就出现危险信号了。

以上我们学习了盈亏平衡分析的方法，下面我们来做一个例题：

例：某公司生产甲产品，单位变动成本为 28 元，固定成本总额为 50 000 元，单位产品售价为 44 元。要求：

①计算保本点销售收入。

②若目标利润为 20 000 元，则销售量应达到多少？

③若目标产量为 5 000 件，则获利多少？

解：已知 V=28 元　F=50 000 元　P=44 元

①求保本点销售收入：

$R_0=F/(1-V/P)=50\,000/(1-28/44)=137\,500$(元)

②求目标销售量：

已知 $B'=20\,000$ 元

$Q'=(B'+F)/(P-V)=(20\,000+50\,000)/(44-28)=4\,375$(件)

③求目标利润：

已知 $Q'=5\,000$ 件

$B'=Q'\times(p-V)-F=5\,000\times(44-28)-50\,000=30\,000$(元)

3.5.2.2　风险型决策方法

风险型决策是在目标明确的条件下，根据自然状态的客观概率所进行的决策。风险型决策解决问题的最大特点是，对问题的未来情况不能事先确定，但对未来发生情况的可能性即概率是可以知道的。这样，根据已知的概率就可以计算期望值。但决策者在决策时无论采用哪一个方案，都要承担一定风险。企业中大量的生产经营决策属于此类决策，如建设新工厂的投资决策、新产品开发决策等。

一般来说，风险型决策应具备以下条件：

(1)有明确的决策目标；

(2)有两个以上备选方案；

(3)有两种以上自然状态，虽然无法控制，但存在客观概率；

(4)每个方案在各种自然状态下的损益值可以计算出来。

风险型决策的评价方法有很多种，如期望收益决策法、边际分析法、决策树法等，运用决策树图评价决策问题的方法是最常用也是效果最显著的一种方法。

决策树法是风险型决策常用的一种决策方法，它利用了概率论的原理，并且利用一种树形图作为分析工具。决策树是进行风险型决策的重要工具之一，具有层次清晰、一目了然、计算简便等特点。因而，在决策活动中被广泛运用。

决策树法的基本做法是：用决策点代表决策问题，用方案枝代表可供选择的方案，用概率枝代表方案可能出现的各种结果，经过对各种方案各种结果条件下损益值的计算比较，为决策者提供依据。

决策树的基本图形及其所包含的符号的含义如图 3－7 所示：

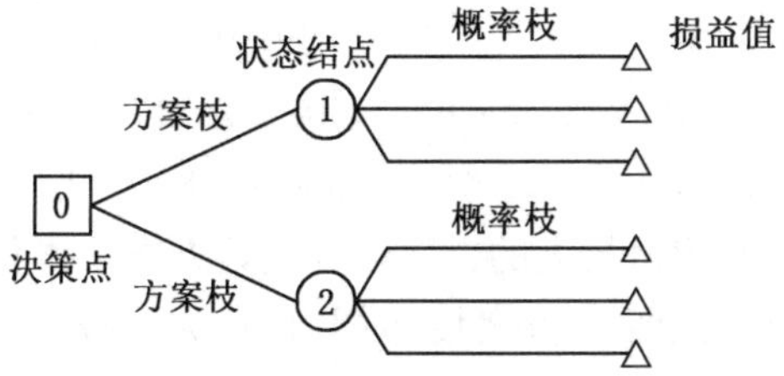

图 3－7　决策树

决策树法一般有三个步骤：

第一步：绘制决策树。绘制决策树，实际上是拟定各种抉择方案的过程，也是对未来可能发生的各种状况进行周密思考和预测的过程。

第二步：计算期望损益值。根据图中有关数据，计算不同备选方案在不同自然状态概率值下的损益期望值及其综合值，将综合值(期望损益综合值)填写在相应的方案枝末端的机会点上方，表示该方案的经济效果。

第三步：剪枝决策。比较各方案的期望收益值，从中选择收益值最大的方案作为最佳方案，其余选择的方案枝一律剪掉，最终剩下一条贯穿始终的方案枝，即决策方案。

以上我们学习了决策树法，下面我们来做一个例题：

例：某企业开发新产品，需对 A、B、C 三方案进行决策。三方案的有效利用期均按 6 年计，所需投资：A 方案为 2 000 万元，B 方案为 1 600 万元，C 方案为 1 000 万元。据估计，该产品市场需求量最高的概率为 0.5,需求量一般的概率为 0.3,需求量最低的概率为 0.2。各方案每年的损益值如下表所示。问题:应选择哪个投资方案?

	需求高 0.5	需求一般 0.3	需求低 0.2
A 项目(万元)	1 000	400	100
B 项目(万元)	800	250	80
C 项目(万元)	500	150	50

下面我们用决策树法进行最佳方案的选择(见图 3—8)。

第一步:根据题意绘制决策树图,并将已知数据标示在决策树的相应位置。

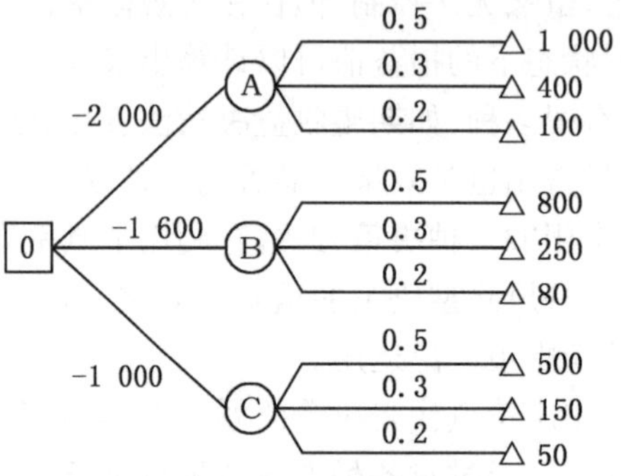

图 3—8　决策树法示例

第二步:A、B、C 三个状态结点所对应的期望值的计算:

A:(1 000×0.5+400×0.3+100×0.2)×6－2 000＝3 840－2 000＝1 840(万元)

B:(800×0.5+250×0.3+80×0.2)×6－1 600＝2 946－1 600＝1 346(万元)

C:(500×0.5+150×0.3+50×0.2)×6－1 000＝1 830－1 000＝830(万元)

第三步:剪枝决策,选择期望值最大的方案作为决策方案。本例中方案 A 的期望值最大,所以选择方案 A。在决策树中保留 A 方案枝,剪去 B、C 方案枝。

3.5.2.3　不确定型决策

不确定型决策就是决策者对未来事件虽有一定程度的了解,知道可能发生的各种自然状态(客观情况),但又无法确定各种自然状态可能发生的概率。这种决策,对方案实施后的结果无法做出估计,因此决策在很大程度上取决于决策者的经验、智力及对承担风险的态度。这时的选择将受决策者心理导向的影响,其决策准则具有很大程度的主观随意性。常用的解决不确定型决策问题的方法有以下三种。

(1)小中取大法:决策者对未来持悲观态度,认为未来可能会出现最差的结果。这种决策的做法是先分别找出每个方案在各种自然状态下的最小收益值,再将各方案的最小收益值相比较,选出最大数值的方案作为决策方案。

(2)大中取大法:决策者对未来持乐观态度,认为未来可能会出现最好的结果。这种决策的做法是先分别找出每个方案在各种自然状态下的最大收益值,再将各方案的最大收益值相比较,选出最大数值的方案作为决策方案。

(3)最小最大后悔值法：后悔值指的是某种自然状态中各个方案的收益值同其中最大收益值之间的差额。这种决策的做法是先计算出各个方案在各种自然状态下的后悔值，并从中找到最大值，再将各方案的最大后悔值中的最小值方案作为决策方案。

下面举例说明如何运用小中取大法、大中取大法和最小最大后悔值法解决决策问题。

例：某公司打算生产某种产品。根据市场预测，产品销路有三种情况，即销路好、销路一般和销路差。生产该产品有三种方案：A. 新建生产线；B. 改进生产线；C. 扩建生产线。据估计，各方案在不同情况下的收益如下表，该公司应选择哪个方案？

各方案损益值

单位：万元

自然状态 方案	销路好	销路一般	销路差
A. 改进生产线	280	180	−60
B. 新建生产线	400	270	−120
C. 扩建生产线	220	150	30

(1)用小中取大法决策

首先找出在销路差的自然状态下三个方案的收益值。分别为：

改进生产线：−60。

新建生产线：−120。

扩建生产线：30。

然后从上面三个方案的收益值中选出最大的，即扩建生产线收益 30 万元。最后确定扩建生产线为最优方案。

(2)用大中取大法决策

首先找出在销路好的自然状态下三个方案的收益值。分别为：

改进生产线：280。

新建生产线：400。

扩建生产线：220。

然后从上面三个方案的收益值中选出最大的，即新建生产线收益 400 万元。最后确定新建生产线为最优方案。

(3)用最小最大后悔值法决策

首先计算每一种自然状态下各方案的后悔值(见下表)：

后悔值＝该情况下的各方案中的最大收益－该方案在该情况下的收益

各方案的后悔值

单位：万元

自然状态 方案	销路好	销路一般	销路差
A. 改进生产线	120【400－280】	90【270－180】	90【30－(－60)】
B. 新建生产线	0【400－400】	0【270－270】	150【30－(－120)】
C. 扩建生产线	180【400－220】	120【270－150】	0【30－30】

再找出每个方案的最大后悔值，由上表看出：

改进生产线的最大后悔值为 120;

新建生产线的最大后悔值为 150;

扩建生产线的最大后悔值为 180。

最后,选择最大后悔值最小的方案作为决策方案,本例中方案 A 的最大后悔值 120 在其中最小,所以选择方案 A 为决策方案。

任务小结

亲爱的读者,通过任务 3 的学习,我们熟悉了计划和决策的基本内容和相关知识,相信您应该掌握了计划和决策的一些有效的方法,这些知识可以帮助您在未来的工作中更好地做出计划和决策。

下面请进入到能力自测部分。

能力自测

一、单项选择题

1. 下列关于目标管理的说法中(　　)是有问题的说法。

   A. 目标管理是行为科学理论在管理实践中的运用

   B. 目标管理是这样一种管理方式:通过指挥系统自上而下逐级指示下级应达到的目标

   C. 目标管理包含管理控制的意义在内

   D. 目标管理和例外管理的观念是相互配合的

2. 企业计划从上到下可以分为若干层次,通常越低层次的计划越具有(　　)的特点。

   A. 概略而抽象　　B. 务虚和定性　　C. 模糊和不可控制　　D. 具体而可控

3. 计划制定中的滚动计划法是动态的、灵活的,它的主要特点是(　　)。

   A. 按每期计划执行情况和内外环境变化,定期修订已有计划

   B. 不断逐期向前推移,使计划与不断变化的环境因素相协调,使各期计划在调整中一致

   C. 按近细远粗的原则来制定,避免对不确定性远期计划的过早、过死安排

   D. 以上三方面都是

4. 目标管理的最突出的特点是强调(　　)。

   A. 成果管理与自我控制　　B. 过程管理与全面控制

   C. 计划与执行相分离　　D. 自我考评和全面控制

5. 在当前飞速变化的市场环境中,人们常常会感到"计划赶不上变化",有人甚至怀疑制订计划是否还有必要,对此,应当采取的正确措施是(　　)。

   A. 坚持计划工作的必要性,批判怀疑论者

   B. "赶不上变化"不以人的意志为转移,应当经常修改计划

   C. 如果形势变化快,可仅仅制订短期计划

   D. 变化的环境,更倾向于指导性计划和短期计划

6. "计划赶不上变化"说明(　　)。

   A. 计划的无效性　　B. 计划不需要精确

   C. 不需要制订计划　　D. 计划需要灵活性

7. 某生物制品企业运用原有技术优势,开发一种固定资产投资额极大的新产品,产品非常畅销。几家竞争对手看出该产品的巨大潜力,也纷纷跃跃欲试。此时,有资料证实,该产品可能通过完全不同的其他途径加以合成而投资只是原来的几分之一。该企业顿时陷入一片恐慌之中。从计划过程来看,该企业

最有可能在(　　)环节上出问题。

A. 估量机会、确立目标

B. 明确计划的前提条件

C. 提出备选方案,经过比较分析,确定最佳方案

D. 拟订派生计划,并通过预算使计划数字化

8. 计划工作在管理工作中具有(　　)。

A. 首位性　　B. 超前性　　C. 战略性　　D. 重要性

9.(　　)不属于非程序性计划。

A. 产品品种调整　　B. 建立新生产线

C. 向供应商订货　　D. 改变工资制度

10. 企业面临的境况日益复杂多变,企业的决策越来越难以靠个人的智慧与经验来确定,因此现代决策应该更多地依靠(　　)。

A. 多目标协调　　B. 集体智慧　　C. 动态规划　　D. 下级意见

11. 以下决策中,受决策者直觉、个性影响最大的是(　　)。

A. 确定性决策　　B. 战略决策　　C. 不确定性决策　　D. 程序化决策

12. 下列关于战略决策中,不正确的说法是(　　)。

A. 具有宏观性,影响全局　　B. 影响深远,意义重大

C. 是战术决策的衍生和细化　　D. 战略决策的目标简单

13. 你正面临是否购买某种奖券的决策。你知道每张奖券的售价以及该期共发行奖券的总数、奖项和相应的奖金额。在这样的情况下,该决策的类型是(　　)。加入(　　)以后该决策将变成一个风险型决策。

A. 确定型决策;各类奖项的数量

B. 风险型决策;不需要加其他信息

C. 不确定型决策;各类奖项的数量

D. 不确定型决策;可能购买该奖券的人数

14. 不确定型决策与风险型决策的区别在于(　　)。

A. 可供选择的方案中是否存在两种或两种以上的自然状态

B. 各种自然状态发生的概率是否可知

C. 哪种自然状态最终发生是否确定

D. 决策是否经常重复进行

15.(　　)行为不是决策。

A. 决定开发一种新产品　　B. 扩大生产规模

C. 对例行问题做决定　　D. 接受上级命令

16. 企业管理者可以分为基层管理者、中层管理者和高层管理者三种,高层管理者主要负责制定(　　)。

A. 日常程序性决策　　B. 长远全局性决策

C. 局部程序性决策　　D. 短期操作性决策

17. 美国克莱斯勒汽车公司的总经理艾柯卡曾经说过:"等到委员会讨论以后再射击,野鸡已经飞走了。"关于这句话,正确的理解是(　　)。

A. 委员会决策往往目标不明确

B. 委员会决策的正确性往往较差

C. 群体决策往往不能把握市场的动向

D. 群体决策往往不讲究时效性,只考虑做出合理的决策

二、多项选择题

1. 下述(　　)活动属于计划活动的范畴。

A. 程序　　B. 目的　　C. 预算　　D. 使命

2. 滚动计划的好处有(　　)。
A. 灵活性　　B. 连续性　　C. 统一性　　D. 精确性
3. 目标管理的缺点有(　　)。
A. 适当的目标不易确定　　B.“自我控制”不可行
C. 一般是短期的　　D. 不灵活
4. 目标管理可理解为(　　)。
A. 管理者的管理　　B. 强调“自我控制”
C. 分权制的结果　　D. 一种提供考核标准的管理
5. 战略计划与作业计划的不同在于(　　)。
A. 时间跨度不同　　B. 涉及的范围不同
C. 计划重点不同　　D. 计划目的不同
6. 计划的工作步骤有(　　)。
A. 确定目标　　B. 确定方案　　C. 评价方案　　D. 选择方案
7. 滚动计划方法的作用是(　　)。
A. 计划更加切合实际,并且使战略性计划的实施也更加切合实际
B. 使长期计划、中期计划与短期计划相互衔接
C. 使短期计划内部各阶段相互衔接
D. 大大加强了计划的弹性
8. 计划流程主要包括评价备选方案、选择方案、拟订派生计划、编制预算及(　　)。
A. 确定目标　　B. 确定前提条件　　C. 估量机会　　D. 确定被择方案
E. 审查环境
9. 计划至少要包括的内容是(　　)。
A. 组织战略　　B. 组织目标
C. 组织决策　　D. 各层次的具体计划系统
10. 关于关键路线,下列说法中正确的是(　　)。
A. 一个网络图中只有一条关键路线
B. 关键路线的路长决定了整个计划任务所需的时间
C. 关键路线上各工序完工时间提前或推迟都直接影响着整个活动能否按时完成
D. 确定关键路线,据此合理地安排各种资源,对各工序活动进行进度控制,是利用网络计划技术的主要目的
11. 按决策的重复程度或决策问题的性质分类,决策可分为(　　)。
A. 生产决策　　B. 程序化决策　　C. 非程序化决策　　D. 以上都不是
12. 按照管理的职能划分,决策可分为(　　)。
A. 生产决策　　B. 营销决策　　C. 研究与开发决策　　D. 人事决策
E. 财务决策
13. 按决策问题所处的条件和状态不同,可分为(　　)。
A. 确定型决策　　B. 不确定型决策　　C. 非程序化决策　　D. 风险型决策
14. 属于不确定型决策方法的有(　　)。
A. 乐观法　　B. 线性规划法　　C. 后悔值法　　D. 悲观法
15. 以下不属于决策过程步骤的有(　　)。
A. 制订计划和标准　　B. 组织内部沟通　　C. 确定决策目标　　D. 方案选优

三、名词解释

1. 计划工作
2. 目标管理

3. 头脑风暴法
4. 确定型决策
5. 风险型决策

四、简答题

1. 解释计划内容的 5W1H。
2. 简述德尔菲法的概念和步骤。
3. 计划层次体系包括哪些内容?
4. 计划的性质是什么?
5. 计划的作用主要体现在哪些方面?
6. 滚动计划法的基本思想是什么?
7. 风险型决策的判断特征是什么?
8. 简述决策的制定过程。
9. 网络计划技术有什么优点?
10. 简述制定决策的程序。

五、应用题

1. 某企业为生产某种新产品而设计了基建方案,即建设大工厂和建设小工厂,建大工厂需投资 300 万元,建小厂需投资 160 万元,使用期限都是六年。估计在其使用期间,产品销路好的概率为 0.8,销路差的概率为 0.2,两个方案的损益值如下表所示。

方案的损益值　　单位:万元

自然状态	概率值	备选方案	
		建大厂	建小厂
销路好	0.8	100	40
销路不好	0.2	−20	10

要求:运用树状决策法进行决策分析,以求获得最大收益。

2. 某公司生产某产品的固定成本为 50 万元,单位可变成本为 80 元,产品单位售价为 120 元,若企业目标利润为 30 万元,企业应完成多少产销量?

3. 根据下表绘制网络图。

一个汽车库及引道的施工资料

作业代号	作业内容	作业时间/天	紧前作业
A	清理场地,准备施工	10	—
B	备料	8	—
C	车库地面施工	6	A,B
D	墙及房顶桁架预制	16	B
E	车库混凝土地面保养	24	C
F	竖立墙架	4	D,E
G	竖立房顶桁架	4	F
H	装窗及边墙	10	F
I	装门	4	F
J	装天花板	12	G

续表

作业代号	作业内容	作业时间/天	紧前作业
K	油漆	16	H,I,J
L	引道混凝土施工	8	C
M	引道混凝土保养	24	L
N	清理场地,交工验收	4	K,M

案例分析

案例一:耐克公司的决策

如果你是一名认真的长跑者,那么在20世纪60年代或70年代初,你只有一种合适的鞋可供选择:阿迪达斯(Adidas)。阿迪达斯是德国的一家公司,是为竞技运动员生产轻型跑鞋的先驱。在1976年的蒙特利尔奥运会上,田径赛中有82%的获奖者穿的是阿迪达斯牌运动鞋。

阿迪达斯的优势在于试验。它使用新的材料和技术来生产更结实和更轻便的鞋。它采用袋鼠皮绷紧鞋边。四钉跑鞋和竞赛鞋采用的是尼龙鞋底和可更换鞋钉。高质量、创新性和产品多样化,使阿迪达斯在20世纪70年代中支配了这一领域的国际竞争。

20世纪70年代,蓬勃兴起的健康运动使阿迪达斯公司感到吃惊。一瞬间成百万以前不好运动的人们对体育锻炼产生了兴趣。成长最快的健康运动细分市场是慢跑。据估计,到1980年有2 500万—3 000万美国人加入了慢跑运动,还有1 000万人是为了休闲而穿跑鞋。尽管如此,为了保护其在竞技市场中的统治地位,阿迪达斯并没有大规模地进入慢跑市场。

20世纪70年代出现了一大批竞争者,如美洲狮、布鲁克斯、新布兰斯和虎牌。但有一家公司比其他公司更富有进取性和创新性,那就是耐克(Nike)。由前俄勒冈大学的一位长跑运动员创办的耐克公司,在1972年俄勒冈的尤金举行的奥林匹克选拔赛中首次亮相。穿着新耐克鞋的马拉松运动员获得了第四至第七名,而穿阿迪达斯鞋的参赛者在那次比赛中占据了前三名。

耐克的大突破出自1975年的"夹心饼干鞋底"方案。它的鞋底上的橡胶钉比市场上出售的其他鞋更富有弹性。夹心饼干鞋底的流行及旅游鞋市场的快速膨胀,使耐克公司1976年的销售额达到1 200万美元。而在1972年仅为200万美元,自此耐克公司的销售额飞速上涨。今天,耐克公司的年销售额超过了35亿美元,并成为行业的领导者,占有运动鞋市场26%的份额。

耐克公司的成功源于它强调的两点:(1)研究和技术改进;(2)风格式样的多样化。公司有将近100名雇员从事研究和开发工作。它的一些研究和开发活动包括人体运动高速摄影分析,对300个运动员进行的试穿测验,以及对新的和改进的鞋及材料的不断的试验和研究。

在营销中,耐克公司为消费者提供了最大范围的选择。它吸引了各种各样的运动员,并向消费者传递出最完美的旅游鞋制造商形象。到20世纪80年代初,慢跑运动达到高峰时,阿迪达斯已成了市场中的"落伍者"。竞争对手推出了更多的创新产品、更多的品种,并且成功地扩展到了其他运动市场。例如,耐克公司的产品已经统治了篮球和年轻人市场,运动鞋已进入了时装时代。到20世纪90年代初,阿迪达斯的市场份额降到了可怜的4%。

思考题:

1. 耐克公司的管理层制定了什么决策使它如此成功?

2. 到20世纪90年代初,阿迪达斯的不良决策如何导致了市场份额的极大减少?这些决策怎么使得阿迪达斯的市场份额在20世纪90年代初降到了可怜的地步?不确定性在其中扮演了什么角色?

案例二:远大公司的计划

15年前,远大公司的总经理张诚志靠贩运水泥起家,凭苦干、借机遇,发展到今天已是一个拥有几千万元资产的民营大企业。总公司现拥有一家贸易分公司、建筑装饰分公司和房地产公司,员工300多人。自公司成立以来,公司的管理全靠张总个人的经验,从来没有通盘的目标与计划。近年来,公司的日子愈发不好过了。由于成本上升,市场竞争加剧,建筑分公司的创利逐年减少,处于略有盈余的维持状态。贸易分公司也只是靠以前的家底维持公司的日常活动,大笔生意几乎没有了。房地产分公司更是一年不如一年,房地产市场疲软,公司手里积压的几十套房产成为公司巨大的负担。但公司也有一些发展的机会,如做小型柴油机的代理商;开拓市中心商业街工程,虽投入较大,但利润可观。

总之,摆在张总面前的困难很多,但机会也不少。新的一年到底该干什么?以后的5年、10年又该怎样发展?该怎样制定公司的目标与计划?张诚志总经理现在正苦苦思考着这些问题。

思考题:

1. 远大公司是否应制订公司中长期的发展计划?为什么?
2. 如果你是张总,你该如何制订公司的发展计划?

实训操作

【实训目标】

理解计划的分类,领会计划制订的方法,并与目标管理知识相联系,整理出支持本计划的目标。

【实训内容与要求】

将班级内的学生按8—10人分成一组,各小组成员集体完成实训计划。

(1)通过各种渠道与企业联系,获得一份企业近期计划。

(2)了解制订计划的相关背景,分析制订计划的方法、计划所属的类别以及制订此计划所要实现的目标。

(3)了解计划实施情况,分析与讨论计划制订的优缺点。

【成果与检测】

(1)每个小组交一份讨论记录和一份计划方案,分析的内容如实训要求。

(2)班级组织一次交流,各小组就调研体会进行交流,教师对各小组的综合表现进行评估、打分。

任务 4

组织设计

能力目标

通过完成本任务，你应该能够：
1. 理解组织内涵及特征
2. 了解组织的基本类型及其特点
3. 初步掌握组织设计的基本原则和方法
4. 了解组织变革的发展趋势

核心能力

1. 了解组织的基本类型及特点
2. 初步掌握组织设计的基本原则和方法

◆ 项目任务

4.1 了解组织内涵
4.2 进行组织设计
4.3 组织变革

◆ 任务导入
◆ 任务小结
◆ 能力自测
◆ 案例分析
◆ 实训操作

任务导入

【相关阅读】

三株曾是中国民营企业的一个奇迹。1994 年，三株实业有限公司成立，同时推出三株口服液保健产品。当年销售额达到 1.25 亿元，1996 年销售收入达到 80 亿元，在全国城市注册了 600 多个子公司，行销人员总共超过 15 万人。短暂的辉煌之后迅速跌入低谷，1997 年销售收入下滑了 10 亿元，原计划 300 亿元仅实现 70 亿元。1998 年市场开始瘫痪，1999 年，200 多个子公司和 2 000 多个办事处全部关门。2000 年三株企业网站关闭，三株几乎是从业界消失了。

三株由生到盛，仅仅用了两年的时间，由盛到衰却不到两年的时间。为什么三株衰微得如此匆匆？从三株的组织架构和运行上就可发现端倪。

“集团军式”的集权管理，企业系统功能分配上下严重失衡。各子公司不是一个独立核算的公司，只是一个代理执行总部战略意图的促销单位。市场范围由总部划定，产品由总部统一调拨运输，价格由总部敲定，甚至签订合同和货款回笼都由总部包揽，子公司实际上只是负责与新闻媒介联系登广告，或者把宣传品送到客户手里，实施一些促销活动，把产品卖出去。各级财务人员的工资由总部财务中心统一发放。对子公司是“填鸭式”的管理，各公司只能被动接受命令，无法根据市场实际，发挥自己的主观能动性和创造性。这种管理模式，在 1996 年已暴露出严重的不适应，1997 年初，他们开始放权。但一放就乱，没有完善的组织规范，许多子公司不会用权，或者滥用权力，这又导致一些新的更严重问题的发生。

组织系统目标功能作用不清，单位、部门自成体系。三株总公司的组织架构，实行的是中央集权管理体制，企业建立了高度统一的指挥体制。称为六统一，“思想统一，组织统一、政策统一、企划统一、行动统一、管理统一”。为了使这种集权体制具体化，又成立了制造中心、营销中心、财务中心、组织人事中心。集团四个中心，各自独立成为一个体系。各中心之间，画地为牢，互成壁垒，一个个都成了割据分立的诸侯王国。人员各自扩充，职能各自增添，以与其他中心争权夺利。单位、部门之间拉山头，闹独立。

组织层次过多，运行效率低下。从集团总裁到基层员工，总共有 18 个层次。过多的等级造成严重的官僚主义，上令难以下达，下情难以上传。市场信息不灵，上下沟通渠道不畅。总部对下属公司无法进行有效控制，对外部环境变化反应迟缓。在组织架构和运行上实行军事化控制：上有市场前线总指挥委员会，其功能相当于国家军委。中有各省市场前线指挥部，相当于前敌委。在总部还设立有政治工作部，各省设政治委员，子公司派党代表，任职人员主要是从部队营级以上的转业干部中选聘的。下有基层作战单位，基层网点执行经理为连长。但这种军事化的管理也无法给三株带来效率。

单位、部门和岗位角色职责不清。在公司总部，组织体系大的套小的，重重叠叠。集团下面，大公司又套小公司，业务由总部控制，层层叠叠的多级公司，都是跑广告、做广告、发发货，职能雷同。中间层次的公司纯粹变成了行政衙门，业务由下面做，钱交由他们花。管理人员整天坐在办公室发号施令，很少去直接管辖的下级市场。放权以后，没有明晰的责任限制，总部对下面控制减弱，问题进一步加剧，责任没人负，工作没人干。有个子公司经理公开说，“子公司经理就是比办事处主任懒，办事处主任就是比业务主办懒”。

干部终身制，能上不能下。三株自己的员工也讲，“我们不是国有企业，但比国有企业还国有企业。有些干部低能，在一个单位混不下去了，再换个单位照样当官”。

从三株的由盛到衰,我们是否可以得出这样的结论:规范企业的组织架构和运行,是直接关乎企业兴衰存亡的大事。

4.1 了解组织内涵

4.1.1 组织的含义

组织的概念具有两重性。一种是指静态的实体组织,是指由若干因素构成的有序的结构系统。作为实体组织,它的基本特征表现为:每一个组织都是由人组成的,每一个组织都具有明确的目标或目的,每一个组织都具有一定的形式规范,每一个组织都包括不同层次的分工协作。

另一种是动态的组织工作,是管理的一项职能,是指把组织的人、财、物、信息、技术等要素,在一定的时间、空间内紧密联系并合理配置起来,与变化的外部环境相协调,向预定目标运行的活动过程。作为过程组织,它的基本特征表现为:组织分工与协作;合理的组织活动能使经济实体产生新的生产力;组织活动过程是一项系统工程。

综合以上两重含义,可以把组织的概念定义为:

重要知识 4-1

组织的含义

为了有效地配置内部资源和开展活动,实现一定的共同目标而按照一定的规则、程序所构成的一种责权结构安排和人员协作关系。

4.1.2 组织中的有关概念

4.1.2.1 管理幅度与管理层次

每一个组织的最高主管因受时间和精力的限制,需要委托一定数量的人分担其管理工作。其委托人也需要将受托担任的部分管理工作再委托给另一些人来协助进行,并依此类推下去,直至受托人直接安排和协调组织成员的具体业务活动。委托的结果是减少了他必须直接从事的业务工作量,但与此同时,也增加了他协调受托人之间关系的工作量。因此,任何主管能够直接有效地指挥和监督的下属数量是有限的。这就引出了两个概念:管理幅度和管理层次。

重要知识 4-2

管理幅度与管理层次

管理幅度(管理跨度、跨距)指的是一个人直接领导下属的人数。人数越多,管理幅度就越大;人数越少,管理幅度就越小。

管理层次是指组织内部从最高一级管理组织到最低一级管理组织的组织等级。

我们来看一个例子。一家企业拥有 4 096 名员工，假设该企业组织机构中各层次的管理幅度相同，现在有三个组织设计方案，管理幅度分别为 4、8 和 16，我们来看看组织的管理层次有什么变化，所需的管理人员数有什么区别，所构成的组织结构形态又有什么不同。如表 4－1 和图 4－1 所示。

表 4－1　管理跨度与管理层次的对应关系

项目	(a)	(b)	(c)
管理幅度	4	8	16
管理层次	6	4	3
管理人员数	1 365	585	273

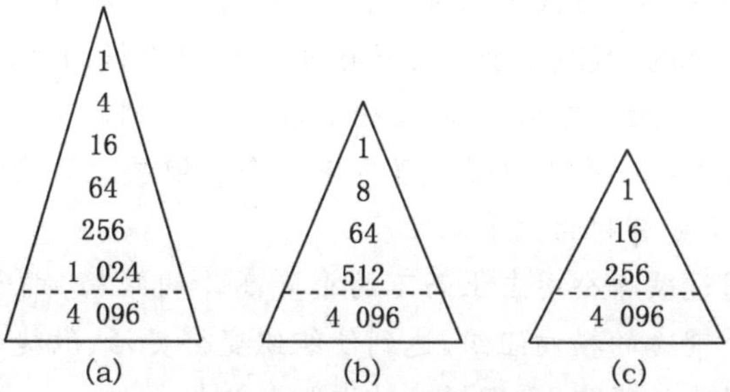

图 4－1　管理跨度与管理层次的关系

从以上图表可以看出，当组织规模一定时，管理幅度与管理层次成反比关系。管理幅度越大，即上级主管直接控制的下属越多，管理层次越少，相反，管理幅度越小，则管理层次增加。

管理幅度的影响因素包括组织性质、组织层级、人员素质、组织条件和组织环境等方面因素。一般来说，企业组织比事业组织具有较大的管理幅度，知识密集型组织比劳动密集型组织的管理幅度小。位于组织层级中的较低层次的管理幅度，由于工作相对简单，其管理幅度较大；位于组织层级中的高层管理层次的管理幅度，由于非常规决策管理多，且问题复杂性程度高，其管理幅度较小。在同类、同规模、同性质的组织中，人员素质高的组织的管理幅度比人员素质低的组织的管理幅度大。工作条件(包括技术条件、信息条件等)优越的组织，一般具有较大的管理幅度。处于动态环境和复杂环境中的组织，其管理幅度比处于相对稳定环境和简单环境中的组织要小。这些因素是设计和控制管理幅度时要综合考虑的。

管理幅度和管理层次的这种关系决定了两种基本的管理组织结构形态：扁平结构形态和金字塔形结构形态。

扁平结构是指在组织规模已定、管理幅度较大、管理层次较少时的一种组织结构形态。其优点主要是：由于层次少，信息的传递速度快，从而可以使高层尽快地发现问题，并及时采取相应的纠偏措施；同时，由于信息传递经过的层次少，传递过程中失真的可能性也较小；此外，较大的管理幅度，使主管人员对下属不可能控制得过多过死，从而有利于下属主动性和首创精神的发挥。但由于过大的管理幅度也会带来一些局限性：一方面主管不能对每位下属进行充分、有效的指导和监督；另一方面由于主管的信息来源多，众多的信息可能淹没了其中最重要、最有价值的部分，从而可能影响信息的及时有效利用。

金字塔形结构又称锥形结构,是指管理幅度较小、管理层次较多的一种组织结构形态。其优点与局限性正好与扁平结构相反:较小的管理幅度可以使每位主管仔细地研究从每个下属那里得到的有限信息,并对每个下属进行详尽的指导;但过多的管理层次,不仅影响了信息从基层传递到高层的速度,而且由于经过的层次太多,使信息在传递过程中失真;同时,过多的管理层次,可能使各主管感到自己在组织中的地位相对渺小,从而影响积极性的发挥;过多的管理层次也往往容易使计划的控制工作复杂化。

【相关阅读】

现代组织的特点:扁平化

古典管理学者认为窄小的管理跨度更好,通常不超过 6 人,这样便于对下属实行紧密控制。20 世纪 90 年代以来,西方企业面临的经营环境发生了巨大变化,多层次的金字塔形科层组织已显得笨重、迟缓而缺乏灵活性和人情味。而扁平化组织是组织模式的根本性改变,通过减少管理层次、压缩职能机构、裁减冗余人员而建立企业的纵横向都比较紧凑的扁平化结构,使得组织变得灵活、敏捷、快速、高效,从而使企业在变幻莫测的市场经济竞争中立于不败之地,正如科特所评价的那样:"一个有更多代理即有一个平坦层次结构的组织,比一个在结构中层有臃肿结构的组织处于更有利的竞争地位。"

组织扁平化,就是通过破除公司自上而下的垂直高耸的结构,减少管理层次,增加管理幅度,裁减冗员来建立一种紧凑的横向组织,达到使组织变得灵活、敏捷、富有柔性与创造性的目的。它强调系统、管理层次的简化、管理幅度的增加与分权。

现代社会里,越来越多的组织正努力扩大管理幅度,即组织扁平化。1992 年,沃尔玛超过西尔斯公司成为美国的第一号零售商。管理大师汤姆·彼得斯早在几年前就预见到了这一结果。他说:"西尔斯没有机会的",原因是"一个 12 层次的公司无法与一个只有 3 个层次的公司抗争"。

4.1.2.2 集权与分权

集权与分权是反映组织纵向职权关系的一个特征,用于描述组织中决策权限的集中与分散程度。所谓分权,指的是组织的决策权分配给较低层次的部门或人员的一种倾向。而集权则是指组织的决策权主要集中在较高层次的管理人员手中。

集权与分权是相对的概念,不存在绝对的集权和分权。职权绝对分散意味着没有上层主管人员;而绝对的集中则意味着没有下层主管人员。实际上,这两种组织结构都不存在。有层次的组织结构的建立,就已经存在着某种程度的分权。为使组织结构有效地运转,还必须确定分权的程度。

集权与分权的程度,是依据条件的变化而变化的。影响集权与分权的因素如下:

(1)决策的重要性

对于较重要的决策、耗费较多的决策,由较高管理部门做出决策的可能性较大。因为基层主管人员的能力与信息的获取有限,限制了他们去决策。再者,重大决策的正确与否责任重大,因此往往不宜授权。当做出不重要的决策且管理者素质普遍较高时,应采取分权政策。

(2)组织的规模

组织规模大,决策数目多,协调、沟通及控制不易,宜于分权。相反,组织规模小,决策数目少,分散程度较低,则宜于集权。

(3)领导者个性

领导者的个性与所持的管理观念影响权力的分散与集中。不同的领导者在企业经营中会采取不同的权力组合方式,这就从某种程度上反映了其所持有的管理观念,各具特色。

(4)主管人员的数量与管理水平

主管人员的素质与数量影响着分散的程度。主管人员数量充足,经验丰富,训练有素,管理能力较强,则可较多地分权,反之趋向集权。

(5)经营环境

决定分权程度的因素中大部分属组织内部的,但影响分权程度还有一些外部因素,例如经济、政治因素。这些外部因素常促使集权。例如困难时期和竞争加剧可能助长集权。

(6)组织的动态特性与职权的稳定性

组织正处于发展中,要求分权;老的、较完善的组织或比较完善的组织,趋于集权。有些问题的处理有很强的时间性,而且需要随机应变,权力过于集中容易贻误时机,处理此类事项的权力应当分散,以便各管理环节能机动灵活地解决问题。

4.1.2.3　直线职权与参谋职权

职权是管理人员在职务范围内所拥有的管理权限,是履行管理职能的前提。一个正式组织的职权有直线职权与参谋职权两种。

(1)直线职权

直线职权是某项职位或某部门所拥有的包括做出决策、发布命令和执行的权力,也就是通常所说的指挥权。

每一管理层的主管人员都应具有直线职权,只不过每一管理层次的功能不同,其职权的大小、范围不同而已。例如,在企业生产系统中,厂长—负责生产的副厂长—车间主任—工段长—班组长,从上到下构成了严密的指挥链关系,等级链中的每个管理人员称为直线人员,他们都拥有各自的直线职权,但由于所处的管理层次不同,其职权大小及职权范围也就有所不同。

(2)参谋职权

参谋职权是某项职位或某部门所拥有的辅助性职权,包括提供咨询、建议等。参谋职权的概念由来已久。在中外历史上很早就出现了为统治者出谋划策的智囊人物。近代组织中出现的参谋及其职权来自军事系统。1807年,普鲁士军事改革家香霍斯特创建了军事参谋本部制度。所有军事统帅的决策过程,必须依赖参谋部集体智慧的支持来完成。以后德国、美国等军队也相继实行了参谋组织,并成为军队中不可缺少的部分。随着社会的发展、管理问题的日益复杂,“多谋善断”,由独自一人来完成已不可能,不仅在军事上,而且在政治、经济等领域都需要出谋划策的参谋人员。

参谋的形式有个人与专业之分。前者是参谋人员,参谋人员是直线人员的咨询人员,他协助直线人员执行职责。专业参谋,常常为一个独立的机构或部门,就是一般所谓的“智囊团”或“顾问班子”。专业参谋部门的出现,是时代发展的产物,它聚集了一些专家,运用集体智慧,协助直线主管进行工作。

从直线与参谋的关系看,参谋的职权是为直线主管提供信息,出谋划策,配合直线人员工作。发挥参谋作用时,应注意以下几点:参谋应独立提出建议,参谋人员多是某一方面的专家,应让他们根据客观情况提建议,而不应该左右他们的建议;直线主管不为参谋左右,参谋应多谋,直线应善断。直线主管可广泛听取参谋的意见,但要切记,直线主管是决策者。

4.1.2.4 正式组织与非正式组织

【相关阅读】

厦门灌口工业区的YJ有限公司是一家生产服装的中型企业,公司一直都保持着稳定的发展,但自从前厂长离开公司自己创业后,整个形势就开始慢慢地变化,先后来了三任厂长都改变不了车间混乱的状况,生产的服装几乎每批都被外贸公司退回返工,产品的质量达不到要求,一方面让公司大幅亏损,另一方面也导致员工的工资锐减。一时间公司内部流传着各种消息,例如,又要换厂长了,刚做的一单又要返工,这个月的工资老板会压着不发,老板准备放弃这家企业等。

而这时公司的老总正在和深圳的一家贸易公司谈判,希望能获得一个100万元的海外订单,他知道公司内部人心不稳,但他认为只要能签到大额的订单就可以稳住员工的心,然后生产也会走向正常。结果,当他给员工发了上个月的工资,回到车间却发现已经有40%的员工在领到工资后就已经辞职。他发现这些一起离开的员工大多是来自同一个省份,或者以前在同一家公司工作过。

这是一起比较典型的非正式组织"紧密化""危险化"的案例。现实企业中的非正式组织大多是比较松散的,在正常的状态下,对企业的管理并不会显示出很大的影响,在企业蓬勃发展的时候,它更不容易被感知和发现;但当企业出现变化和转折的时候,这类非正式组织的力量就会突然壮大,并且可能会以各种方式对组织进行冲击和对抗。

为了建立合理的组织机构和结构,应规范组织成员在活动中的关系,形成所谓的正式组织。这种组织有明确的目标、结构、职能以及由此而决定的成员之间的责权关系,对个人具有某种程度的强制性。合理健康的正式组织无疑为组织活动的效率提供了重要的保证。但是,不论组织设计的理论如何完善,设计人员如何努力,人们都无法规范组织成员在活动中的所有联系,都无法将所有这些联系纳入正式的组织结构系统。在几乎任何社会经济单位中,都存在着一种非正式组织。

非正式组织是伴随着正式组织的运转而形成的。在正式组织展开活动的过程中,组织成员必然发生业务上的联系。这种工作上的接触会促进成员之间的相互认识和了解。他们会渐渐发现在其他同事身上也存在一些自己所具有、所欣赏、所喜爱的东西,从而相互吸引和接受,并开始工作以外的联系。频繁的非正式联系又促进了他们之间的相互了解。这样久而久之,一些正式组织的成员之间的私人关系从相互接受、了解逐步上升到友谊,一些无形的、与正式组织有联系、但又独立于正式组织的小群体便慢慢地形成了。这些小群体形成以后,其成员由于工作性质相近、社会地位相当、对一些具体问题的看法基本一致、观点基本相同,或者在性格、业余爱好以及感情相投的基础上,产生了一些被大家所接受并遵守的行为规则,从而使原来松散、随机性的群体渐渐成为趋向固定的非正式组织。

非正式组织的存在及其活动既可对正式组织目标的实现起到积极促进的作用,也可对后者产生消极的影响。

非正式组织的存在,可以为员工提供在正式组织中很难得到的心理需要的满足,创造一种更加和谐、融洽的人际关系,提高和加强员工的相互合作精神;帮助正式组织起到一定的培训作用,规范成员行为;提供一种非正式的信息沟通渠道,有助于促进组织中信息的交流与传递,是正式信息通道的补充。

非正式组织也可能产生消极作用，主要在于：非正式组织的目标如果与正式组织冲突，则可能对正式组织的工作产生极为不利的影响，并可能扩大抵触情绪；非正式组织要求成员一致性的压力，往往也会束缚成员的个人发展；非正式组织的压力还会影响正式组织的变革，从而形成组织发展中的障碍。

非正式组织是客观存在、无法避免的，管理者要正视它，努力克服和消除它的不利影响，并且积极利用它为正式组织目标的实现做出贡献。

(1)正视非正式组织的存在，促使其发挥积极作用

管理者要认识到非正式组织存在的必然性和必要性，接受并且理解非正式组织的存在，并且要善于因势利导，最大限度地发挥非正式组织的积极作用。比如，正式组织在进行人员配置时，可以把性格相投、有共同爱好和兴趣的人安排在同一部门，充分发挥非正式组织的作用，共同的兴趣、爱好有助于组织成员增强凝聚力，缓解工作压力，以轻松、愉快的心情投身到工作中。

(2)文化引导

非正式组织形成以后，正式组织既不能利用行政方法或其他强硬措施来干涉其活动，又不能任其自流。积极有效的方式是借助组织文化的力量，影响非正式组织行为规范，对非正式组织的活动加以引导。许多管理学者发现，很多成功组织的奥秘在于有一种符合组织性质及其活动特征的组织文化。组织文化是被组织成员共同接受的价值观念、工作作风、行为准则，属于软管理的范畴。正确的组织文化可以帮助每一个成员树立正确的价值观念和工作态度，引导非正式组织形成符合正式组织要求的行为规范，从而为组织目标的实现起到积极的促进作用。

4.2　进行组织设计

4.2.1　了解组织设计的依据和原则

4.2.1.1　组织设计的依据

组织设计的目的是为了实现组织目标，合理安排组织成员的活动，而组织活动总是在一定的环境中，在一定的技术条件下，并在组织总体战略的指导下进行的。此外，组织规模及其所处的发展阶段不同，也会对组织结构形式提出不同的要求。因此，组织设计必须考虑以下因素的影响。

(1)组织目标与任务

组织设计必须遵循目标任务的原则，以组织的目标任务为基本依据，当目标任务发生变化时，组织结构相应地也要做必要的调整。

(2)组织环境

任何组织都存在于一定的环境之中，组织是与其外部环境相互作用、相互依存的系统。外部环境由于它的变化程度和复杂程度，造就了它的不确定性。组织面临的外部环境不确定性越大，外部环境对组织的选择和决定自身命运的自由的限制就越大。从本质上讲，在稳定的外部环境中采用机械式组织结构最为有效；而动态的不确定的外部环境则与弹性组织结构最为匹配。

(3)组织战略

组织战略是决定和影响组织活动性质及根本方向的总目标,它涉及一定时期内组织的全局方针、主要政策与任务的运筹谋划,是制定策略和计划的准绳。组织结构是实现组织目标和战略的手段和工具,而目标产生于组织的总体战略。因此,组织战略对组织结构起着决定性作用,组织结构必须服从组织战略,并与战略紧密结合。

(4)生产条件与技术状况

生产技术水平不仅影响组织活动的效果和效率,而且还会作用于组织工作的各个方面。采用不同的技术手段都需要对组织活动运用不同的管理方式,因而也就必然影响组织结构的选择和设计。生产技术越高或越复杂,组织结构垂直分工就越复杂,反之则越简单。

(5)组织规模及其所处发展阶段

组织的规模往往是与组织的发展阶段相联系的。随着组织的发展,组织活动的内容会日趋复杂,人数会逐渐增多,组织的结构也需要随之调整,以适应变化了的情况。一般来说,规模大的组织要比规模小的组织更趋向于高程度的专业化和横向及纵向的分化,规则条例也更多。美国学者托马斯·卡曼提出了"组织发展五阶段"理论,他认为组织的发展过程要经历创业、职能发展、分权、参谋激增和再集权五个阶段,不同的发展阶段要求与之相适应的组织结构形态。

(6)企业文化

企业文化作为企业的内在精神,也是影响组织设计的一个重要依据。如强调组织对外应变的适应性文化的企业组织,需要一个宽松而具有弹性的组织结构,而重视组织内部稳定的持续性文化,则组织结构的设计就应当倾向紧密。

【相关阅读】

组织结构反映文化价值观

一个组织的结构必须与它的环境相适应。这里,环境包含了组织所在国家的民族文化。研究证实,组织在相当程度上与其所在国家的文化价值观保持一致。

在一个权力差距很大的国家中,人们喜欢决策权限集中化。相似的,躲避不确定性的倾向则与正规化相关。高度的躲避不确定性倾向会导致高度的正规化。基于这样的关系,我们可以找出几种类型。像法国和意大利的管理者偏向于设计严格的官僚行政机构,组织在集权化和正规化方面都很高;而印度的管理者偏好高集权化和低正规化的组织;德国人则偏好正规化和分权化的组织。像日本这样的国家广泛使用工作团队,这也可以从民族文化的角度进行解释。日本人具有高度的集体主义。在这种文化背景下,员工喜欢围绕工作团队构筑成更为有机的组织。与之对比,在印度这样一个权力差距观念盛行的国家,员工以团队方式工作可能绩效很差。他们在机械的、权力统治的机构中工作,则会感觉更舒服。

最近有项关于中国的管理者对"理想组织的认识"的调查研究发现,对结构形式的选择也与他们的文化相适应。中国的经理们提倡组织中的高度参与。研究者们注意到,这反映了该国的文化价值观,即允许工人们正式参与计划的制订过程,并给予他们任免经理人员的一定权力。中国的经理们还有一种讨厌冲突和希望"保住面子"的倾向,这培植了具有清晰的职权线路和明确的标准作业程序的机械式组织。另外,中国的经理们还有抑制内部竞争和个人冒险行为的倾向,这与中国传统的集体责任感价值观是一致的。

4.2.1.2 组织设计的原则

组织所处的环境、采用的技术、制定的战略、发展的规模等情况不同,所需的职务和部门及其相互关系也不同。尽管如此，在进行组织设计时，还是可以找到一些需要共同遵守的原则。

(1)目标任务原则

该原则是指组织结构的设计和组织形式的选择必须有利于组织目标的实现。组织目标层层分解，机构层层建立下去，直到每一个人都了解自己在总目标实现中应完成的任务，这样建立起来的组织机构才是一个有机整体，才能为保证组织目标的实现奠定基础。具体地说，设多少级层次管理，多少职能科室人员，应根据工作任务的多少、难易程度来考虑，根据工作任务“因事设职”，而不“因人设职”。做到“事事有人做”，而非“人人有事做”。

(2)分工协作原则

分工是按照提高专业化程度和工作效率的要求，把组织的目标任务进行分解，明确各层次、各部门乃至个人的职责。协作是明确部门与部门之间以及部门内部的协调关系与配合方法。只有分工没有协作，分工就失去了意义；但如果没有分工，也就谈不上协作，两者是相辅相成的。

组织系统中的各部门都不可能脱离其他部门而单独运行，他们都必须经常与其他部门相互协调，在整体规划的前提下，按专业化进行分工，同时各部门进行协作，共同完成目标，让每一个职务和每一个工作人员都明确他在完成整体目标的哪部分。

但分工并不是管理的终结，分工也不是万能的，它也带来了一些新的问题，如分工特别容易引起在时间、空间、质量和数量等方面的脱节。因此，必须有强有力的组织管理，使各方面同步协调，有计划按比例综合平衡发展，才能使各部门共同努力，完成目标。

(3)权责一致(权责对等、权责统一)原则

有了分工，就意味着明确了职务，承担了责任，就要有与职务和责任相等的权力，并享有相应的利益。这就是职、责、权、利相对应的原则，简称权责对等原则。该原则要求：职务要实在、责任要明确、权力要恰当、利益要合理。他们的关系应当是相互对应的正方形。

如果责任大而权力和利益小，会导致下属缺乏主动性、积极性，难以有效履行责任；如果权力和利益偏大而责任较小，下属就有可能不负责任地滥用权力，容易助长官僚主义的习气。

(4)统一领导和分级管理原则

这也是组织管理的最基本的一项原则。组织设计一个职务就应该有人负责，同时明确他向谁负责，他负责的对象是谁。在指挥上严格实行一元化，每一个人只接受一个上级的命令，并对他负责。

具体要求是：

①在确定管理层次时，要使上下级之间形成等级链。从最高级到最低级的等级链必须是连续的，不能中断，并要明确上下级的职责、权力和联系方式。

②一个下级只能有一个上级。下级只能向直接上级请示工作，不能越级请示工作，下级必须服从上级的命令和指挥，不能各自为政，各行其是。如有不同意见，可以越级上诉。

③不允许上级越过下级越级指挥。

④各个管理业务部门(主要是指职能科室、咨询机构、参谋部门)在内部同样要实行统一指挥，但在外部只是同级指挥系统的参谋，只能提供建议，无权进行直接领导。

(5)有效管理幅度原则

在组织管理中，合适的管理幅度并没有一个统一的标准，且组织之间的差异导致了管理幅度的差别。我们应该做的是，从分析影响管理幅度的权变因素出发，根据组织目标确定适当的管理幅度。

管理幅度与管理层次有关,管理幅度的增大可以减少管理层次,提高管理的效率和水平。但是,管理幅度不适当加大,如果超出了组织成员的能力,脱离现实,也会适得其反,其结果将使管理失效,影响组织绩效。因此,在组织设计与建设中应将管理幅度控制在合理的水平上。

(6)集权与分权相结合原则

集权与分权是反映组织纵向职权关系的一个特征,用于描述组织中决策权限的集中与分散程度。所谓分权,指的是组织的决策权分配给较低层次的部门或人员的一种倾向。而集权则是指组织的决策权主要集中在较高层次的管理人员手中。集权和分权各有优缺点,过分集权或分权都会给组织带来问题。实际中的组织应根据自身的具体条件选择合适的分权程度,从而在集权和分权的平衡中获得良好发展。

(7)精简与效率原则

德鲁克说,组织设计要"努力用经济来维持管理,并把摩擦减至最小限度"。组织的管理机构必须精干简明、以一当十,这样才能提高效率。如果机构臃肿、层次繁多、手续繁杂,则必然导致人浮于事、效率低下。国际上著名的"帕金森定律"揭示了组织管理中的职位数与效率之间恶性循环的特征,即在金字塔结构的组织中,随着各级管理人员职位的增多,人们之间的相互关系会进一步复杂化,推诿扯皮的现象会增加,内耗也就增大,于是又要增加管理人员……如此反复,机构不断膨胀,管理效率却日益降低,从而呈现出恶性循环。

(8)稳定性与弹性结构相结合原则

组织结构及其形式既要有相对的稳定性,不能轻易变动;但同时组织为了适应多变的环境、提高竞争能力和效率,又必须能够灵活地对所涉及的结构进行动态的调整。

4.2.2 了解组织设计的程序

组织设计一般包括以下基本程序:

(1)职务设计

职务设计是组织设计最基础的工作。在组织目标确定之后,通过对组织目标的解剖和分析,确定出达成组织目标的任务,将任务逐步分解,划分成若干较小的任务单元,然后将相近的或联系紧密的子任务归类,将若干工作任务组合起来就构成了一个完整的职位。这些职位由组织员工来承担,即构成相应的职务。有些职务是常规性的、包含大量重复工作的,有些职务是非常规性的;有些职务要求广泛、多样化的技能,有些职务只要求范围较窄的技能;有些职务具有严格的程序规范,有些职务则有相当的自由度和灵活性。

(2)部门划分

选择设计好职务和岗位之后,再按照一定的逻辑科学地将这些工作岗位加以安排,形成部门或工作单位,以便进行有效管理。划分部门时,要注意避免部门之间职能的重复和遗漏,部门之间的工作量分配要尽量平衡。此外,还需对纵向、横向部门的相互关系、工作流程、信息传递方式等做出规定,使组织机构形成一个严密而又具有活力的整体。

(3)建立层次,确定管理跨度

部门划分是对组织活动进行横向的分工,在此基础上还需要进行纵向的划分,即建立上下级报告的层次关系,构成多层次结构的组织系统。在组织结构的每一个层次上,根据任务的特点、性质以及授权的情况,决定相应的管理跨度,因此便确定了关键岗位的数量。关键岗位确定之后,须对每个关键岗位职务的权责作出详细规定。

(4)配备人员

在完成了以上步骤之后,组织的基本框架已经搭建,下一步便需要按照关键岗位的任职条件,选拔配备相关的管理人员,并对普通职员做出相应的分配和安排。特别是限定清楚直线人员与参谋人员的配备。

(5)协调运行,修正完善

组织设计完成之后,便进入了运行状态,在此基础上还需要进行协调,以使组织中的个人或部门协同运作,实现组织的整体目标。根据系统论的观点,组织设计的目的就是发挥整体大于部分之和的优势,使有限的资源形成最佳的综合效果。同时,在运行过程中会暴露出许多漏洞和矛盾,必须根据出现的情况对组织结构做出及时调整,使组织结构在运行过程中得到不断修正和完善。

4.2.3　介绍组织结构的基本类型

组织结构是组织的"框架",它是表现组织各部分排列顺序、空间位置、联系方式以及各要素之间相互关系的一种模式。现实中的组织是多种多样的,没有一种统一的、适用于任何条件的组织形式。以下介绍几种最常用的组织结构形式。

(1)直线型组织结构

直线型组织结构又称单线型组织结构。它是最早使用的一种结构类型,也是最为简单的一种类型。是指组织没有职能机构,从最高管理层到最基层,实行直线垂直领导。组织中各个职位按照垂直系统直线排列,各级管理者对所属下级拥有直接的一切职权,不存在管理的职能分工,类似军队中的团、营、连、排、班,从上到下单线联系,一个下属只接受一个上级的命令和指挥,如图 4—2 所示。

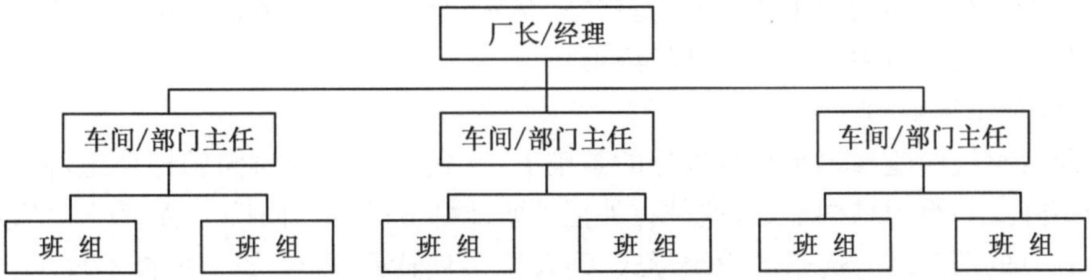

图 4—2　直线型组织结构形式

优点:结构简单,权力集中,命令统一,上、下级关系明确,联系简捷,沟通迅速。

缺点:没有专业管理分工,对领导的技能要求高,领导容易陷入企业事务性工作之中,不能集中精力解决企业的重大问题。在组织规模较大的情况下,所有的管理职能都集中由一人承担,往往由于个人的知识及能力有限而感到难以应付,顾此失彼,可能会出现较多失误。此外,组织中的成员只注意上情下达和下情上达,每个部门只关心本部门的工作,部门间的横向联系与协调比较差。主要适用于规模较小、任务比较单一的小型组织,或者是现场的作业管理。

(2)直线职能型组织结构

最早由法约尔提出,是对职能型组织结构的改进,直线职能型组织结构是以直线型组织为基础,在各级直线主管之下设置相应的职能部门而建立的二维组织结构。即设置了两套系统,一套是按命令统一原则组织的纵向指挥系统,另一套是按专业化原则组织的横向管理职能系统。其特点是,直线部门和人员在自己的职责范围内有决定权,对其所属下级的工作进行指挥和命令,并负全部责任,而职能部门和人员仅是直线主管的参谋,只能对下级机构提供建议和业务指导,没有指挥和命令的权力。职能部门拟订的计划、方案以及有关的指令,统一由直线领导批准下达。如图 4-3 所示。

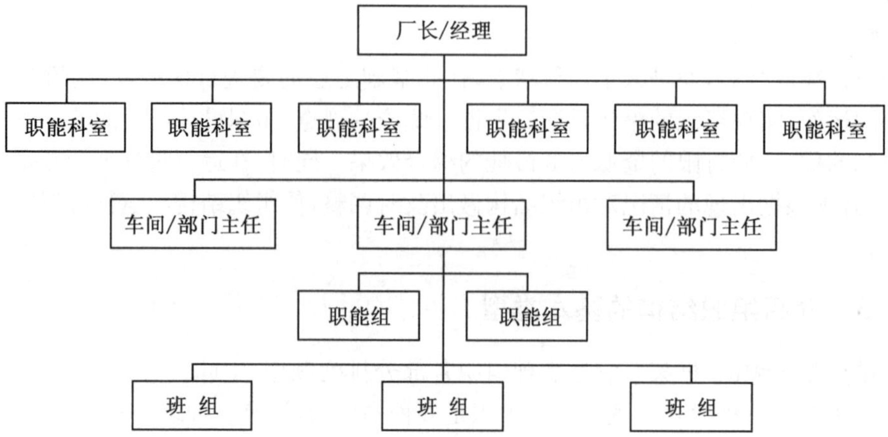

图 4—3　直线职能型组织结构形式

优点:直线职能型组织结构既保持了直线型的集中统一指挥的优点,又吸取了职能型的发挥专业化管理的长处,管理权力高度集中,任务明确,决策迅速,指挥灵活,效率高,稳定性好。

缺点:权力集中于高层领导,下级缺乏必要的自主权,职能人员之间的横向联系较差,目标不易统一,缺乏全局观念,信息传递较慢,难以适应环境变化。领导者的横向协调工作负担较重,缺乏联系,不易配合。适用于中小规模、产品和技术较为简单稳定的企业。

直线职能型组织结构属于典型的"集权"式结构,是一种普遍适用的组织形式。目前绝大多数企业和非营利性组织均采用这种组织形式。

(3)矩阵型组织结构

是在原有直线职能参谋制垂直领导的基础上,又建立了一个横向领导系统,使两者结合,形成一个矩阵式的组织结构形式,这是一种把按职能划分的部门同按产品、服务、活动、研究或工程项目划分的部门结合起来的组织形式,适合于某项特殊任务,如一项技术攻关、新产品的研制等,也就是从原来垂直领导的各个系统中抽调各种有关人员,成立一个临时机构,变成一个横向系统。参加小组的人既受原单位又受新单位的领导,这种组织是横向和纵向相结合的一种好形式,在科研单位比较适用。如图 4-4 所示。

优点:矩阵型组织结构在不增加机构和人员的条件下,将不同部门集中在一起,可实现资源在不同项目之间柔性的分配,灵活性和适应性较强,有利于加强各职能部门之间的协作和配合,并且有利于开发新技术、新产品和激发组织成员的创造性。

缺点:存在双重指挥,容易引起冲突,需要大量的协调工作,组织结构稳定性差,而且还可能导致项目经理过多、机构臃肿的弊端。

这种组织结构主要适用于:采用非常规技术和创新性较强的科研、设计、项目规划等工作,职能部门内部和相互之间的依赖程度很高的情况;或者环境高度不确定,需要灵活的适应性结构的组织;以及突击性、临时性任务需要,如大型赛事组织、考核评估、建筑工程等。

(4)事业部型组织结构

20 世纪 20 年代以后,美国企业经济发展很快,出现了许多跨地区、跨部门、多角化经营的

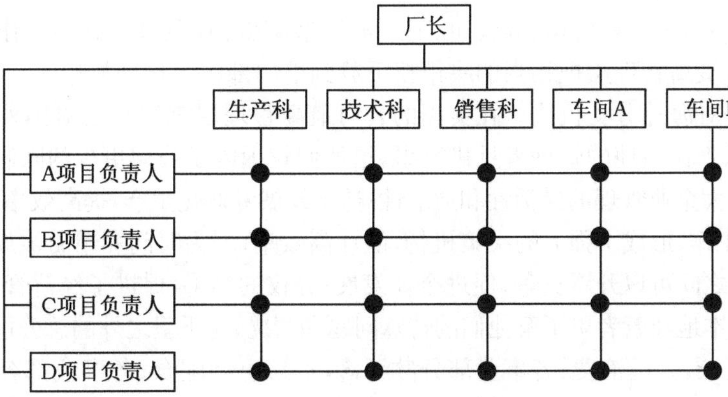

图4—4　矩阵型组织结构形式

联合大企业，企业工厂分散在各个地区，生产管理机构庞大，产、供、销工作非常复杂，而又要求快速决策。在这种形势下，美国企业顺应了形势的要求，出现了一系列变革，由集权向分权发展，出现了分权制，事业部结构由此产生。

事业部型组织结构首创于20世纪20年代，最初是由美国通用汽车公司副总经理斯隆创立，故又称“斯隆模型”。该结构是在直线职能型框架基础上，按地区或所经营的各种产品、项目或地域设置独立核算、自主经营、自负盈亏的事业部，同时，事关大政方针、长远目标以及一些全局性问题的重大决策集中在总部，以保证企业的统一性。这种组织结构形式最突出的特点是“集中决策，分散经营”，这是在组织领导方式上由集权制向分权制转化的一种改革，如图4—5所示。

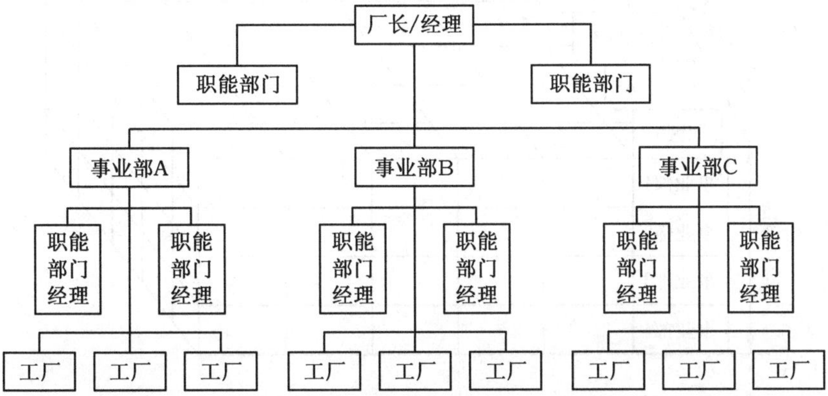

图4—5　事业部型组织结构形式

特点：

①在总公司的统一领导下，分别按产品类别、地区、经营部门成立若干个事业部(division)或分公司，各个事业部统一负责本部的全部生产经营业务工作(包括从产品设计、原材料采购到产品的制造、销售)，独立经营，单独核算。

②企业最高领导机构——总公司只保留了人事权、财务控制权(投资分配权)、价格浮动幅度权、监督权，总部对分部主要是通过投资率、利润率来控制，即通过财务对事业部进行控制，而且主要是长期计划。于是形成了总公司是投资中心、分公司是利润中心、生产工厂是成本中

心，既有集中，又有分散。

③三级管理部门——总公司、分公司、工厂都设参谋机构，但只起到参谋作用。在一个权力下放的组织中，最高管理层把相当的决策权下放到下属部门。这种放权——通常称作“松散管理”——主要是对海外分支机构。在美国的公司最高管理层觉得自己对国外的环境不是那么熟悉，因此更乐于让当地的管理者见机行事，给他们较国内子公司更少的限制。

优点：提高了大企业管理的灵活性和适应性；适于发展专业化生产，提高效率；企业的最高领导人摆脱了行政工作，形成了强大的决策机构，能提高效率，因为时间和精力被放到了更重要的事情上；各事业部之间可以开展竞争，促进企业发展；分权的结果，促进了经营管理人才的培养；在国外的环境中，本地经营者更了解他们的特殊问题和情况，比千里之外的总公司更有优势。

缺点：机构复杂，人员浪费；各事业部分散经营，不易协调配合；各事业部容易忽视总公司的集体利益；下属经理权力过大，严重的错误不能及时被阻止。总公司管理层最终要对下属公司的所有行为负责，因而在分权情况下，他要面对更大的风险。

(5)多维立体型组织结构(三维矩阵结构)

多维立体型组织结构是矩阵型组织形式和事业部型组织形式的综合发展。它由三类管理系统组成：一是按产品(项目或服务)划分的事业部，是产品利润中心；二是按职能如市场研究、生产、技术、质量管理等划分的专业参谋机构，是职能利润中心；三是按地区划分的管理机构，是地区利润中心。如图 4—6 所示。

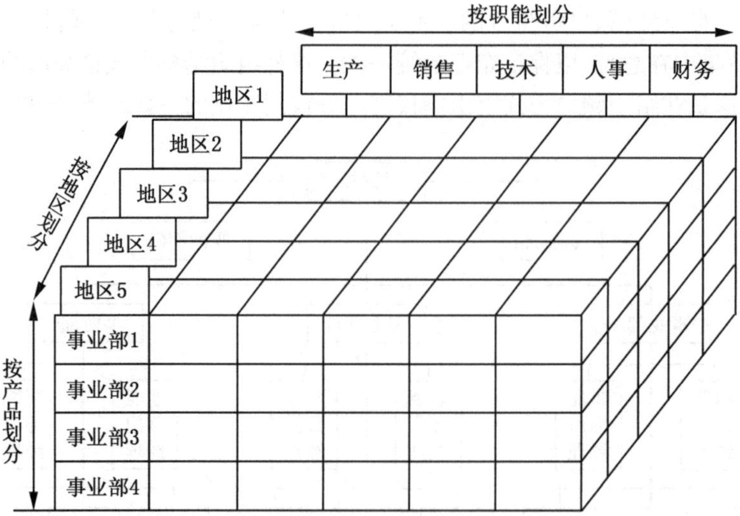

图 4—6　多维立体型组织结构形式

每一系统都不能单独作出决定，必须由三方代表通过共同协调才能采取行动。这要求每个部门都要从整个组织制度的全局来考虑问题，以减少产品、职能、地区各部门之间的矛盾。这种类型的组织结构形式最适用于多种产品开发、跨地区经营的跨国公司或规模巨大的跨地区公司，可以为这些企业在不同产品、不同地区增强市场竞争力提供组织保证。

【相关阅读】

“活着的”立体网络——多维矩阵组织结构

近些年来，IBM、HP 等著名的外国企业都采用矩阵式的组织结构。IBM 公司把多种划分部门的方式有机地结合起来，其组织结构形成了“活着的”立体网络——多维矩阵。IBM 既按地域分区，如亚太区、中国区、华南区等，又按产品体系划分事业部，如 PC、服务器、软件等事业部；既按照银行、电信、中小企业等行业划分，也有销售、渠道、支持等不同的职能划分；等等。所有这些纵横交错的部门划分有机地结合成为一体。IBM 公司这种矩阵式组织结构带来的好处是什么呢？非常明显的一点就是，矩阵组织能够弥补对企业进行单一划分带来的不足，把各种企业划分的好处充分发挥出来。显然，如果不对企业进行地域上的细分，比如说只有大中华而没有华南、华东、香港、台湾，就无法针对各地区市场的特点把工作深入下去。而如果只进行地域上的划分，对某一种产品而言，就不会有一个人能够非常了解这个产品在各地表现出来的特点，因为每个地区都会只看重该地区整盘的生意。再比如按照行业划分，就会专门有人来研究各个行业客户对 IBM 产品的需求，从而更加有效地把握住各种产品的重点市场。任何事情都有它的“两面性”。矩阵组织在增强企业产品或项目推广能力、市场渗透能力的同时，也存在它固有的弊端。显然，在矩阵组织当中，每个人都有不止一个老板，上上下下需要更多的沟通协调，所以，IBM 的经理开会的时间、沟通的时间，肯定比许多小企业要长，也可能使得决策的过程放慢。每一位员工都由不同的老板来评估他的业绩，不再是哪一个人说了算，评估的结果也会更加全面，矩阵组织结构是有机的，既能够保证稳定地发展，又能保证组织内部的变化和创新。所以，IBM 公司常常流传着一句话：换了谁也无所谓。

(6)网络型组织结构

网络型组织结构是基于当今飞速发展的现代信息技术手段而建立和发展起来的一种新型企业组织结构。网络型组织结构是一种只有很精干的中心机构，以合同(契约)关系的建立和维持为基础，依靠外部机构进行制造、销售或其他重要业务经营活动的组织结构形式。被连接的各经营单位之间并没有正式的资本所有关系和行政隶属关系，只是通过以相对松散的契约为纽带，通过一种互惠互利、相互协作、相互信任和支持的机制来进行密切的合作。如图 4—7 所示。

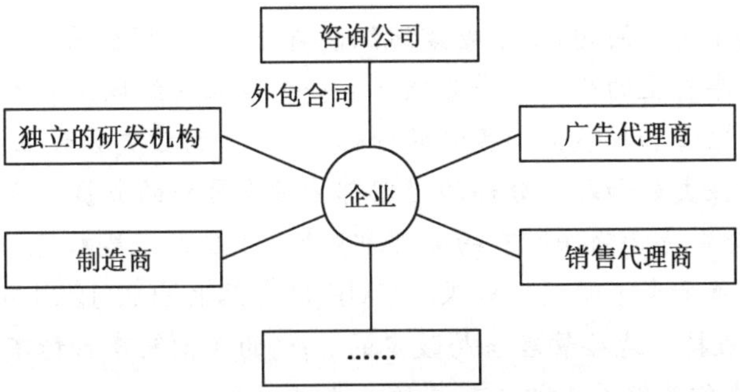

图 4—7　网络型组织结构形式

这种组织形式的特色是将企业内部各项工作(包括生产、销售、财务等)，通过承包合同交给不同的专门企业去承担，而总公司只保留为数有限的职员，它的主要工作是制定政策及协调各承包公司的关系。其特点是企业组织结构相当扁平化，管理层尽量充分向各个基层组织成员授权，只有大的企业战略性的决策权仍留在最高管理层手中，其余决策权和日常管理工作全部交给企业员工自己独立进行。

网络型组织管理结构有两个大的前提条件：一是企业的员工必须是分工明确并且完全有能力在企业制定的授权范围内自我管理；二是虽然大量决策是由员工自己现场做出，但管理沟通的信息技术与设备及环境,均支持员工与领导者及时高效地进行管理沟通,高层管理者随时都可获取各下属的工作信息,发现偏差时,能够及时予以纠正。在网络状态下,企业可以具备更大的灵活性和工作效率,从而有利于提高企业资源利用率和产出效能。最大的优点是利用社会上现有的资源使自己快速发展壮大起来,目前已经成为国际上流行的一种组织结构形式。

4.3 组织变革

【相关阅读】

制订了良好的计划,常常因为管理人员没有适当的组织结构予以支持而落空。而在某一时期是合适的组织结构,可能过了一两年以后就不再适合。格里(Gerry)和莉洛·利兹(LiLo Leeds)是经营 CMP 出版公司的一对夫妇,对此有着清楚的认识。

利兹夫妇在 1971 年建立了 CMP 出版公司。到 1987 年,他们出版的 10 种商业报纸和杂志都在各自的市场上占据了领先地位。更令人兴奋的是,它们所服务的市场(计算机、通信技术、商务旅行和健康保健)提供了公司成长的充足机会。但是,假如利兹夫妇继续使用他们所采用的组织结构,这种成长的潜力就不会得到充分的利用。

他们最初为 CMP 设立的组织,将所有重大决策都集中在他们手中,这样的安排在早些年头运作得相当好,但到 1987 年它已经不再有效。利兹夫妇越来越难照看好公司。比如,想要见格里的人得早上 8 点就在他的办公室外排队等候。员工们越来越难得到对日常问题的答复。而要求快速反应的重要决策经常被耽误。对于当初设计的组织结构来说,CMP 已经成长得太大了。

利兹夫妇认识到了这个问题,着手重建组织。首先,他们将公司分解为可管理的单位(实质上是在公司内建立半自主的公司),并分别配备一名独立的经理掌管各个单位。这些经理都被授予足够的权力去经营和扩展他们各自的分部。其次,利兹夫妇设立了一个出版委员会负责监管这些分部。利兹夫妇和每个分部的经理都是该委员会的成员。分部经理向出版委员会汇报工作,出版委员会则负责确保所有的分部都能按 CMP 的总战略运作。

这些结构上的变革带来了明显的效果。CMP 现在总共出版 12 种刊物,年销售额达到近 2 亿美元。公司的收益持续地按管理当局设定的 30%的年增长率目标不断增加。

从上面的例子,我们能够看出组织变革的必要性吗?

4.3.1 组织变革的必要性和影响因素

组织是一个由多种要素组成的有机体,和其他有机体一样,经历着产生、成长、成熟和衰退的过程。在组织运行过程中,其内部因素及其所处的外界环境一旦发生变化,组织要想求得生存和发展,就必须进行变革。那么什么是组织变革?组织在什么情况下需要进行变革?

重要知识4－3

组织变革

组织变革是指组织管理人员主动对组织的原有状态进行改变，以适应外部环境变化，更好地实现组织目标的活动。这种变革包括组织的各个方面，如组织行为、组织结构、组织制度、组织成员和组织文化等。

组织在运行过程中必须不断变革，才能更好地适应组织内外条件变化的要求。诱发组织变革的需要并决定组织变革目标、方向和内容的主要因素有以下方面：

（1）组织战略

企业在发展过程中需要不断地对其战略的形式和内容做出不断的调整，新的战略一旦形成，组织结构就应该进行调整、变革，以适应新战略实施的需要。结构追随战略，战略的变化必然带来组织结构的更新。如果战略改变了，而组织没有做出相应的调整，那么组织不仅不会有助于战略的顺利实施，反而会成为战略实施的障碍。

（2）环境

环境变化是导致组织结构变革的一个主要影响力量。当今的企业普遍面临全球化的竞争和由所有竞争者推动的日益加速的产品创新，以及顾客对产品质量和交货期的愈来愈高的要求，这些都是环境动态性的表现，而传统的以高度复杂性、高度正规化和高度集权化为特征的机械组织，并不适应企业对迅速变化的环境做出灵敏的反应。为了适应新的环境条件的要求，目前许多企业的管理者开始朝着弹性化或有机化的方向改组其组织，以使它们变得更加精干、快速、灵活和富有创造性。

（3）科技条件

组织的任何活动都需要利用一定的技术和反映一定技术水平的特殊手段来进行。技术及技术设备的水平，不仅影响组织活动的效果和效率，而且会对组织的职务设置与部门划分、部门间的关系，以及组织结构的形式和总体特征等产生相当程度的影响。

（4）组织规模和成长阶段

组织的规模往往与组织的成长或发展阶段相关联。伴随着组织的发展，组织活动的内容会日趋复杂，人数会逐渐增多，活动的规模和范围会越来越大，这样，组织结构也必须随之调整，才能适应成长后的组织的新情况。

哈佛大学葛雷纳教授指出，组织变革伴随着企业发展的各个时期，组织的跳跃式变革与渐进式演进相互交替，由此推动企业的发展。例如，企业在成长的早期，组织结构常常是简单、灵活而集权的。随着员工的增多和组织规模的扩大，企业必须由创业初期的松散结构转变为正规、集权的，其通常的表现形态就是直线职能型结构。而当企业的经营进入多元化产品和跨地区市场后，分权的事业部结构可能更为适宜。企业进一步发展而进入集约经营阶段后，不同领导之间的交流与合作以及资源共享、能力整合、创新力激发问题日益增多，这样，以强化协作为主旨的各种创新组织形态便应运而生。总之，组织在不同成长阶段所适合采取的组织模式是各不相同的。管理者如果不能在组织步入新的发展阶段之际及时地、有针对性地变革其组织设计，那就容易引发组织发展的危机。

4.3.2 组织变革的动力和阻力

组织变革是组织内、外部因素综合作用的结果。其一,环境的变化对组织的生存与发展,既是一种压力,也是组织寻求新的发展机会和发展空间的动力;其二,组织内部成员对新目标的追求和要求改变现状的愿望,促使组织在改革中发展。这种作用的动力一旦超过组织管理层和执行、操作层维持现有目标、体制和利益的阻力,组织将会发生革命性的变化,其结果是导致新的组织模式的产生和新的制度的发展。

4.3.2.1 推动组织变革的动力

(1)推动组织变革的外部动力主要包括以下几个方面:

①生产力的发展。生产力,特别是作为第一生产力的科学技术的迅速发展,成为组织变革的强大推动力。以科学技术进步为标志的技术革命在推动社会经济与文明发展的同时,也创造了新的生产组织方式和流程,推动着组织的变革。

②社会政治经济变化。国家的政治经济政策、发展战略和创新思路等社会政治经济因素,对于各类组织形成强大的变革推动力。

③市场竞争。全球化经济形成新的伙伴关系、战略联盟和竞争格局,激烈的市场竞争态势迫使企业改变原有经营与竞争方式,加快重组步伐。

④社会需求的变化。组织的存在和发展从根本上取决于社会的需求,人的社会需求永远不会停留在一个静止的水平上,随着物质文明和精神文明程度的提高,人们必然产生新的需求和需求激励下的新的目标。这一总体目标的综合作用,便是社会组织变革新的推动力。

(2)推动组织变革的内部动力主要包括以下几个方面:

①组织战略调整的要求。组织机构的设置必须与组织的阶段性战略目标相一致,当组织根据环境的变化进行战略调整时,就要求有新的组织结构和方式为之提供和支持。

②组织构成要素的变化。随着组织经营与发展,构成组织的基本要素总是处于不断变化之中。例如,随着规模的扩大,组织人员、资产、投入、目标、技术和其他要素及其要素作用关系必然发生变化。组织要素变化的结果促使组织机构不断调整结构,以适应变化着的组织活动环境。

③组织内部变革的动力。组织内部变革的动力来自组织自身的成长、战略的改变、组织成员对未来组织发展的期望以及组织管理层对新目标的追求,其结果是促使组织改变现有结构和运行模式,创造新的有利于组织发展的运行机制。

④提高组织效率的要求。组织在运行中可能会出现机能失效的现象,即组织的主要机能不能发挥效率,或不能起到真正的作用,其中的原因可能是由于机构重叠、职责不明,也可能是由于人浮于事、目标冲突,造成信息沟通不良、决策错误或迟缓,这时就需要通过及时的组织变革来消除这些导致低效率的因素。

4.3.2.2 组织变革的阻力

组织变革中的阻力,是指人们反对变革、阻挠变革甚至对抗变革的制约力。变革阻力的存在,意味着组织变革不可能一帆风顺,这就给变革管理者提出了更严峻的变革管理任务。

(1)个体和群体方面的阻力。个体对待组织变革的阻力,主要是因为其固有的工作和行为习惯难以改变、就业安全需要、经济收入变化、对未知状态的恐惧以及对变革的认识存有偏差等而引起。群体对变革的阻力,可能来自群体规范的束缚,群体中原有的人际关系可能因变革而受到改变和破坏等。

(2)来自组织层次的阻力。它包括现行组织结构的束缚、组织运行的惯性、变革对现有责权关系和资源分配格局所造成的破坏和威胁,以及追求稳定、安逸和确定性甚于革新和变化的保守型组织文化等,这些都是可能影响和制约组织变革的因素。

(3)外部环境的阻力。环境具有不确定性,特别是区域性的政治经济环境,一定时期的变化往往难以准确地把握,在这种情况下进行组织结构与经营战略的变革,具有客观上的风险性。因此,许多组织往往静观其变,难以做出改革的决策。

组织变革过程是一个破旧立新的过程,自然会面临推动力与制约力相互交错和混合的状态。组织变革管理者的任务,就是要采取措施改变这两种力量的对比,促进变革的更顺利进行。有实践表明,在不消除阻力的情况下增强驱动力,可能加剧组织中的紧张状态,从而无形中增强对变革的阻力;在增强驱动力的同时采取措施消除阻力,会更有利于加快变革的进程。

4.3.3　组织变革的过程

组织如何实施组织变革呢?不同的组织行为学家有不同的看法。一般认为,组织变革应该遵循以下三个步骤:解冻现状、移动到新状态、重新冻结新变革。

组织变革的系统模型主要可以分为三大部分:输入、改革的目标因素、输出,如图 4—8 所示。按照这一模型,现状可以看作是一种平衡状态,要打破这一平衡状态,解冻就是必要的。解冻可以通过以下方式:增强驱动力使行为脱离现有状态,减弱妨碍脱离现有平衡状态的力量,或这两种方法混合使用。解冻一旦完成,就可以推行本身的变革。但仅仅引入变革并不能确保它的持久,新的状态需要加以再冻结。再冻结的目的就是通过平衡驱动力和制约力,使新的状态稳定下来。

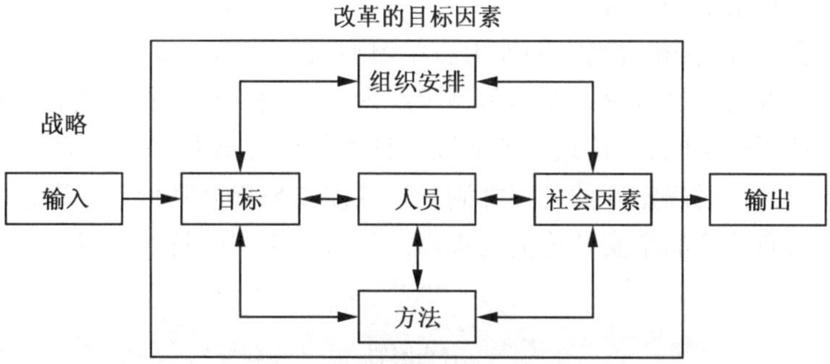

图 4—8　组织变革的系统模型

(1)输入主要是指输入内部信息和外部信息。内部信息主要包括组织的长处和短处,外部信息主要包括外部的机会与威胁。输入应该与组织的战略相一致。

(2)改革的目标因素有五个:人员、目标、组织安排、社会因素和方法。五个因素以人员为核心,相互影响。人员主要是指人的知识、能力、态度、动机和行为。目标主要包括:要达到最终结果、优先考虑的事项、标准、资源、贯穿整个组织的联系。组织安排主要包括:政策、程序、角色、结构、奖励和物质条件。社会因素主要包括:组织文化、群体过程、人际关系、沟通和领导。方法主要包括:工序、工作流程、工作设计和技术。

(3)输出代表了一次变革的最终结果。

4.3.4 组织变革的发展趋势

(1)分立化趋势

由于企业规模越来越大,市场竞争日益激烈,企业经营管理的难度越来越大,市场变化越来越快,因而,企业一方面希望不断扩大规模、提高实力;另一方面又在扩大规模的同时,化整为零,提高企业的灵活性。

(2)柔性化趋势

由于组织的外部环境日益复杂,市场变化越来越快,组织的战略目标也处在不断调整之中,因此对组织结构的要求是不能僵化,应保持高度的灵活性,能够根据市场环境的变化而实现自动调整,避免由过于刚性而导致组织结构的僵化。

(3)团队化趋势

在知识企业中,一种称为团体的小集体是备受赞誉的结构。这里的团队指的是在组织内部形成的具有自觉的团结协作精神、能够独立作战的集体。团体组织与传统的部门不一样,它是自发形成的,是为完成共同的任务,建立在自发的信息共享、横向协作基础上的。在这样的团队中,没有拥有制度化权力的管理者,只有组织者;人员不是专业化的,而是多面手,他们具有多重技能,分工的界限不像传统的分工那么明确,相互协作是最重要的特征。

(4)学习型组织——未来成功企业的模型

学习型组织(Learning Organization)是美国学者彼得·圣吉在《第五项修炼》一书中提出的管理观念。企业应建立学习型组织,其含义为面临变动剧烈的外在环境,组织应力求精简、扁平化、弹性因应、终身学习、不断自我组织再造,以维持竞争力。

学习型组织不存在单一的模型,它是关于组织的概念和雇员作用的一种态度或理念,是用一种新的思维方式对组织的思考。在学习型组织中,每个人都要参与识别和解决问题,使组织能够进行不断的尝试,改善和提高它的能力。学习型组织的基本价值在于解决问题,与之相对的传统组织设计的着眼点是效率。在学习型组织内,雇员参与问题的识别,这意味着要懂得顾客的需要。雇员还要解决问题,这意味着要以一种独特的方式将一切综合起来考虑以满足顾客的需要。组织因此通过确定新的需要并满足这些需要来提高其价值。它常常是通过新的观念和信息而不是物质的产品来实现价值的提高。学习型组织的特点可以用图4—9来表示。

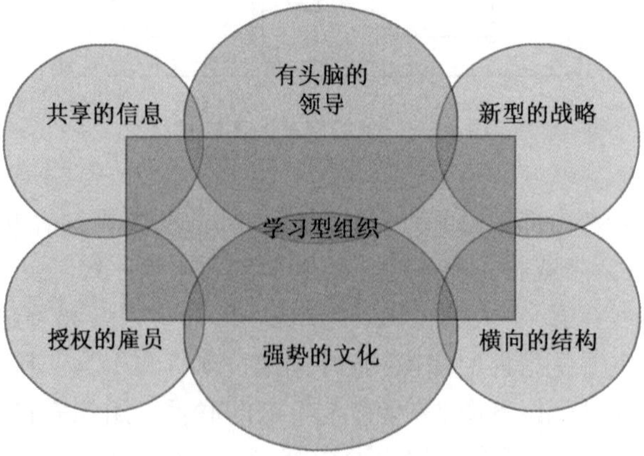

图4—9 学习型组织

任务小结

亲爱的读者，通过任务 4 的学习，我们掌握了组织的相关概念和知识，学习了如何科学合理地进行组织设计，了解了几种常见的组织结构类型，并且认识到组织变革的重要性。这些知识对你有帮助吗？为了检测您的学习成果，下面我们来测试一下。

能力自测

一、选择题（1—9 题为单项选择题，10—13 题为多项选择题）

1. 组织的生存发展与其所处环境之间的关系是（　　）。

A. 组织完全可以独立于环境而生存　　B. 组织的存在会对环境产生重大影响

C. 组织必须与环境发生紧密的联系　　D. 组织很少会与环境发生联系

2. 管理幅度和管理层次的关系是（　　）。

A. 反比　　B. 正比　　C. 没有关系　　D. 关系不大

3. 一家产品单一的跨国公司在世界许多地区拥有客户和分支机构，该公司的组织结构应考虑按（　　）因素来划分部门。

A. 职能　　B. 产品　　C. 地区　　D. 矩阵结构

4. 如果你是一家公司的总经理，当你发现公司中存在许多小团体时，你的态度是（　　）。

A. 立即宣布这些小团体为非法，予以取缔

B. 深入调查，找出小团体的领导人，向他们提出警告，不要再搞小团体

C. 只要小团体的存在不影响公司的正常运作，可以对其不闻不问，听之任之

D. 正视小团体的客观存在性，允许乃至鼓励其存在，对其行为加以积极引导

5. 面对动态变化、竞争加剧的世界经济，管理者必须注意考虑环境因素的作用，以便充分理解与熟悉环境，从而能够做到有效地适应环境并（　　）。

A. 进行组织变革　　B. 保持组织稳定　　C. 减少环境变化　　D. 推动环境变革

6. 组织设计最为重要的基础工作是（　　）。

A. 部门划分与结构形成　　B. 职务设计与人员调配

C. 管理人员的素质和能力　　D. 职务设计与分析

7. 某公司不同品牌的产品由不同部门负责生产和销售，则该公司是按（　　）划分组织部门的。

A. 企业职能　　B. 顾客特点　　C. 不同产品　　D. 不同区域

8. 某公司有三级管理层：公司总部、产品部（共有 12 个产品部）和各职能部门。由于公司的产品种类越来越多，总裁感到难以继续对所有产品部进行有效的领导。为此，提出以下组织变革方案，你认为最可行的方案是（　　）。

A. 在公司总部和产品部之间增加一个按产品大类组成的管理层

B. 更换一位能力更强的总裁

C. 淘汰几种产品

D. 各产品部实行自主管理

9. 在一家公司中，（　　）具有决策和行动的权力。

A. 参谋人员　　B. 直线人员　　C. 咨询人员　　D. 一线员工

10. 非正式组织对正式组织的作用有（　　）。

A. 创造正式组织产生的条件　　B. 赋予组织以活力

C. 促进信息沟通　　D. 有助于维护正式组织的凝聚力

11. 任何组织在进行机构和结构的设计时都需要遵守一些共同的原则，这些原则具体是（　　）。

A. 因事设职与因人设职相结合的原则　　B. 有效管理幅度原则
C. 集权与分权相结合原则　　D. 统一领导与分级管理原则

12. 矩阵结构的缺点是(　　)。
A. 适应性不强　　B. 部门间难以协调
C. 定性较差　　D. 多头领导

13. 以下属于网络型组织结构优点的是(　　)。
A. 中心组织具有高度的灵活性　　B. 组织能够大大减少管理层次
C. 保证统一指挥　　D. 能发挥职能部门的参谋作用

二、名词解释

1. 参谋职权
2. 分权
3. 管理幅度
4. 组织变革
5. 非正式组织

三、问答题

1. 简述管理幅度与管理层次的关系。
2. 简述组织设计的根本任务和工作步骤。
3. 论述现代组织设计的发展趋势。
4. 分析与理解正式组织和非正式组织之间的关系。
5. 论述组织变革的必要性及影响因素。
6. 论述组织变革的发展趋势。

案例分析

杜邦公司组织结构的演变

美国杜邦公司(Du Pont Company)是世界上最大的化学公司,建立至今,已有 200 多年。这 200 多年中,尤其是 20 世纪以来,企业的组织结构历经变革,其根本点在于不断适应企业的经营特点和市场情况的变化。杜邦公司所创设的组织结构,曾成为美国各公司包括著名大公司的模式,并反映了企业组织结构发展演变的一般特点。

1. 成功的单人决策及其局限性

整个 19 世纪中,杜邦公司基本上是单人决策式经营,尤其在第二代继承人亨利执掌公司大权时尤为明显。在公司任职的 40 年中,亨利挥动军人严厉粗暴的铁腕统治着公司。他实行的一套管理方式,被称为"恺撒型经营管理"。这套管理方式难以模仿,实际上是经验式管理。公司的所有决策都要由他亲自制定,所有支票都得由他亲自开,所有契约也都得由他签订。他一人决定利润的分配,亲自周游全国,监督公司的好几百家经销商。他全力加速账款回收,严格支付条件,促进交货流畅,努力降低价格。亨利接任时,公司负债高达 50 多万美元,但亨利后来却使公司成为此业的首领。

在亨利的时代,这种单人决策式的经营基本上是成功的。这主要是因为:(1)公司规模不大;(2)经营产品比较单一;(3)公司产品质量占了绝对优势,竞争者难以超越;(4)市场变化不甚复杂;(5)亨利"将军"的非凡精力和铁腕的领导方式。

亨利之后,公司的第三代继承人尤金试图承袭其伯父的作风经营公司,却最终陷入公司错综复杂的矛盾之中,当时的经营方式已与时代不相适应。

2. 集团式经营的首创

正当公司濒临危机、无人敢接重任的时候,三位堂兄弟力挽家威,以廉价买下了公司。他们果断地抛弃了

“亨利将军”的那种单枪匹马的管理方式，精心地设计了一个集团式经营的管理体制。在美国，杜邦公司是第一家把单人决策改为集团式经营的公司。

集团式经营最主要的特点是建立了“执行委员会”，隶属于最高决策机构董事会之下，是公司的最高管理机构。在董事会闭会期间，大部分权力由执行委员会行使，董事长兼任执行委员会主席。公司抛弃了当时美国流行的体制，建立了预测、长期规划、预算编制和资源分配等管理方式。在管理职能分工的基础上，建立了制造、销售、采购、基本建设投资和运输等职能部门。在这些职能部门之上，是一个高度集中的总办事处，控制销售、采购、制造、人事等工作。

由于在集团经营的管理体制下，权力高度集中，实行统一指挥、垂直领导和专业分工的原则，所以秩序井然，职责清楚，效率显著提高，大大促进了杜邦公司的发展。20世纪初，杜邦公司生产的五种炸药占当时全国总产量的64％－74％，生产的无烟军用火药则占100％。第一次世界大战中，协约国军队40％的火药来自杜邦公司。公司的资产到1918年增加到3亿美元。

3. 充分适应市场的多分部体制

可是，杜邦公司在第一次世界大战中的大幅度扩展，以及逐步走向多角化经营，使组织结构遇到了严重问题。每次收购其他公司后，杜邦公司都因多角化经营遭到严重亏损。这种困扰除了由于战后通货从膨胀到紧缩之外，主要是由于公司的原有组织对成长缺乏适应力。尤其是1920年夏到1922年春，市场需求突然下降，使许多企业出现了所谓存货危机。这使人们认识到：企业需要一种能力，即易于根据市场需求的变化改变商品流量的能力。继续保持那种使高层管理人员陷入日常经营、不去预测需求和适应市场变化的组织结构形式，显然是错误的。一个能够适应大生产的销售系统对于一个大公司来说，已经成为至关重要的问题。杜邦公司经过周密的分析，提出了一系列组织机构设置的原则，创造了一个多分部的组织结构。在执行委员会下，除了设立由副董事长领导的财务和咨询两个总部外，还按各产品种类设立分部，而不是采用通常的职能式组织如生产、销售、采购等。在各分部下，则有会计、供应、生产、销售、运输等职能处。各分部是独立核算单位，分部的经理可以独立自主地统管所属部门的采购、生产和销售。

由于多分部管理体制的基本原理是政策制定与行政管理分开，从而使公司的最高领导层摆脱了日常经营事务，把精力集中在考虑全局性的问题上，研究和制定公司的各项政策。新分权化的组织使杜邦公司很快成为一个具有效能的集团，所有单位构成了一个有机的整体，公司组织具有了很大的弹性，能适应需要而变化。这使杜邦公司得以在20世纪20年代建立起美国第一个人造丝工厂，以后又控制了赛璐珞生产的75％－100％，垄断了合成氨。而且在20世纪30年代后，杜邦公司还能以新的战略参加竞争，那就是致力于发展新产品，垄断新的化学产品生产。从30年代到60年代，被杜邦公司首先控制的、有着重要意义的化学工业新产品有合成橡胶、尿素、乙烯、尼龙、的确良、塑料等，直到参与第一颗原子弹的制造，并迅速转向氢弹生产。

4.“三驾马车式”的体制

杜邦公司的执行委员会和多分部的管理机构，是在不断对集权和分权进行调整的情况下去适应需要的。例如，20世纪60年代后期，公司发现各部门的经理过于独立，以致有些情况连执行委员会都不了解，因此又一次作了改革：一些高级副总经理同各工业部门和职能部门建立了联系，负责将部门的情况汇报给执委会，并协助各部门按执委会的政策和指令办事。20世纪60年代以后，杜邦公司的组织结构又发生了一次重大的变更，这就是建立起了“三驾马车式”的组织体制。

新的组织体制是为了适应日益严峻的企业竞争需要而产生的。60年代初，道氏化学、孟山都、美国人造丝以及一些大石油化工公司相继成了它的劲敌。杜邦公司在竞争中蒙受巨大损失，公司又历来没有强大的金融后盾，真可谓四面楚歌，危机重重。

1962年，公司的第十一任总经理科普兰上任，他被称为危机时代的起跑者。

公司新的经营战略是：运用独特的技术情报，选取最佳销路的商品，强力开拓国际市场；发展传统特长商品，发展新的产品品种，稳住国内势力范围，争取巨额利润。

然而要转变局面绝非一朝一夕之功，这是一场持久战。有了新的经营方针，还必须有相应的组织结构作为保证。除了不断完善和调整公司原设的组织机构外，1967年底，科普兰把总经理一职，在杜邦公司史无前例地让给了非杜邦家族的马可，财务委员会议议长也由别人担任，自己专任董事长一职，从而形成了一个“三驾马车式”的体制。1971 年,又让出了董事长的职务。

这一变革具有两方面的意义。一方面,杜邦公司是美国典型的家族公司,公司几乎有一条不成文的法律,即非杜邦家族的人不能担任最高管理职务。现在这些惯例却被大刀阔斧地砍去,不能不说是一个重大的改革。另一方面,因企业机构日益庞大,业务活动逐渐复杂,最高领导层工作十分繁重,环境的变化速度越来越快,管理所需的知识越来越高深,实行集体领导,才能做出最好的决策。在新的体制下,最高领导层分别设立了办公室和委员会,作为管理大企业的“有效的富有伸缩性的管理工具”。科普兰说:“‘三驾马车式’的集团体制,是今后经营世界性大规模企业不得不采取的安全设施。”

20 世纪 60 年代后杜邦公司的几次成功,不能说与新体制无关。过去,杜邦公司是向联合碳化物公司购买乙炔来生产合成橡胶等产品的,现在,它自己开始廉价生产,使联合碳化物公司不得不关闭了乙炔工厂。在许多化学公司挤入塑料行业竞争的情况下,杜邦公司另外找到了出路,向建筑和汽车等行业发展,使 60 年代每辆汽车消耗塑料比 50 年代增加三至六倍,70 年代初,又生产了一种尼龙乙纤维,挤入了钢铁工业市场。

思考题:

杜邦公司在其发展历程中,经历了几次重要的组织变革?你认为该公司成功的秘诀是什么。

实训操作

【实训目标】

1. 培养简单的组织结构设计的能力。
2. 培养对管理问题分析、归纳与表达的能力。
3. 培养团队精神,加强学生组织、协调及领导能力,为后续实训教学提供组织基础。

【实训内容与要求】

组建模拟公司

1. 按照自愿原则,指导学生科学分组,找到自己的团队并确立自己在团队中的位置,选出团队领袖,确定团队称号。

2. 进入本次实训。

(1)在条件允许的情况下,进行市场调查或深入企业调查,根据掌握的资料,充分论证,组建模拟公司。

(2)竞聘和选举总经理,以模拟公司为单位组织竞聘,投票选举总经理。

(3)总经理在公司其他人员的协助下,根据本公司的行业特点、规模、员工素质等因素进行组织结构设计(建议按照直线职能制结构)。并指定人员分工。

(4)由各公司总经理亲自或委派专人上台介绍本公司的基本情况。包括公司的经营思路、组织设计、人员分工、发展愿景等。

(5)教师对各团队的综合表现进行评估。

【成果与检测】

1. 提供每个团队的人员名单以及基本介绍。
2. 提供每个公司的组织系统图及人员分工一览表。
3. 每个公司委派一人进行班级交流。
4. 教师根据各团队以上成果进行评估打分,团队所有成员得团队平均分,总经理及上台讲演者适当加分。

任务 5

领导与激励下属

能力目标

通过完成本任务，你应该能够：
1. 了解领导的作用
2. 掌握领导的几种方式
3. 掌握领导如何激励下属
4. 了解组织中如何沟通

核心能力

1. 掌握领导方式
2. 掌握激励方法
3. 如何进行有效沟通

◆ 项目任务

5.1 了解领导的作用和权力来源
5.2 人性假设与领导风格
5.3 把握组织中如何激励下属
5.4 沟通

◆ 任务导入
◆ 任务小结
◆ 能力自测
◆ 案例分析
◆ 实训操作

任务导入

你想成为领导者吗?通过本章的学习,你能够了解领导的作用和权力来源,掌握领导方式的几种相关理论,把握在组织中如何激励下属,了解在组织中如何进行有效沟通,为你即将成为成功的领导者奠定基础。

5.1 了解领导的作用和权力来源

领导及其活动是一种与人类社会历史和生活相伴始终的现象,在漫长的人类历史长河中,人们也执着地对这一普遍现象进行日益深入与系统的理论总结与实践经验的积累。然而真正意义上的领导科学的形成却是现代化大生产与社会大分工的产物。领导者在领导活动中起着主导作用,被领导者在领导活动中的地位与作用也很重要。因此,了解领导的含义、属性、特征、作用、方式、相关理论,对于认识和掌握领导活动的规律,促进领导工作的科学化具有重要的理论意义和实践意义。

5.1.1 领导的含义

什么是领导?国内外学者从管理学、心理学、行为科学等学科范畴角度给出了不同的理解,并且随着学科的发展,领导的含义在各个学科内部也不断得到深化。传统的管理理论认为领导是一个人或集体利用组织赋予的职位和权力,动员和率领部属实现组织目标的活动。行为科学认为领导是利用特定的行为和影响力引导和激励人们实现组织目标的行动过程。

重要知识 5-1

领导的概念

领导是指在一定的社会组织或群体内,领导者运用其法定权力和自身影响力,采用一定的形式和方法对被领导者施加影响并共同作用于客观对象,以实现领导者与被领导者共同的预定目标的行为过程。

【相关阅读】

美国参议院的一次会议上,参议员劳森说:“当今政府部门遇到的麻烦是,我们有许多领取高薪的行政管理者,但领导者太少了。领导者是天生的,不是任何管理开发培训项目能够造就出来的。我们应该做的事就是为政府挑选具备该素质的领导人才,这些人具有良好的个人特性,如智慧、活力、魄力、创造力、热情、忠诚、自信心、与人共处的能力、鼓舞下属信心的能力等。”

另一位参议员肯特接着发言:“个人素质和特性对于政治领导人是至关重要的。然而,在政府部门中,我们需要的领导者是:既关心工作任务,又关心人。许多研究领导行为的学者已经把这些说清楚了。”

劳森申辩说:“我不管这些学者说什么,他们对领导者有什么了解?我们政府各部门长期苦于缺乏各级领导。我要求政府做一些事情,以保证各行政岗位上都有领导者。”

思考题:

1. 你在何种程度上赞同劳森的观点?
2. 对于肯特的发言,你有什么看法?

5.1.2　领导的作用

领导的作用是什么?这一直为理论界和实践领域所关注。美国通用电气公司发展培训部经理辛西娅·特拉奇·莱克拉认为:“领导人的首要任务就是为组织勾画远景”。“第二项任务则是了解顾客和员工不断变化的需求”。“第三项任务是让人们愿意追随他。好的领导人必须能够鼓舞人心,使人们因为共同的远景而凝聚在一起,并带领他们实现远景”。美国科维领导艺术中心的创始人史蒂芬·R·科维认为:“领导活动分解为三个基本功能或活动:寻找路径、协同和授权。”“寻找路径功能的精髓和力量在于激发人们兴趣的远见和任务”。“协同活动可以保证组织结构、体系和运作过程全都有利于完成组织的任务和目标,以满足顾客和股东的要求”。“授权也意味着人们拥有巨大的才能、创意、潜力和创造性”。

虽然人们对领导的作用有不同的理解,但领导者运用管理工具、职位权力、个人特质与影响力,在率领被领导者实现组织目标的过程中通常都扮演了组织者、指挥者、协调者和开拓者的角色。在比管理过程更具艺术性的领导过程中,领导者巧妙地将实现组织成员的个人价值与组织目标结合了起来。在这样的一个结合过程中,将不可避免地要发生指挥、协调、激励、开拓进取等活动,从而营造组织团队氛围并建设组织文化,进而实现组织的目标。所以领导的作用具体表现在以下几个方面:

(1)指挥作用

有人将领导比喻为乐队的指挥,一个乐队指挥的作用是通过演奏家的共同努力形成一种和谐的声调和正确的节奏。在组织的集体活动中,需要头脑清醒、胸怀全局、高瞻远瞩、运筹帷幄的领导者,帮助组织成员认清所处的环境和形势,指明活动的目标和达到目标的途径。领导就是引导、指挥、指导,领导者应该帮助组织成员最大限度地实现组织目标。领导者不是站在群体的后面去推动群体中的人们,而是站在群体的前列,指引组织的发展方向并促使人们前进并鼓舞人们去实现目标。

(2)激励作用

组织是由具有不同需求、欲望、个性、情趣和态度的个人所组成的,因而组织成员的个人目标与组织目标不可能完全一致。领导的任务就是把组织目标和个人目标结合起来,引导组织成员满腔热情、全力以赴地为实现组织目标做出最大贡献。领导者为了使组织内的所有员工最大限度地发挥其才能,实现组织的既定目标,就必须关心、爱护、尊重员工,激发和鼓舞员工的工作斗志和热情,充分发掘员工的潜力,不断地充实和增强人们积极进取、奋发努力的工作动力。

(3)协调作用

在组织实现其既定目标的过程中,人与人之间、部门与部门之间发生各种矛盾冲突及在行动上出现偏离目标的情况是不可避免的。领导者的重要任务就是协调各方面的关系和活动,保证各个方面都朝着既定的目标前进。

(4)沟通作用

领导者是组织的各级首脑和联络者,在信息传递方面发挥着重要作用,是信息的传递者、监听者、发言人和谈判者,在管理的各个层次中起到上情下达的作用,以保证管理决策和管理活动顺利进行。具体沟通形式包括:信息的传输、交换与反馈,人际交往,关系融通和交流感情等。

5.1.3 领导的权力来源

领导的权力或影响力来自其职权,但领导行为的有效性还受到领导者在下属中的威信的重大影响。职权是处于某一职位上的权力,威信是权力的高层次的表现。具体来说,领导者的影响力或权力可分为下列五种:

(1)法定权。这是企业内部各等级领导职位所具有的正式权力,通常由企业组织按照一定的程序和形式授予领导者。决定权力的作用基础是职权的权威性,凡是处于某一职位上的领导者都拥有一定的法定权力。这种权力来自领导者在组织中担任的职务,来自下级传统的习惯观念,即下级认为领导者拥有的职务权力是合理合法的,得到了社会公认,他必须接受领导者的影响。

(2)强制权。这种权力建立在下级的恐惧感上,下级认识到,如果不按照上级的指示办事,就会受到上级的惩罚。惩罚包括经济处罚、批评、调职、降薪、降职甚至解雇。强制权是一种负面强化手段,其作用主要是禁止某些行为的发生,它的运用容易导致反感、抵制,使相互作用关系趋于紧张,甚至触发反抗和正面冲突,是权力的极端形式的最后防线。

(3)奖励权。下级认识到,如果按照上级的指示办事,上级会给予一定的奖励,满足自己的某些需要。奖励包括物质奖赏和精神奖赏两方面。奖励权来自下属追求欲望的满足,即下属感到领导者有能力奖赏他。奖励权是强制权的相对物,是一种正面强化手段,是巩固和维护权力关系的重要手段之一。

(4)专长权。这是现代组织中常见的一种权力形式,指的是基于领导者的专业知识的影响能力。由于领导者具有某些符合本组织需要的专业知识、特殊技能、知识创新能力、管理能力、交际协调能力、组织指挥能力等,因而赢得同事和下级的尊敬。

(5)领导者的个人魅力。它是合法权的重要补充,指的是合法权之外的、由那些与领导本人相关的因素造成的附加的影响力。这些因素主要包括个性心理特征以及依附于个人的人际关系,如领导个人的道德、品行、性格、气质、社交能力、领导力、个人魅力以及感染力等。这些关联因素可以引起拥戴心理,通过模仿方式形成或加大领导者的影响力,激起人们的忠诚和热忱。

在上述五种权力中,法定权、强制权和奖励权是由上级组织赋予并由法律、制度明文规定的正式权力,属于职位性影响力;而专长权和领导者的个人魅力则是由个人的才干和素养等决定的,属于非职位性影响力,这种权力所产生的影响是组织成员发自内心的、长时期的尊重与服从。权力的测定见表5—1。要想成为一个有效的领导者,仅有前三种权力是不够的,还应具有专长权和人格魅力等。

表5—1　　五种权力的测定

职位性影响力	合法权	这个人掌握支配你的职位和责任的权力,期望你服从法定的要求。
	奖励权	这个人能给予你特殊的利益和奖赏,你知道与他关系密切是有好处的。
	强制权	这个人随时可以为难他人,你总是避免惹他生气。
非职位性影响力	专长权	这个人的知识和经验能使你尊重他,在一切问题上你会服从他的判断。
	个人魅力	你欣赏这个人,并乐意为他办事。

5.1.4 领导的特质

是不是成为领导者要有特定的素质呢？一些学者研究认为一个领导者只要具备了某些优秀的特性与品质，不管这些特性与品质是与生俱来的，还是后天领导实践形成的，就能有效地发挥其领导作用，保障领导过程的有效性。研究领导问题主要就是研究领导者要具备哪些优秀的品质和能力，并以此为标准来选拔、培养和考核领导者。人们对各种各样的特性品质进行研究，如体型、外貌、社会背景、情绪控制力、表达流畅性、社会交往能力等。虽然研究者付出了相当大的努力，但由于这些在领导者身上表现出来的优秀特质都有一定的随机性，很难有一套固定成型的特质来区分领导者和追随者。

有效领导者的许多特性和品质并不是与生俱来的，而是在后天的历练、培养和领导实践过程中形成的。因此，根据现代领导特质理论，为了觅得有效的领导者，必须建立一系列严格的选拔标准，制定具体的培训方案，同时对领导绩效加以测评。研究者发现有六项特质与有效的领导者相关，它们是进取心、领导愿望、诚实与正直、自信、智慧、工作相关知识，如表5—2所示。

表5—2　　区分领导者与非领导者的六项特质

1. 进取心	领导者努力奋斗，拥有较高的成就欲望。他们进取心强，精力充沛，对自己所从事的工作坚持不懈，并有高度的主动精神。
2. 领导愿望	领导者有强烈的愿望去影响和领导别人，他们表现为勇于并且乐于承担责任。
3. 诚实与正直	领导者通过真诚与言出必行而在他们与下属之间建立了相互高度信赖的关系。
4. 自信	领导者为了使下属相信他的目标和决策的正确性，必须表现出高度的自信。
5. 智慧	领导者需要具备足够的智慧来收集、整理和解释大量信息；并能够确立目标、解决问题和做出正确的决策。
6. 工作相关知识	有效的领导者对公司、行业和技术事项拥有较高的知识水平。广博的知识能够使他们做出富有远见的决策，并能理解这种决策的意义。

总而言之，领导特质理论由于脱离了特定的组织情境来解释领导的有效性，缺乏一定的说服力，但领导者特质理论也为领导者的选拔提供了一定的依据，为进一步研究领导有效性理论奠定了基础。

5.2 人性假设与领导风格

5.2.1 人性假设

5.2.1.1 “经济人”假设

18世纪，英国古典经济学家亚当·斯密在他的经济学中提出了“经济人”假设。“经济人”又称“理性经济人”，也称实利人。这种人性假设的出发点是享乐主义的哲学观点，经过19世纪理想主义的影响而形成。这种假设认为，人的一切行为都是为了最大限度地满足自己的利益；工作的动机是为了获得经济报酬。其主要的内容为：(1)大多数人十分懒惰，他们总是想方设法地逃避工作;(2)大多数人没有雄心壮志,不愿承担任何责任,而宁愿受别人领导;(3)大多数人的个人目标与组织目标都是相矛盾的,必须用强制、惩罚的办法才能迫使他们为实现组织的目标而工作;(4)大多数人做工作都是为了满足基本的需要,因此会选择最大经济收益的工作;(5)大多数人都是不能够鼓励自己,不能克制感情。

美国管理学家麦格雷戈在其所著的《企业中人的方面》一书中提出了 X 理论就是对"经济人"假设的概括。泰罗认为企业家的目的是获取最大限度的利润,工人的目的是获得最大限度的工资收入,而劳资双方的利益是一致的,提高了劳动生产率,企业家就可以获得更多的利润,而工人也可以获得更多的工资。因此,泰罗制定了工作标准和任务管理制来规范工人的工作动作和时间,以此来提高生产的效率,制定了计件工资制来刺激工人为了获得更多的工资而努力工作。泰罗的科学管理方法与以前的非科学的管理方法相比较确实进步很多,并且取得了明显的效果,大大提高了当时的劳动生产率。因此,在当时泰罗的科学管理理论备受理论界和企业家们的推崇。但是,随着时间的推移,以"经济人"假设为理论基础的科学管理理论渐渐露出了它所固有的弊端。

5.2.1.2 "社会人"假设

20 世纪 20 年代末,美国哈佛大学心理学家梅奥根据霍桑实验提出了"社会人"假设。"社会人"又称"社交人",该假设认为人的社会性需求的满足往往比物质上的报酬更具有激励作用。其基本观点是人们工作的主要动机与工作的社会关系,只有满足人们的社会和归属的需要,才能有效地调动工作的积极性。社会人假设的基本内容是:(1)认为人的行为动机不仅是追求经济利益,而且是满足人的全部社会需求;(2)由于技术的发展与工作合理化的结果,使工作本身失去了乐趣和意义,因此,人们从工作中的社会关系去寻求乐趣和意义;(3)工人对同事之间的社会影响力,要比管理部门所给予的奖励更大;(4)工人的工作效率随着管理人员满足他们社会需求的程度而改变。

日裔美籍学者大内在 20 世纪 80 年代初提出的"Z 理论"是以"社会人"假设作为自己的人性论基础的。大内认为无论何种组织中,员工都是"社会人",大内反复强调"信任"、"微妙性"和"亲密性",都涉及人际关系协调的社会伦理领域,这就表明了他对组织中人际关系协调的高度重视。在以"社会人"假设为基础建立的行为科学阶段,人们对人性的认识显然是有所升华。

5.2.1.3 "自我实现人"假设

20 世纪 40 年代美国人本主义心理学家马斯洛在他的层次需要理论中提出了"自我实现人"假设。"自我实现人"也称"自动人"。马斯洛在他的层次需要理论中认为人的最高层次需要是自我实现,这种人性假设认为,人们除了社会需求以外,还有一种想充分表现自己的能力,发挥自己潜力的欲望,并希望、向往、追求使自己成为一个比较完美、自我实现的人。其基本内容是:

(1)一般人都是勤奋的,劳动是其一种自然需要,人不但乐于承担责任,而且是有进取心的,希望在工作中取得成绩;(2)控制和惩罚不是实现组织目标的唯一手段,人们在工作中能够自我管理和自我控制;(3)在正常情况下,一般人不仅会接受某种责任,而且还会主动寻求责任,逃避责任、缺乏抱负以及强调安全感,通常是经验的结果,而不是人的本性;(4)大多数人在解决组织的困难时,都能发挥出高度的想象力、聪慧力和创造力;(5)有自我满足、自我实现需求的人往往以达到组织目标作为自我目标实现的最大报酬;(6)在现代社会条件下,一般人的智能潜力只能得到部分的发挥。

“自我实现人”的人性观认为：人都需要发挥自己的潜力，表现自己的才能；只有人的潜力充分发挥出来、人的才能充分表现出来，才会感到最大满足；利润最大化不是管理的全部内容和唯一目标，人的情感需要、发展需要本身就是管理目标的一个重要内容。基于这种人性假设的理论就是麦格雷戈的 Y 理论。Y 理论与 X 理论相对立。X 理论完全依赖于对人的行为的外部控制；而 Y 理论则很重视依靠人的自我控制和自我指挥。麦格雷戈把 Y 理论称作“个人目标和组织目标的结合”，认为它能使组织成员在努力实现组织目标的同时，最好地实现自己的个人目标。

5.2.1.4　“复杂人”假设

随着人类社会的发展，人的特性也在不断发生着整体性变化。对于许多现象，过去关于人性的假设已难以解释，管理理论和实践迫切需要对人的问题做出新的解释和研究。20 世纪 60 年代末 70 年代初提出了“复杂人”假设，该假设认为，人的需要和动机是十分复杂的，不仅因人而异，而且一个人在不同的年龄、地点、时期也会有不同的表现。这种人性假设的基本观点是：(1)人的需要是多种多样的，而且这些需要随着人的发展和生活条件的变化而发生改变；每个人的需要都各不相同，需要的层次也因人而异。(2)人在同一时间内有各种需要和动机；这些需要和动机会发生相互作用并结合为统一的整体，形成错综复杂的动机模式。(3)人在组织中的工作和生活条件是不断变化的，因而会不断产生新的需要和动机。人的动机的形成是内部需要和外部环境相互作用的结果。(4)一个人在不同的单位或在同一单位的不同部门工作，会产生不同的需求。在正式组织中与别人不能合群的人，很可能在非正式组织中能满足其社会需要和自我实现的需要。(5)由于人的需要不同、能力各异，对不同的管理方式有不同的反应，因此没有适合于任何组织、任何时间、任何个人的统一的管理方式。

“复杂人”假设提出的因人、因时、因事而异的管理，基于这种假设提出了超 Y 理论。超 Y 理论，亦称权变理论，是一种主张结合 X 理论和 Y 理论而权宜应变的管理理论。

5.2.2　领导行为理论

知道了人性假设后，我们来看看不同的领导表现出的不同行为，管理学中的领导行为理论认为，领导是组织中的一种现象，所谓领导就是领导者拉动和影响组织成员或追随者，带领他们按照领导者的意图向前发展，同时为实现组织的目标而努力。因此在领导过程中必然会发生领导者与追随者相互作用的关系，这时就不能只单单考察领导者的个性特质，而必须着重考察领导者的行为对其追随者的影响，并着重找出领导者的哪些行为因素对下属成员产生了积极的工作绩效。这个时候，领导者的特定行为就进一步确保了领导工作的有效性。

因此，领导行为理论并不是从领导者特质方面来解释领导的有效性，而是试图用领导者做什么、产生什么样的行为来解释领导效能。所以领导者并不一定就是天才型的、与生俱来的，通过后天的培训与学习实践同样也可以成为有效的领导者。

不同的领导者在领导行为的表现上会有很多的不同之处，所谓领导方式、风格就是对不同类型的领导行为的总结。所以在领导行为理论的基础上，人们对领导行为理论进行了进一步的分类研究。主要有两大类：一是基于权力运用的领导方式分类，确定出三种基本领导方式以及领导行为连续统一体理论；二是基于态度和行为倾向的领导方式分类，主要包括“四分图理论”和“管理方格理论”。

5.2.2.1 领导方式理论

勒温等人在实验研究的基础上,把领导者的行为方式分为独裁型、民主型和放任型三种基本类型。

(1)独裁型。独裁型是指领导者倾向于集权管理,采用命令方式要求下属不容置疑地执行其决策。独裁型领导方式的特点就是:①个人独断专行,限制员工的参与,组织的各项决策完全由领导者独自做出;②员工在组织工作中所运用的工作方法、内容、程序都是领导者事先已经布置好的,员工所需要做的就是无条件地执行;③主要依靠领导者个人权威、行政命令、训斥惩罚来维持组织工作运行;④领导者与追随者缺乏沟通,上下级之间的心理隔阂较大。

(2)民主型。民主型的领导者在采取具体的行动方案或做出具体的决策之前会充分考虑到员工的切身利益,实行授权管理,集思广益,主动要求员工参与行动方案或决策的制定。民主型领导方式的特点是:①领导者在做出决策之前会同下属进行商量,在未得到下属的多数同意时,一般不会采取单独行动;②安排具体的工作时,尽量考虑到员工的个人兴趣、爱好和能力;③在保证完成工作的大前提下,给下属相当的工作自由;④主要依靠领导者的个人威信而不是职位权力来迫使下属服从;⑤惩罚较少,嘉奖较多,沟通无处不在,领导者与下属没有心理距离。

(3)放任型。放任型领导者对下属采取自由放任的态度,给予充分的授权,下属愿意怎么工作就怎么工作,领导者不采取任何跟踪监督工作,组织的运作类似于无政府主义状态。

实践证明,不同的领导方式对群体行为会产生不同的影响,以上三种领导方式各有自身的优缺点。勒温根据实验得出的结论是:在放任型领导方式下组织工作的效率最低,只能达到组织成员的社交目标,但完不成组织工作目标;独裁型的领导方式虽然通过严格的工作管理能够完成组织的任务目标,但组织成员没有责任感,态度消极,情绪低落;民主型领导方式下的工作效率最高,不但能够完成组织的工作目标,同时组织内成员沟通无处不在,所以组织成员之间的关系融洽,工作积极主动、富有创造性。在实际的工作环境中,由于领导过程是一个动态的变化过程,所以很多时候领导者采用的都是一种复合型的领导方式。

5.2.2.2 领导行为连续统一体理论

1958 年,美国管理学家罗伯特·坦南鲍母与沃伦·施密特在《哈佛商业评论》杂志上发表了《怎样选择一种领导模式》一文,认为民主与专制是领导风格中两种极端的情况,这两者之间还存在着许多过渡型的领导行为方式,因而他们提出了领导方式的连续统一体理论,可由此说明领导不能机械地选择专制或民主方式,而应根据实际要求,把两者适当地结合起来。

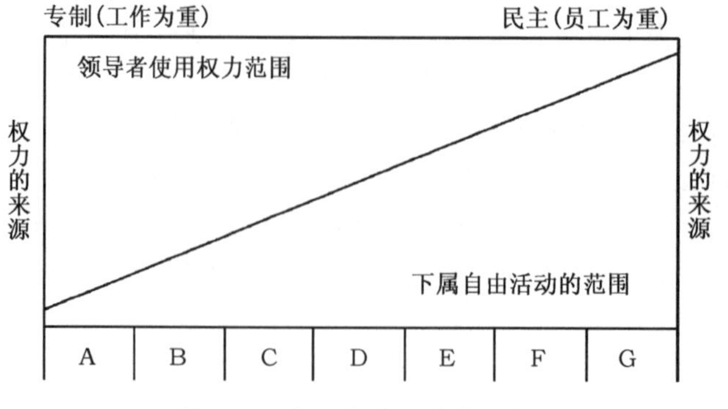

图 5—1 领导方式连续统一体

A——一切决策由领导者做出并向下属公布。

B——领导者向下属推销自己的决策。

C——领导者提出决策方案，并允许下属提出问题。

D——领导者提出决策草案并允许下属提出修改意见。

E——领导者提出问题，听取下属意见，然后做出决策。

F——领导者明确问题界限，请群体下级决策。

G——领导者授权下属在一定范围内自行识别问题和做出决策。

偏向于专制一端的领导者具有独裁主义的作风，较重视工作，并运用他们的权力影响下属，对下属保持严密的控制，只告诉下属他们需要知道的事情并让他们完成任务；而偏向于民主一端的领导者具有民主的作风，较注重员工、人际关系，允许下属对所从事的工作有发言权，不采取严密的控制，给下属相当大的工作自由，通常这种领导风格还可以延伸为放任自流的领导方式。放任自流的领导方式允许员工做他们想做的事，这时放任意味着缺乏领导、放弃领导，领导的角色已被放弃，因而没有领导的行为。

从图5－1可以看出，从左到右领导者行使越来越少的职权，而下属人员得到越来越多的自主权。坦南鲍母和施密特认为，对于上述七种领导方式，没有一种是绝对正确的，也没有一种是绝对错误的。人们究竟应该采取哪一种领导方式，不能一概而论，应主要考虑以下三个方面的相关条件。

(1)领导者方面的条件。包括领导者自己的价值观念，对下属的信任程度，他的领导个性(是倾向于独裁的，还是倾向于民主的)等。

(2)被领导者方面的条件。包括被领导者的独立性的需要程度，是否愿意而且勇于承担责任，对有关问题的关心程度，对不确定情况的安全感，对组织目标是否能够理解，在参与决策方面的智慧、经验、能力等。

(3)组织环境方面的条件。包括组织的价值标准和传统、组织的规模、集体的协作经验、决策问题的性质及其紧迫程度等。

总之，必须全面考虑以上各方面的条件，才能确定一种适当的领导方式。但是有的研究者认为领导行为连续统一体模式只是描述性质的，对实际工作并没有太多的指导意义。

5.2.2.3　四分图理论

1945年美国俄亥俄州立大学的工商企业研究所在罗尔夫·M·斯托格弟和卡罗·H·沙特尔两教授的领导下，开创了对领导行为的二维度研究。他们首先提出了1 000多项标志领导行为的特征因素，然后经过反复挑选、归纳总结出“组织结构”和“人文关怀”两大主要因素。

组织结构维度，即指为达到组织目标，领导者界定和建构自己与下属的角色倾向程度。它包括组织、工作关系和工作目标等行为。领导者运用组织手段，通过确定目标、分配任务、制定政策和措施，使其下属成员的行为纳入预定的轨道，以严密的组织和控制来提高工作的效率。

人文关怀维度，指领导者具有信任和尊重下属的看法与情感的这种关系的程度。高人文关怀维度的领导表现出对下属的生活、健康、地位和满意度十分关心，并愿意帮助下属解决个人问题、友善并且平易近人、公平地对待每一个下属。

以上两个维度可以有多种结合方式，以形成不同的领导行为类型，如图5－2所示，这两个因素并不是相互排斥的，只有将二者结合起来，才能实现有效的领导。大量的研究表明，组织结构维度和人文关怀维度都高的领导者(高—高领导者，High-high leader)往往比其他三种类型的领导者(低结构维度、低关怀维度或二者均低),更能使追随者取得高的工作绩效和高的满意度。因此,“高组织结构—高人文关怀”的领导方式能够产生积极效果。

图 5—2　俄亥俄州立大学的领导行为四分图

5.2.2.4　管理方格理论

在俄亥俄州立大学人文关怀维度与组织结构维度、密歇根大学员工导向和工作导向的基础上,美国得克萨斯大学教授罗伯特·布莱克和简·莫顿在 1964 年出版的《管理方格》一书中提出了领导方格图,用这个领导方格图可以确定领导者的风格,如图 5—3 所示。

高	9	1.9								9.9
	8									
	7									
	6									
关心人	5					5.5				
	4									
	3									
	2									
低	1	1.1								9.1
		1	2	3	4	5	6	7	8	9

低　　　　关心生产　　　　高

图 5—3　管理方格图

他们用一个二维矩阵来表示领导风格,这个二维图以“关心生产”为横轴,以“关心人”为纵轴,横轴、纵轴都划分为九等份,用从 1 至 9 的阿拉伯数字表示,数字越大表示程度越高。如 1 代表关心程度最小,5 代表中等的或平均的关心程度,9 代表关心程度最大,整个矩阵图由 81 个方格组成,每一个方格代表这两个方面以不同程度结合的不同的领导风格。在领导方格图中,布莱克和莫顿列出了五种典型的领导方式:

(1.1),贫乏型管理。领导者对职工和生产极不关心,效果最差。对必需的工作付出最少的努力,对员工的关心也在最低的程度上,对指挥、监督、规章制度等忽视严重。

(1.9),乡村俱乐部型管理。领导者充分注意搞好人际关系,增进同事和下级对自己的良好感情，营造和谐的组织气氛，但不关心生产。

(9.1)，任务型管理。领导者只关心生产，不关心人，重点放在对工作和作业的要求上，不太注意人的因素，管理人员的权力很大，负责计划、指挥、控制下属的活动，以便实现企业的生产目标。

(5.5)，中间型管理。对人和生产都有适度的关心，既不过于偏重人的因素，又不过于偏重生产的因素，在二者之间保持平衡，这种管理方式缺乏创新精神，员工的创造性得不到充分发挥。

(9.9)，团队型管理。领导者对生产和人都极为关心。这种管理方式将组织的目标和个人的需要最有效地结合起来，它创造出工作环境，使员工了解问题，关心工作成果。当员工了解了组织的目的，并认真关心成果时，员工会自我选择、自我控制，而无须用命令对他们进行指挥和控制。一般情况下，这种管理是效率最高的。领导者可以根据领导方格理论确定自己的领导风格并根据组织的内外部情况把自己改造成 9.9 型的领导风格。

【相关阅读】

某厂的供销部由供应科、销售科、车队、仓库、广告制作科组成。当 A 调任该部经理时，听到不少人反映广告制作科、仓库管理科迟到早退现象严重，劳动纪律差，工作效率低。虽然经过多次批评教育，但成效不大。为了做好领导工作，A 经理对这两个科室进行了调查分析，情况如下：

• 文化水平及修养：广告制作科的员工全是大专以上文化程度，平时工作认真，干劲大，但较散漫；仓库管理科的员工文化程度普遍较低，思想素质较差。

• 工作性质：广告制作是创造性工作，工作具有独立性，好坏的伸缩性也较大，难以定量考核工作量；仓库管理是程序化工作，内容固定，且必须严格按规章制度执行，工作量可以定量考核。

• 工作时间：广告制作工作有较强的连续性，不能以 8 小时来衡量，有时完成一项工作光靠上班 8 小时是远远不够的；而仓库管理 8 小时内的工作是关键，上下班的准时性、在工作时间不能随意离开岗位是十分重要的，否则就会影响正常地收发货物，有的还会直接影响车间的正常生产。

• 广告制作科的员工工作责任心强，有强烈的创新意识、有实现自我价值和获得成功的欲望，工作热情较高。仓库管理科的员工由于工作环境分散，工作单调，员工积极性不高。

根据以上情况，你认为 A 经理对这两个部门应如何实施领导。

5.2.3　领导的权变理论

随着领导行为研究的不断深入，研究者们认为领导者自身的内在素质、外在的行为风格不是决定领导活动成功与否的全部因素，领导活动的成功还取决于被领导者、环境因素的影响。很多人从领导活动中领导者的行为风格、被领导者、环境因素三者之间的关系来研究领导的有效性，主张领导素质、领导行为风格只要能使被领导者适应，就会取得良好的效果，应该使组织环境与领导行为相匹配，这些理论被称为领导权变理论。权变理论认为，领导者是在一定环境条件下通过与被领导者的交叉作用去实现某一特定目标的一种动态过程。领导的有效行为应随被领导者的特点和环境的变化而变化，也叫情境理论。

比较成熟的理论有弗莱德 · 费德勒的权变理论、保罗 · 赫塞与肯尼思 · 布兰查德的赫塞—布兰查德的情境理论。

5.2.3.1 费德勒权变理论

费德勒权变理论是心理学家费德勒经过长达15年时间，对1 000多个团体做了调查，研究领导方式问题，于1967年提出来的，通常称为费德勒权变模型。调查研究的结果表明领导效率的高低取决于以下两方面的因素：第一，领导者对其同事和下属的看法和感觉会影响领导者与被领导者之间的关系。如果领导者认为自己的下属善于合作、热情、友好、有能力，他们的关系会更和谐；相反，如果领导者认为下属不友善、冷淡、不服从领导、无活力，他们的关系就会不和谐。而领导者对其同事和下属的看法，又同其个性有关，有一定的模式。第二，情境对领导者的控制和影响程度之间的合理匹配。这取决于三种主要因素：一是领导者同下属的相互关系，即领导者对下属信任、信赖和尊重的程度。二是工作结构，即分配给下属工作的明确程度或规范化程度。三是职位权力，即不同于领导者个人权力的正式的职位所赋予的权力。显然，良好的关系、明确的任务结构和强权力结构基础，形成了最有利的高情境控制条件；不良关系、模糊结构和低权力基础，造成了最不利的低情境控制条件。费德勒将领导者个性的评估与情境因素的分类联系起来，研究它们对领导效果的影响。

(1)通过LPC问卷确定领导风格

费德勒设计了LPC问卷，即最难共事者问卷，来测试领导者个体的基础的行为风格：个体是任务导向型还是关系导向型。费德勒让答卷者回想一下自己共事过的所有同事，找出一个最难共事者，用16组形容词中1至8等级对他进行评估，从最消极的评价到最积极的评价，得分依次增高。费德勒相信，在LPC问卷回答的基础上可以判断他们的最基本的领导风格，如果以相对积极的词汇描述最难共事者，LPC得分不低于64分，回答者很乐于与同事形成友好的人际关系。也就是说，如果你把最难共事的同事描述得比较积极，费德勒称你为关系导向型；相反，如果得分不高于57分，那说明你主要感兴趣的是生产，则为任务取向型。

(2)确定情境

用LPC问卷对个体的基础领导风格进行评估之后，就要对情境进行评估，并将领导者与情境进行匹配。三种主要的情境因素是：

领导者—成员关系：领导者对下属信任、信赖、尊重程度。

任务结构：工作任务程序化、明确化程度。

职位权力：领导者职位权力的强弱。

这三种情境变量互相组合，形成8种情境类型。前三种情境是对领导者最有利的情境，最后两种情境是对领导者最不利的，其余的三种是一般情境。

(3)领导风格与情境的匹配

费德勒认为，当领导者的作风与情境相匹配时，会达到最佳的领导效果。任务导向型领导者倾向于在有高控制力和低控制力的情境中绩效最高，就是说，面对Ⅰ、Ⅱ、Ⅲ、Ⅶ、Ⅷ类型的情境时，任务导向型的领导者干得更好；关系导向型的领导者则在中等控制力(Ⅳ、Ⅴ、Ⅵ型)的情境中最有绩效。费德勒认为领导风格是与生俱来的，个人不可能改变自己的风格去适应变化的环境。如果情境要求任务取向型的领导者，而在此领导岗位上的是关系取向型的领导者时，要想达到最佳效果，要么改变情境，要么替换领导者。

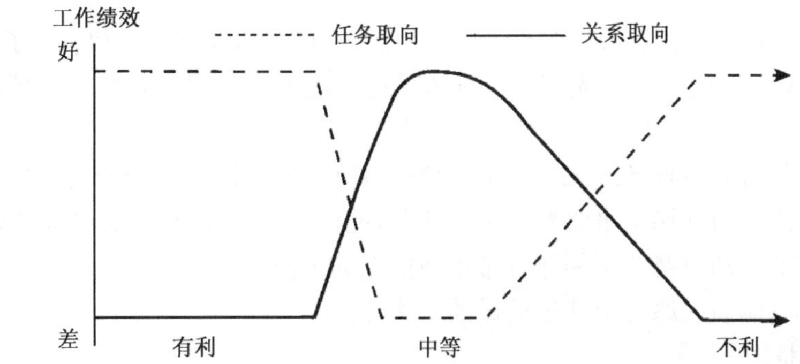

类型	Ⅰ	Ⅱ	Ⅲ	Ⅳ	Ⅴ	Ⅵ	Ⅶ	Ⅷ
领导者—成员关系	好	好	好	好	差	差	差	差
任务结构	高	高	低	低	高	高	低	低
职位权力	强	弱	强	弱	强	弱	强	弱

图 5—4　费德勒权变模型的研究成果

5.2.3.2　领导生命周期理论

该理论认为适当的领导风格或行为依据领导的下属的“成熟度”(Maturity)，即个体对自己的行为能直接负责的能力和意愿。它包括两项因素：工作成熟度与心理成熟度。前者包括一个人的知识和技能，工作成熟度高的个体拥有足够的知识、能力和经验完成他们的工作任务而不需要他人的指导。后者指的是一个人做某事的意愿和动机。心理成熟度高的个体不需要太多的外部激励，他们靠内在的动机激励。下属的工作成熟度和心理成熟度水平影响领导的成功，根据下属成熟度水平选择领导风格，这会使领导活动更加成功。模型如图 5—5 所示。

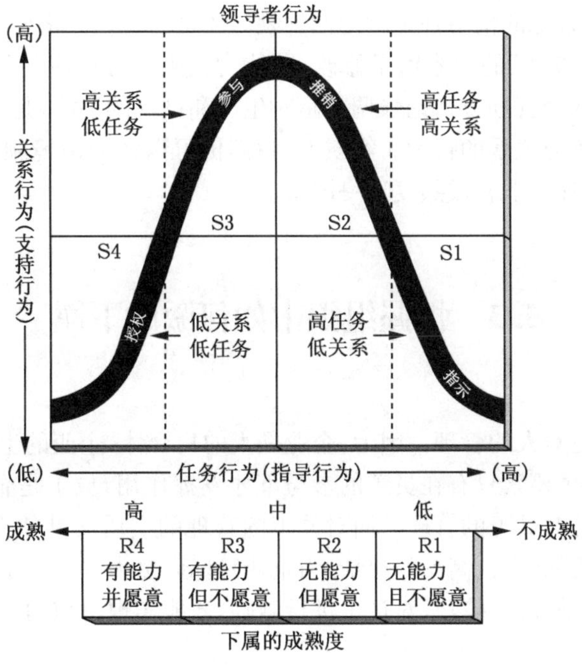

图 5—5　赫塞与布兰查德的情境领导模型

(1)下属成熟度

无论领导者做什么,其效果都取决于下属的活动,很多的领导理论却忽略了下属。赫塞和布兰查德将成熟度定义为:个体完成某一具体任务的能力和意愿的程度。该理论把下属成熟度分为四个阶段:

R1:下属对执行某些任务既无能力又不情愿,他们既不胜任工作又不能被信任。

R2:下属缺乏能力却愿从事必要的工作任务,他们有积极性,但缺乏足够的技能。

R3:下属有能力却不愿意干领导者希望他们做的工作。

R4:下属既有能力又愿意干让他们做的工作。

(2)领导风格

以任务行为或指导行为为横轴,以关系行为或支持行为为纵轴,得出一个领导风格的二维四分图,两个维度的不同组合形成四种领导风格:

S1:指示(高任务—低关系):领导者定义角色,告诉下属干什么,怎么去干以及何时何地去干,强调指导性行为。

S2:推销(高任务—高关系):领导者同时提供指导性行为与支持性行为。

S3:参与(低任务—高关系):领导者与下属共同决策,领导者的主要角色是提供便利条件与沟通。

S4:授权(低任务—低关系):领导者提供极少的指导和支持。

(3)情境领导模型

赫塞和布兰查德把工作行为、关系行为及下属的成熟度结合起来考虑,构建了情境领导模型。

S1—R1,对无能力且不愿意工作的下属采用高任务、低关系的指示型领导方式。

S2—R2,对无能力但愿意工作的下属采用高任务、高关系的推销型领导方式。

S3—R3,对有能力但不愿意工作的下属采用低任务、高关系的参与型领导方式。

S4—R4,对有能力且愿意工作的下属采用低任务、低关系的授权型领导方式。

显然,赫塞—布兰查德的情境理论中的四种领导风格与管理方格论中的四个“角”很相似,主要的差异在于,将“9.9式”的内容做了修改,即认为正确的方格应与下属的成熟度相联系。虽然赫塞和布兰查德认为管理方格论强调的是对生产和员工的关注,是一种态度维度,而情境领导模型强调的是任务与关系的行为。实质上,我们仍可以认为情境领导理论是在管理方格论基础上的改进,即增加了下属成熟度这一因素。

5.3 把握组织中如何激励下属

企业管理的本质是对人的管理。因为,企业是人的集合体,企业的生产经营活动是靠人来进行的,企业经营的各种要素只有在员工的参与下才发挥作用,员工是企业的第一生产力,企业管理的首要问题就是对员工的管理。而对员工的管理的实质又是什么呢?很简单,就是如何让员工始终保持旺盛的士气、高昂的热情,为企业目标而努力。这就是激励问题。一个有效的管理者,必须掌握激励理论、技巧,对员工进行激励,才能实现组织的目标。

5.3.1　激励的含义与过程

人们加入一个组织或者群体,都是为了达到他们单干所不能达到的目标。然而,进入组织的人们不一定会努力工作,贡献出他们潜在的能力。他们为组织服务的愿意程度是有高低的,有的强烈,有的中等,有的一般,也有的是消极的。如何使组织中的各类成员,为实现组织的目标热情高涨地工作,尽可能有效地贡献出他们的智慧和才能,这才是管理者要研究的激励问题。

虽然“激励”这一词汇在组织管理过程中被广泛运用,但要对它下一个确切定义却有相当的难度。“激励”从字面上看是激发和鼓励的意思,在管理工作中,可把“激励”定义为调动人们的积极性的过程。

重要知识 5－2

激励的概念

激励是为了特定目的而去影响人们的内在需要或动机,从而强化、引导或改变人们行为的反复过程。

管理学家从不同的角度来研究激励这个概念,概括地讲,激励就是激发人的动机,诱发人的行为。激励是一种力量,激励是一个过程。激励给人以行动的动力,使人的行为指向特定的目标。在管理过程中,对人的行为的激励,就是要采取各种手段,通过对心理因素的研究,制造各种诱因,促使人们贡献他们的时间、精力和智力。激励就是与保持和改变人的行为的方向、质量和强度有关的一种力量,激励的目标是使组织中的成员充分发挥出他们潜在的能力,从这个角度来说,激励是一种力量,是一种使人们充分发挥其潜能的力量。激励是决定行为如何开始,如何被注入能量,如何得以维持,如何被导向确定的目标等行为发生的整个过程的重要因素。

激励是“需要——欲望——满足”的连锁过程(见图 5－6)。心理学揭示的规律:动机欲望支配着人们的行为,而动机又产生于人的需要。需要是人的一种主观体验,是对客观要求的必然反映。人在社会生活实践中形成的对某种目标的渴求和欲望,构成了人的需要的内容并成为人行为活动积极性的源泉。人的行为受需要的支配和驱使,需要一旦被意识到,它就以行为动机的形式表现出来。驱使人的行为朝一定的方向努力,以达到自身的满足。需要越强烈,由它引起的行为也就越有力,越迅速。

图 5－6　激励过程

从感觉需要出发,在人的心理上引起不平衡状态,产生不安和紧张,导致欲望动机,有了动机就要选择和寻找目标,激起实现目标的行动。当需要得到满足,行为结束。心理紧张消除后,人们又会产生新的需要,形成新的欲望,引起新的行为。这样周而复始,循环往复。激励就是利用人的需要、欲望和行为之间的关系,激发人的欲望,满足人的需要,挖掘人的内在潜力,促使人的行为向组织目标努力。

5.3.2 激励理论

了解了激励的定义,我们来看看如何激励下属,我们要解决的问题是:“什么样的需要会引起激励?为什么员工会努力工作?怎样才能使员工努力工作?”第一个问题可以用需要层次理论和双因素理论来解决,后两个问题可以应用期望理论和公平理论。

5.3.2.1 需要层次理论

美国人本主义心理学家马斯洛在1943年所著的《人的动机理论》一书中首次提出了需要层次理论,并于1954年在其名著《动机与人格》中做了进一步的阐述。马斯洛认为,人的基本需要可以归纳为生理、安全、社交、尊重和自我实现五个层次,由低到高呈梯级排列(见图5—7)。这五个层次需要的内容是:

图5—7 需要层次

(1)生理需要

这些是维持人类自身生命的基本需要,如食物、水、衣着、住所和睡眠。马斯洛认为,在这些需要还没有满足到足以维持生命之前,其他的需要都不能起到激励人的作用。

(2)安全需要

这些是保障及维持日常生活稳定性的需要,如人身安全、就业安全、劳动安全以及未来安全,即病、老、伤、残后的生活保障等。

(3)社交需要

人是社会的人,因此,人们常希望在一种被接受和属于的情况下工作,也就是说,人们希望在社会生活中受到别人的注意、接纳、关心和友爱,在感情上和组织上有所归属。

(4)尊重需要

人们在满足了归属的需要后,就要有自尊和受到别人的尊重。自尊是一种取得成绩以后的自豪;受人尊重,是指当自己做出贡献时,能得到他人的承认。这种需要将会产生诸如权力、威望、地位和自信等方面的满足。

(5)自我实现需要

马斯洛认为,在他的需要层次理论中,这是最高层次的需要。它是一种把个人能力充分发挥的愿望——最大限度地发挥一个人的潜能并有所成就。

在马斯洛看来,人类价值体系中存在着两类不同的需要,一类是沿着生物谱系上升方向逐渐变弱的本能和冲动,称为低级需要或生理需要;一类是随生物进化而逐渐呈现的潜能和需要,称为高级需要。这五种需要像阶梯一样从低到高顺序排列,但这种顺序不是完全固定的,可以有变化,也有种种例外情况。例如,有的人把自尊看得比爱情更重要。

一个层次的需要相对得到满足之后,就会向高一层次发展。对一个个体来说,这五种需要不可能完全满足,越到上层,满足的百分比越小。

在同一时期内，可能同时存在几种需要，因为人的行为是受多种需要支配的。但是，每一时期内，总有一种需要是占支配地位的。

正如任何人都要吃饭穿衣一样，任何一种需要并不因为下一个高层次需要的发展而消失，各层次的需要相互依赖与重叠，高层次的需要发展后，低层次的需要仍然存在，只是对行为影响的比重减轻而已。尤其应该注意的一点是，一种需要满足之后，就不再是一种激励力量。

表5—3列举出在企业中可用来满足各层需要的方法。

表5—3　马斯洛的需要层次理论在企业中的应用

需要层次	应用
自我实现的需要	富有挑战性的工作、工作的自主权、决策权
尊重的需要	职衔、优越的办公条件、当众受到称赞
社交的需要	上司的关怀、友善的同事、联谊小组
安全的需要	工作保障、退休保障、福利保障
生理的需要	足够的薪金、舒适的工作环境、适度的工作时间

5.3.2.2　双因素理论

赫茨伯格通过考察一群会计师和工程师的工作满意感与生产率的关系，通过半有组织性的采访，他积累了影响这些人员对其工作感情的各种因素的资料，表明了存在两种性质不同的因素。第一类因素是激励因素，包括工作本身、认可、成就和责任，这些因素涉及对工作的积极感情，又和工作本身的内容有关。这些积极感情和个人过去的成就、被人认可以及担负过的责任有关，它们的基础在于工作环境中持久的而不是短暂的成就。第二类因素是保健因素，包括公司政策和管理、技术监督、薪水、工作条件以及人际关系等。这些因素涉及工作的消极因素，也与工作的氛围和环境有关。也就是说，对工作和工作本身而言，这些因素是外在的，而激励因素是内在的，或者说是与工作相联系的内在因素。从某种不同的角度来看，外在因素主要取决于正式组织（例如薪水、公司政策和制度）。只有公司承认高绩效时，它们才是相应的报酬。而诸如出色地完成任务的成就感之类的内在因素则在很大程度上属于个人的内心活动，组织政策只能产生间接的影响。例如，组织只有通过确定出色绩效的标准，才可能影响个人，使他们认为已经相当出色地完成了任务。尽管激励因素通常与个人对他们的工作积极感情相联系，但有时也涉及消极感情。而保健因素却几乎与积极感情无关，只会带来精神沮丧、脱离组织、缺勤等结果。赫茨伯格的理论认为，满意和不满意并非共存于单一的连续体中，而是截然分开的，这种双重的连续体意味着一个人可以同时感到满意和不满意，它还暗示着工作条件和薪金等保健因素并不能影响人们对工作的满意程度，而只能影响对工作的不满意的程度。

5.3.2.3　成就需要理论

美国心理学家麦克利兰提出了成就需要型激励理论。他认为人除了生理外，还有三种需要：权力需要、归属需要、成就需要。

成就需要是对成就的强烈愿望和对成功及目标实现的执着。有些人追求的是个人的成就而不是成功后的报酬，他们有一种欲望，想将事情做得比以前更好、更有效率，这种内驱力就是成就需要。实证研究表明，高度的成就需要同工作中的高绩效是相联系的。那些在富于竞争性的工作中取得成功的人,他们对取得成就的需要远远高于平均水平。大多数管理者和企业家都有高水平的成就需要,他们比一般的专业人员具有更高的成就需要。他的研究还表明,非管理人员也有取得成就的需要。

归属需要指被人喜欢和接受的愿望。有高归属需要的人更愿意与他人和睦相处,可能会较少考虑高水平地履行职责。高归属需要者喜欢合作而不是竞争的环境,希望彼此间的沟通和理解。有着强烈归属需要的人可能是成功的"整合者",如品牌管理人员和项目管理人员等。他们能够协调组织中几个部门的工作,具有过人的人际关系技能,能够与他人建立积极的工作关系。

权力需要是影响和控制他人的愿望。具有高权力需要的人喜欢承担责任,努力影响他人,喜欢处于竞争性环境和令人重视的地位,有高个人权力需要的人只关心实现个人的目标。权力需要常常表现为"双刃剑",当这种需要表现为对他人恶意的控制和利用,对组织来说就是一种不利的"个人化权力";如果权力需要可导致组织和社会的建设性改进,那么它就是一种积极的"社会化权力"。有着强烈权力需要的人,会有较多的机会晋升到组织的高级管理层。原因在于,成就的需要可以通过任务本身得到满足,而权力的需要只能通过上升到某种具有高于他人的权力层次才能得到满足。麦克利兰对美国电报电话公司管理层进行了16年的跟踪研究,结果发现在这家公司高层管理者中有一半以上的人对权力有强烈的需要。

既然高成就需要同工作的高绩效相关,那么识别高成就需要者的特征对于管理者来说就是非常重要的。麦克利兰通过20多年的研究指出,高成就需要者更喜欢个人责任、能够获取工作反馈和适度冒险性的环境。高成就需要者接受困难的挑战,能够承担成功或失败的责任。他们不是赌徒,因为从偶然的成功中他们得不到任何的成就感。也应当指出,高成就需要的人并不一定就是好的管理者,特别是在大型组织中。归属需要和权力需要与管理者的成功有着密切关系。

麦克利兰理论的重要性在于,它表明了使员工与其工作相匹配的重要性。与具有高度成就需要的员工不同,高归属需要感的员工则喜欢安定、保险系数高和可预见的工作场所。体贴细心的管理者更适合他们;麦克利兰的研究还表明,下属的三种基本的激励需要是可以通过培训来培育和激发的。在一定程度上,管理者能够通过创造适当的工作环境来提高员工的成就需要,管理者可以赋予员工一定程度的自主权和责任感,逐步使其工作更具挑战性。

5.3.2.4 期望理论

美国心理学家弗鲁姆在1964年提出的"期望理论"采用动态分析的方法考察了人们对劳动付出与奖酬价值的认识,更加深入地说明了激励的过程,并指导人们选择合适的行为达到最终的奖酬目标。该理论认为,只有当行为人意识到存在实现预期目标的可能性,且实现这个目标对自身又非常重要时,其行为的积极性才会被调动起来。也就是说,激励水平的高低取决于两个因素:期望值与效价。用公式表示为:

激励水平(M)=期望值(E)×效价(V)

所谓激励水平,是指一个人的积极性被激发的高低和持久程度,它决定了人们在工作中付出努力的大小。期望值又称概率,反映人们对某一行为导致预期目标或结果之可能性大小的主观判断,其数值变化范围在0—1之间,即个人认为某种目标不可能实现,其期望值为0;而个人认为完全有成功的把握,则期望值等于1。效价是指人们对预期目标的重视程度或偏爱程度,这是个体对特定成果或目标之有用性的主观估计。效价可以取正值、零和负值。当个人期待出现预期结果时,效价为正值;当个人对特定目标漠不关心时,效价值为零;当个人竭力避免某一结果时,效价值就为负。上述公式表明:激励水平是期望值和效价这两个变量的乘积。因此,目标的效价越高,实现目标的可能性越大,该目标对人的激励也越大。具体到管理领域中,如员工认为个人努力会导致良好的绩效评价(期望值大),而良好的绩效评价会带来组织的奖励,如奖金或晋升,从而满足员工的个人需要(效价大),那么他就会受到激励,表现出强烈的工作动机。

我们以一个简单的例子来说明激励水平与期望值、效价之间的关系。

一位公司销售经理对他的一位推销员说:如果你今年完成1 000万元的销售额,公司将奖你一套住房。这时组织的目标是1 000万元的销售额,个人的目标是一套住房,期望值和效价可能会这样影响对此人的激励水平。

期望值——推销员可能的反应是:

A.“1 000万元的销售额,照今年的行情,如果我比去年再卖力一点,是能做到的。”

B.“‘1 000万元’简直是天方夜谭,经理要么是疯了,要么就是根本不想把住房给我,我才不会白花力气呢!”

效价——他可能的反应是:

A.“天哪!一套住房!这正是我梦寐以求的,我一定要努力去争取。”

B.“住房?我现在住得已经够好了,况且如果我一个人拿了住房,同事们会不满的,这对我没什么吸引力!”

激励水平——他可能的反应是:

A.“只要销售到1 000万元就能得到一套住房,我一定好好努力!”

B.“经理向来说话就不算数,我打赌经理到时一定找出10条理由说:‘我也不想说话不算数,但我实在是无能为力!’”

在例子中可以很明显地看到,期望值和效价越高(在所有的A情况下),则对人的激励水平越高;而反之(在所有的B情况下),对人的激励水平则越弱。

5.3.2.5 公平理论

公平理论又称社会比较理论,它是美国行为科学家亚当斯于1963年前后提出来的一种激励理论。该理论侧重于研究工资报酬分配的合理性、公平性及其对职工生产积极性的影响。公平理论的基本观点是:当一个人做出了成绩并取得了报酬以后,他不仅关心自己所得报酬的绝对量,而且关心自己所得报酬的相对量。因此,他要进行种种比较来确定自己所获报酬是否合理,比较的结果将直接影响今后工作的积极性。

亚当斯认为,报酬的多少固然对人的激励大小有关,但人的工作动机不仅受其所得的绝对报酬影响,而且更重要的是受相对报酬的影响,即人们总是进行“投入”“产出”之比。所谓“投入”,是指一个人对自己的条件如毕业早晚、工龄长短、教育水平高低、技术能力大小等的估计,也就是他所付出的“资本”是多少。如果他自己对自己估计高,那么他认为自己“投入”多。同时,又把个人工资多少、级别高低、受重视程度等看成“产出”,也就是他所得的报酬如何。在比较的时候,如果个人认为“投入”与“产出”相符,就有公平感,因而心情舒畅,努力工作。否则会感到不公平,产生怨气。在比较的时候,人们还会将自己的“投入”“产出”同其他人的“投入”和“产出”比例相对照,如果出现自己的“投入”和“产出”比例与他人的不相符,也会产生不公平感,引起怨气。当人们有了不公平感,可能采取下面五种对待方式:

(1)重新认识个人的“投入”和“产出”比率,甚至于以一种自我安慰的方式来解释,求得心理上的解脱;

(2)采取行动改变他人的“投入”与“产出”比率;

(3)努力改变自己的“投入”和“产出”比率,如消极怠工、减少投入或要求增加产出;

(4)改变比较的方法,换一个人进行比较,求得主观安慰;

(5)采取不正当的方式发泄不满,发牢骚,造谣中伤别人,制造人际矛盾。

公平理论有着重要的启示:首先,影响激励效果的不仅有报酬的绝对值,还有报酬的相对值。其次,激励时应力求公平,使等式在客观上成立,尽管有主观判断的误差,也不致造成严重的不公平感。再次,在激励过程中应注意对被激励者公平心理的引导,使其树立正确的公平观,一是要认识到绝对的公平是不存在的,二是不要盲目攀比,三是不要按酬付劳,按酬付劳是在公平问题上造成恶性循环的主要杀手。

为了避免职工产生不公平的感觉,企业往往采取各种手段,在企业中造成一种公平合理的气氛,使职工产生一种主观上的公平感。如有的企业采用保密工资的办法,使职工相互不了解彼此的收入,以免职工互相比较而产生不公平感。

5.3.2.6 强化理论

美国心理学家斯金纳、桑迪克等人认为,个体对外部事件或情境(刺激)所采取的行为或反应,取决于特定行为的结果。当行为的结果对他有利时,这种行为会重复出现。当行为的结果不利时,个体可能会改变自己的行为以避免这种结果,这就是著名的效果法则。强化激励理论认为,管理者可以利用效果法则,通过对工作环境和员工行为结果的系统管理来修正员工行为,使得其行为符合组织目标。强化包括正强化、负强化和自然消退三种类型:

第一种:正强化,又称积极强化。当人们采取某种行为时,能从他人那里得到某种令其感到愉快的结果,这种结果反过来又成为推进人们趋向或重复此种行为的力量。例如,企业用某种具有吸引力的结果(如奖金、休假、晋级、认可、表扬等),以表示对职工努力进行安全生产的行为的肯定,从而增强职工进一步遵守安全规程进行安全生产的行为。

第二种:负强化,又称消极强化。它是指通过某种不符合要求的行为所引起的不愉快的后果,对该行为予以否定。若职工能按所要求的方式行动,就可减少或消除令人不愉快的处境,从而也增大了职工符合要求的行为重复出现的可能性。例如,企业安全管理人员告知工人不遵守安全规程,就要受到批评,甚至得不到安全奖励,于是工人为了避免此种不期望的结果,而认真按操作规程进行安全作业。惩罚是负强化的一种典型方式,即在消极行为发生后,以某种带有强制性、威慑性的手段(如批评、行政处分、经济处罚等)给人带来不愉快的结果,或者取消现有的令人愉快和满意的条件,以表示对某种不符合要求的行为的否定。

第三种:自然消退,又称衰减。它是指对原先可接受的某种行为强化的撤销。由于在一定时间内不予强化,此行为将自然下降并逐渐消退。例如,企业曾对职工加班加点完成生产定额给予奖酬,后经研究认为这样不利于职工的身体健康和企业的长远利益,因此不再发给奖酬,从而使加班加点的职工逐渐减少。

正强化是用于加强所期望的个人行为,负强化和自然消退的目的是为了减少和消除不期望发生的行为。这三种类型的强化相互联系、相互补充,构成了强化的体系,并成为一种制约或影响人的行为的特殊环境因素。

强化理论认为,在塑造组织的过程中,应当将重点放在积极的强化上,而不是简单的惩罚上。惩罚往往会对员工的心理产生不良的副作用。创造性地运用强化手段对于管理者是十分必要的。在现代扁平化组织中,管理者不能像过去那样多地指望通过加薪、提升来激励员工。因此,创造性地设计出新的强化方法和奖励措施,例如才智的挑战、更大的责任、弹性的工作时间等仍然是管理者的重要课题。

【相关阅读】

布拉德利服装公司的人员激励

艾丽斯·约翰逊是布拉德利服装公司(女子服装和衣着用品的生产者)的人事经理,她刚从一个管理开发研究班回来,在那里对激励特别是马斯洛和赫茨伯格的理论相当注意。她为马斯洛的清晰的需要层次和赫茨伯格的激励因素和保健因素理论所感动,认为这个公司可以立即实际运用它们。她欣赏这两种激励方法简单易用,并且觉得公司的薪资水平在本行业中已是最好的了。她相信,公司应该集中在赫茨伯格的激励因素上。

结果她说服了公司的执行委员会,去着手制订关于强调表彰、提升、更大的个人责任、成就并使工作更有挑战性等各种计划。计划运转了几个月之后,她迷惑了,发现结果并不如她所期望的那样。

服装设计人员对计划的反应好像并不热情。有些人觉得他们已经有了一个挑战性工作,给他们的成就感已由超过销售定额实现了,给他们的佣金支票就是对他们的表彰。并且对他们来说,所有这些计划都是浪费时间。裁剪员、缝纫工、熨衣工和包装工的感受是各式各样的。有些人随着新计划的实行而受到表扬,反应良好;但是另外一些人则认为是管理人员的诡计,要让他们更拼命工作而不增加任何工资。他们工会的企业代表同后面那些人的意见一致,公开批评这些计划。

反应如此悬殊,约翰逊女士受到公司最高层主管人员的不少批评,他们以为被一个过度热心的人事经理欺骗了。在同该公司的管理顾问讨论这个问题时,顾问对约翰逊女士的意见是:她对人的激励观念想象得过于简单了。

思考题:

1. 你认为这个计划为什么会引起这么多的争议。
2. 为什么管理顾问说,约翰逊女士对人的激励观念想象得过于简单了?请详细分析。
3. 如果你是约翰逊女士,你会做些什么?

5.4　沟　通

对于管理者来说,有效沟通不容忽视,因为管理者所要做的每一件事中都包含有沟通。管理者没有信息就不可能做出决策,而信息只能通过沟通才能得到。没有或缺乏沟通,再好的想法、再有创见的建议、再优秀的计划,将可能无法实施。没有或缺乏沟通,许多事情往往会事倍功半,甚至半途而废,一无所获。因此,管理者要掌握有效的沟通技巧。

5.4.1　沟通的含义与作用

沟通一词来自英文“communication”,可译作信息交流、意见沟通。人们将组织中各种信息的发送、传递、接收称为沟通。因此,所谓沟通,就是指人们之间传递信息、指令、感情或观念的过程。发出信息的人、群体、组织叫信息的发送者,接收信息的人、群体、组织叫做信息的接收者。

据国外调查,在管理工作中,管理者约70%的时间是用在与他人沟通上,这其中的1/3的时间用于单个会谈。剩下30%左右的时间用于分析问题和处理相关事务。显然,管理者的大部分工作时间是花费在与他人沟通上。管理者不仅要充分地表达他们的观点,影响他人行为,调动员工的工作积极性,还要善于应付各种冲突,营造良好的人际关系环境,实现组织目标。具体来说,有效沟通的作用是:可以提高管理效能;了解员工的情况;使员工参与管理,激励员工的工作积极性和无私奉献精神;有助于领导与下属之间、同事之间、组织内部人员之间、组织内部人员与组织外部人员之间的相互沟通和相互理解;有助于员工理解改变模式的重要性,明确他们应该怎样适应这种变化,以减少改革的阻力。

沟通过程指的是信息交流的全过程。沟通的过程就是信息的发送者(信息源)将信息按一定的程序进行编码后,通过信息沟通的渠道(通道)传递给信息的接收者,信息的接收者将接收的信息进行解码处理,然后再反馈给发送者。如图5—8所示。

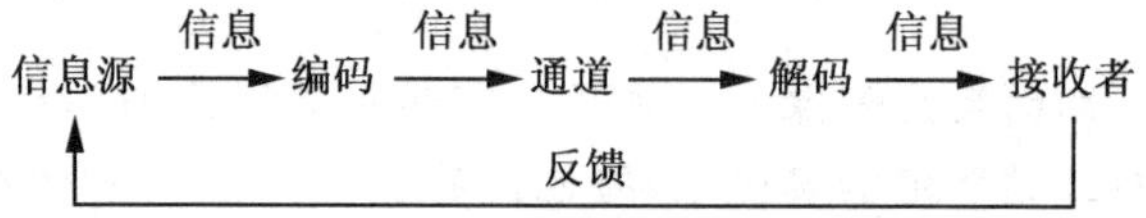

图5—8 沟通过程

5.4.2 沟通方式与沟通渠道

5.4.2.1 沟通方式

组织中最普遍使用的沟通方式有口头沟通、书面沟通、非语言沟通及电子媒介。

(1)口头沟通方式

口头沟通就是以口语为媒体的信息传递,主要包括面对面的交谈、电话交谈、开会、讲座、讨论会等。它的优点是沟通比较迅速、灵活,并且可以迅速得到反馈。缺点是信息经过多人传送,信息失真的潜在可能性就比较大。

(2)书面沟通方式

书面沟通方式是以文字媒体的信息传递,主要包括文件、报告、信件、书面合同等。它的优点是沟通比较规范、信息传递准确度高、传递范围广、有据可查、便于保存等。缺点是会耗费较多的时间、缺乏反馈。

(3)非语言沟通方式

非语言沟通方式是指以非口头和非书面形式进行的沟通。例如,运用目光、动作表情、手势、体态等进行沟通。体态语言(包括手势、面部表情和其他身体动作)和语调是日常沟通中使用最广泛的非语言沟通形式。

(4)电子媒介沟通方式

电子沟通是以电子符号的形式通过电子媒体而进行的沟通,如电报、电话、电子邮件、互联网、录音录像等。

5.4.2.2 沟通渠道

信息沟通总是循着一定的路径、通道或渠道进行的。一般地，按照信息沟通是否是组织设计过程所正式规定的，可相应地将组织中发生的沟通区分为正式沟通和非正式沟通两种。

正式沟通渠道就是按照组织设计中事先规定好的结构系统和信息流动的路径、方向、媒体等进行的信息沟通。优点主要是正规、严肃，富有权威性；参与沟通的人员普遍具有较强的责任心和义务感，从而易保持所沟通信息的准确性及保密性。其缺点主要是对组织机构信赖性较强而造成速度迟缓，沟通形式刻板，存在信息失真或扭曲的可能性；缺乏灵活性，信息传播范围受限制，传播速度比较慢。正式沟通渠道的流向主要有纵向沟通、横向沟通和斜向沟通。

非正式沟通渠道是指正式组织途径以外的信息沟通方式。企业除了需要正式沟通外，也需要并且客观上存在着非正式沟通。这类沟通主要是通过个人之间的接触，以小道消息传播方式来进行的。非正式沟通的主要功能是传播员工所关心和与他们有关的信息，它取决于员工的社会和个人兴趣与利益，与组织正式的要求无关。与正式沟通相比，非正式沟通有下列几个特点：

(1)非正式沟通信息交流速度较快。由于这些信息与职工的利益相关或者是他们比较感兴趣的问题，再加上没有正式沟通那种程序，信息传播速度大大加快。

(2)非正式沟通可以满足员工的需要。由于非正式沟通不是基于管理者的权威，而是出于员工的愿望和需要，因此，这种沟通常常是积极的、卓有成效的，并且可以满足员工们的安全的需要、社交的需要、尊重的需要。

(3)非正式沟通效率较高。非正式沟通一般是有选择地、针对个人的兴趣传播信息，正式沟通则常常将信息传递给不需要它们的人。

(4)非正式沟通有一定的片面性。非正式沟通中的信息常常被夸大、曲解，因而需要慎重对待。

【相关阅读】

美国麦当劳公司的沟通之道

任用、激励、授权等多项重要工作的顺利展开，无不有赖于上下沟通顺畅。对于管理者来说，有效地与下属进行沟通是非常关键的工作，甚至在某种程度上直接关系到企业的生死存亡。

沟通得好与坏，直接影响着员工的使命感和积极性，同样也直接影响着企业的经济效益。只有保持沟通的顺畅，企业的管理者才能及时听取员工的意见，并及时解决上下层之间的矛盾，增强企业的凝聚力。

麦当劳公司是享誉全球的知名大企业，它的经营理念在企业管理学界是很有案例价值的。它的领导层很重视上下沟通，他们认为好的沟通决定公司的经济利益。虽然麦当劳的“利益驱动”起了很大的刺激作用，但麦当劳内部最大的团结力完全不在于以金钱为后盾，而在于所有员工对麦当劳的忠诚度和对快餐事业的使命感。

麦当劳公司注重上下沟通的最大成果就是，它赢得了公司员工对公司的忠诚和使命感。他们通过频繁的走动管理，既获得了丰富的管理资料，又可通过与数百人以私人朋友交际，达到很好的沟通效果。

麦当劳公司在上下沟通管理的探索中也曾处于尴尬境地。在克罗克退休以后，由于麦当劳的事业迅速壮大,属下员工也越来越多,企业高层忙于决策管理,在一定程度上忽视了上下的沟通,致使美国麦当劳公司内部的劳资关系越来越紧张,以致爆发了劳工游行示威,抗议工资太低。示威活动对麦当劳公司的高级经理们构成了巨大的冲击,令他们重新认识到加强上下沟通、提高员工使命感和积极性的重要性。

针对员工中不断增长的不满情绪,麦当劳公司经过研讨形成了一整套缓解压力的"沟通"和"鼓舞士气"的制度。麦当劳公司认为与服务员的沟通是极其重要的,它可以缓和管理者与被管理者之间的冲突,提高工作人员的积极性。而如果忽视了与员工的沟通,会阻碍企业命脉的畅通,使企业不知不觉陷入麻痹而失去许多机能。

开展临时座谈会是实施上下级沟通的最常用的方式,也起到了增强与员工的感情联络的纽带作用。会议不拘形式,以自由讨论为主要形式,虽以业务项目为主要讨论内容,但也鼓励员工畅所欲言甚至倾吐不快。此时工作人员可以利用这个机会指责他们的任何上司,把心中的不满、意见和希望表达出来。所有服务员都抱着很高的积极性参加座谈会。实践证明,这种沟通方法比一对一的交流更加有效。

为了加强员工之间的交流,麦当劳公司还推行一种"传字条"的方法。麦当劳餐馆备有各式各样的联络簿,如服务员联络簿、接待员联络簿、训练员联络簿等,让员工随时在上面记载重要的事情,以便相互提醒注意。

麦当劳公司的做法成功地缓和了劳资冲突和对立。他们从中悟出了一个道理,使用警察不是解决劳资冲突的好办法,这不但会损害麦当劳的形象,而且会使矛盾愈加激化,甚至动摇麦当劳帝国大厦的根基。

5.4.3 有效沟通的障碍和方法

5.4.3.1 有效沟通的障碍

在沟通过程中,常常会受到各种因素的影响和干扰,使沟通受到障碍,影响沟通的效果。这些因素主要有:

(1)表达能力不佳。如用词不当,词不达意,口齿不清或字体难辨;观念含糊,逻辑混乱;无意疏漏,模棱两可等,都会使对方难以了解发送者的意图。

(2)语义障碍。人与人之间的沟通,主要借助于语言(包括口头语言和书面语言)来进行,但语言只是作为交流思想的工具,并不是思想本身,而是用以表达思想的符号系统。然而,在日常生活中,一词多义的情况是常见的,这就容易产生语义上的障碍。人的语言修养不同,表达与理解语言的能力不同,对同一种思想、观念或事物,有些人表达得很清楚,有些人表达得不清楚。同样,对某一个信息,有人能马上理解,有人听来听去还是不理解;有人接收信息后做这样的解释,有人会做那样的解释。因此,用语言表达意思,往往会产生语义障碍。

(3)文化程度障碍。双方的教育程度、文化素质相差太大,会使对方理解不了、难以接受。如大学生向文盲讲科学道理,文盲是难以理解其意的。

(4)经验障碍。发送者和接收者由于经验水平相距太大,会产生沟通障碍。这是因为发送者将信息编码时,只是在自己的知识和经验范围内进行编码;同样,接收者也只能在自己的知识和经验基础上进行解码,理解对方传送信息的含义。因此,当发送者与接收者的知识水平、经验水平相距太大时,在发送者看来很简单的问题,接收者因没有这方面的知识与经验,却理解和接受不了。造成这种状况的原因是双方没有"共同经验区",相反,如果沟通双方有较多的共同经验区，则信息就容易传送和接受。

(5)地位障碍。发送者和接收者双方地位悬殊，容易造成沟通障碍。研究表明，一般上级或主管人员容易存在一种“心理巨大性”，下属“心理微小性”易使下级不敢畅所欲言，这会阻碍上下级之间的信息沟通。比如占据高位、掌握实权的人，如果官僚主义、命令主义作风严重，群体成员会敬而远之，影响上下信息的畅通；若领导者平易近人，发扬民主，以普通劳动者的身份和下级接触，就能消除地位的障碍。

(6)职业障碍。由于职业上的不同，不懂对方的行业用语，也会造成沟通的困难，即所谓的“隔行如隔山”。消除的办法是双方使用都能听懂的语言，在社交场合尽量不使用行业语言。

(7)组织结构障碍。由于组织层次过多，部门设置不合理等，当信息从较高层逐级向下传递到最低层，或从最低层逐级向上传递到较高层时，因为每经过一个层次，都会出现失真，积累起来，便会对信息沟通的效果带来极大的影响。研究表明，信息从基层向高层传递时，许多细节会被过滤掉；而信息由高层向基层传递时，又会逐级添加许多细节。要消除组织结构障碍，应该精简机构、减少层次，提倡越级交往。

(8)认识障碍。认识方面的障碍是由双方认知失调而引起的。由于各人的认识水平、需求动机、看问题角度的不同，对同一信息往往会有不同的理解和评价。另外，人们的知觉具有选择性，对信息的重视程度不同，凡其认为价值大的信息会引起注意，认真接受；凡其诊断价值不大或没有价值的信息，就会不重视，甚至不予理睬。

(9)态度障碍。如果交流双方存在偏见，对事物持有不同的态度，也会造成沟通的障碍。

(10)情绪障碍。情绪障碍对信息的传递影响很大。如果双方都处在激情状态或心境不佳的时刻，就难以沟通意见，甚至会歪曲对方的信息。当某人情绪不好时，对别人的意见和建议大打折扣，不愿接受。即使是同一人，由于其接收信息时的情绪状态不同，也可能对同一信息做出不同解释和行为反应。

(11)人格障碍。一个人的性格、气质、价值观等方面的差异，常常会成为沟通的障碍。人们在沟通时，由于价值观的不同，往往会按照自己的观点对信息进行筛选，符合自己观点和需要的，很容易听进去，不符合自己观点和需要的，就不愿意听。人们习惯于尽量使信息适合自己的“胃口”，或者从自己的需要出发猜测上级的意图，或者从上级的谈话中找“言外之意”，从文件中找“弦外之音”。通常一个诚实、正直的人，发出的信息容易使人相信；反之，气质也影响沟通的效果，情绪急躁的人对信息的理解容易片面，情绪稳定的人能较好地接收和理解信息。

(12)信息过量的障碍。我们生活在一个“信息爆炸”的时代，管理人员常常被淹没在大量的信息中，而事实上，他们只需要利用所获取信息中的一小部分进行决策。信息过量不仅使管理者缺少处理信息的时间，而且也使他们难以向同事提供有效的、必要的信息，沟通也随之变得十分困难。所以，应该筛选有用的优质信息进行沟通。

5.4.3.2　有效沟通的方法

有效沟通应该是及时、正确、完整的。要使沟通有效，首先必须克服沟通中的种种障碍。除此之外，在沟通时可使用一些策略来提高沟通的效率。

(1)正确使用语言文字。改善沟通，必须正确使用语言文字。要使用人人都能理解的语言，讲话意思要明确，条理要清晰，不能模棱两可，要使对方一听就懂。书面语言要言简意赅，字斟句酌，笔画清楚，以获得良好的沟通效果。

(2)能容忍不同意见。有效沟通的另一个因素是对不同意见的容忍性。上级与下级沟通的目的之一是了解下级的真实意见，然而有的领导往往不愿听下属的不同意见和不利的报告，不去研究意见、报告是否真实，而去追究下级是否忠诚，这就迫使下级在报告时先对资料进行“过滤”。因此，上级要给下级以充分讲话的机会，多倾听，少评价，特别是不成熟的评价一定不要急于做出。听不得反面意见是某些领导者的致命弱点，一定要注意克服。

(3)注意非语言提示。一项研究表明：在面对面的沟通中，有65%的信息是通过非语言形式传递的。如果我们能够准确地把握非语言沟通信息，并有意识地加以运用，则会在很大程度上跨越语言沟通本身的一些固有障碍，提高沟通效率。

在面对面沟通中，管理者要给予对方合适的表情、动作和态度等非语言提示，使之与所要表达的信息内容相配合，如在轻松的谈话中应面带微笑，对于严肃的话题应该庄重认真，否则语言信息与非语言信息不一致，就会影响沟通的效果。如一位上司告诉你，他真想知道你的困难，而当你告诉他时，他却在浏览自己的信件，你的感想如何呢？另外，不同的坐姿、站相、手势也潜在地反映一个人的个性、气质和态度。在严肃的场合跷着二郎腿与下属交谈，会给对方一种压迫感，有碍情感的平等交流。

非语言信息是提示交流双方内心世界的窗口，一个成功的沟通者必须懂得辨别非语言信息的意义，充分利用它来提高沟通效率。这就要求管理者在沟通时要时刻注意面对面交谈的细节问题，不能以为这是“雕虫小技”而忽视。实际上，有许多人沟通失败的原因就是没有把握好非语言信息的使用。

(4)采用断言型的沟通风格。断言型风格是相对于另外两种极端性的沟通，即非断言型与侵犯型风格而言的。非断言型风格的特征是犹豫畏缩，缺乏自信，欲言又止，这种沟通毫无影响力。侵犯型风格的特征则是盛气凌人、粗暴武断、语言讥讽或斥骂，这种沟通往往只有消极作用。断言型风格的态度不卑不亢，诚恳坦率，直截了当，一针见血。这种沟通风格最易取得积极效果，所以在沟通过程中，沟通主体应尽量采用断言型的沟通风格。

(5)积极倾听。倾听是指认真地听对方讲话，并尽量弄清楚所听到的内容，这对于沟通双方来说都很重要。有许多沟通活动不能进行下去就是因为不善于倾听而受阻的。只有明白无误地听清对方表达的内容，才能进行沟通。

在倾听时注意以下几点：

①少讲多听，保持沉默和冷静，不轻易打断对方，不轻易下结论。在听取别人的陈述时，专心致志，才能明白对方说了些什么，以免做出错误判断，影响沟通的进一步进行。

②设法使交流轻松，使对方感到舒畅，消除紧张感，充分表达自己的观点，说出自己想说的话。

③用动作语言表现出你对对方谈话的浓厚兴趣。如用目光接触，展现赞许性的点头和恰当的面部表情，表示你在认真听他讲。

④尽可能排除外界的干扰，避免使对方分心的举动或手势。如在对方讲话时不要轻易走动，干一些无关紧要的事。

⑤站在对方的立场上考虑问题，你也许会觉得他讲得有道理。

⑥不要立即与对方发生争论或当面批评。

⑦在必要时提出一些问题，以显示你在倾听并进行理解和思考。

尤其值得注意的是，在倾听过程中要采用“换位思考”的方法。即从移情的角度入手，把自己置于对方的立场来思考问题，避免先入为主，努力去理解别人要表达的含义而不是你想理解的意思。这样可以保证你对所听到的信息的解释符合说话者的本意。

(6)正确对待传言。传言属于非正式沟通方式，通常采用的是口头传播，具有传播速度快、范围广、易失真、信息的发送者与接收者没有固定的结构和位置等特点。传言具有两重性：有利的一面是可以对正式沟通起补充作用。比如，上级领导可以从传言中获得一些正式沟通中无法获取的信息，因为有些下级出于某个目的，可能存在报喜不报忧的现象。不利的一面在于其扰乱作用。如添油加醋、挑拨离间、恶语中伤、造谣惑众等现象也是十分常见的。因此，对待传言，既不能全盘否定、禁止，也不可放任自流、听之任之，而应该一分为二、正确对待。

①明辨传言性质。传言可能是政治性的，也可能是社会问题、工作问题、人际关系问题等方面的，应区别对待。对有利于改善和提高组织运行机制、运行效果的传言，不妨广开言路，言者无罪。比如设立意见箱、建议箱、接待室等方式来收集信息。而对于会影响正常工作甚至影响安定团结等方面的传言，应引起高度重视，追查根源，采取有效措施进行消除。

②辟谣。很多情况下，小道消息之所以不胫而走，传播甚广，主要原因是正式沟通渠道不畅，给人以可乘之机。对于谣言，应通过正式沟通渠道发送消息，使之真相大白，让谣言不攻自破。当然，对于影响甚小的传言，不妨置之不理，让其自生自灭。

③正确对待传言者。对一般的传言者，应加强引导、教育，增强他们明辨是非、分析真伪的能力；对传言可能引起严重后果的，应予以重视，视情节轻重和造成的后果加以处理；对于有意制造谣言并大肆传播者，应严加处理。

(7)提高面谈艺术。在组织中，最常见的沟通是面谈方式。作为管理者，掌握好面谈的艺术，这对提高沟通的有效性有很大的作用。而掌握面谈艺术主要应把握好以下几点：

①选择恰当的谈话地点。不同的谈话地点，往往会产生不同的沟通效果。一般而言，在办公室谈话，表示的是慎重、认真、重视；亲临下属家中，显示的是友好、亲近、关怀；边走边谈或边饮边谈表示的是轻松、随意等。凡此种种往往会对下级产生不同的心理影响。因此，管理者应根据谈话内容来选择谈话地点。

②创造相互信任的谈话环境。交谈气氛对信息沟通的效果产生重大影响。如果过于紧张，或者互不信任，甚至怀疑、猜忌，交谈则会十分困难，抑或难以进行。管理者不仅要取得下级的信任，而且要得到上级和同僚们的信任，这就要诚心诚意，切忌言不由衷。

③做好充分的交谈准备。面谈是一种双向沟通，随时可能出现意料之外的情况和信息。因此，交谈前应尽可能做好充分的准备，多做各种可能发生的设想和安排。此外，如有必要，应做好交谈的计划，这有利于正式交谈时思路清晰，条理、层次分明，结构严谨，观点明确，增强说服力，提高沟通效果。

④合理安排交谈时间。面谈的时间应适宜、适度。所谓适宜，就是要讲究时机，防止干扰交谈对象正常的工作、就餐、休息秩序，否则容易引起对方的不快、反感。所谓适度，就是要合理把握时间长度，时间过于紧迫，往往言犹未尽，难以充分交换意见。当然也不能没完没了，应尽量集中主题，避免不必要的闲谈、空谈。

⑤注意控制情绪。管理者进行面谈时，有时会碰到下级的顶撞、争论甚至对抗，或者上级的挖苦、讽刺甚至怒骂等。这时，应做到胸怀坦荡，有理、有礼、有节，控制自己的情绪，尽可能避免受对方情绪的影响。因为，大发雷霆、拍桌子甚至骂娘，都不利于问题的解决，还可能使冲突升级。

任务小结

在本任务中,我们学习了领导者的含义和特质,了解了领导方式和领导权变理论,使我们能在具体的环境中选择合适的领导风格,同时我们学习了有关激励和沟通的方法,让我们为成为有效的管理者打下基础,下面请进入到能力自测,对学习到的内容进行巩固与提高。

能力自测

- **单项选择题**

1. 根据领导生命周期理论,参与型领导方式适用于(　　)。

A. 高工作—低关系的情况　　B. 高工作—高关系的情况

C. 低工作—低关系的情况　　D. 低工作—高关系的情况

2. 根据领导者运用职权的方式不同,可以将领导方式分为专制、民主与放任三种类型。其中民主式领导方式的主要优点是(　　)。

A. 纪律严格,管理规范,赏罚分明　　B. 组织成员具有高度的独立自主性

C. 按规章管理,领导者不运用权力　　D. 员工关系融洽、工作主动、有创造性

3. 于先生受命前往一家多年亏损的企业担任厂长。到任之后,他待人热情,早上早早地站在工厂的门口迎候大家,如果有的员工迟到,他并不是批评和指责,而是询问原因,主动帮助员工解决实际困难。一周下来,大家看到厂长每天都提前到厂,而且又待人热情,原来习惯于迟到的员工也不迟到了。从这件事情来看,是(　　)使于厂长产生了如此大的影响力。

A. 个人影响力　　B. 专长权　　C. 法定权　　D. A 和 C

4. 领导者的风格应当适应其下属的风格,领导者的行为应当随着下属“成熟”的程度不同而做出相应的调整。这一观点出自(　　)。

A. 领导行为连续统一体理论　　B. 随机制宜领导理论

C. 路径—目标理论　　D. 领导生命周期理论

5. 某公司总经理安排其助手去洽谈一个重要的工程项目,结果由于助手工作中的考虑欠周全,致使项目最终被另一家公司接走。由于此项目对公司经营关系重大,董事会在讨论其中失误的责任时,存在以下几种说法,你认为(　　)最为合理。

A. 总经理至少应该承担领导用人不当与督促检查失职的责任

B. 总经理的助手既然承接了该谈判的任务,就应对谈判承担完全的责任

C. 若总经理的助手又进一步将任务委托给其下属,则也可不必承担谈判失败的责任

D. 公司总经理已将此事委托给助手,所以,对谈判的失败完全没有责任

6. 假设你召集下属开会,研究解决领导所布置的一项紧急任务,结果发现其中有位比较啰嗦的人大讲特讲与主题无关的教条理论,耽误很多时间。你认为应该(　　)。

A. 任其讲下去,让其他与会者群起而攻之

B. 不客气地打断其说话,让别人发言

C. 有策略地打断其讲话,指出时间很宝贵

D. 允许其畅所欲言以表示广开言路

7. 如果你是公司的总经理,在周末下午下班后,公司某位重要客户给你打来电话,说他们向公司购买的设备出了故障,需要紧急更换零部件,而此时公司的全体人员均已下班。对于这种情况,你认为以下做法中(　　)比较好。

A. 告诉客户,因周末找不到人,只好等下周解决,并对此表示歉意

B. 请值班人员打电话找有关主管人员落实送货事宜

C. 因为是重要客户的紧急需要，马上亲自设法将货送去

D. 亲自打电话找有关主管人员，请他们设法马上送货给客户

8. 以下是实际所观察到的某些领导的行为表现：①自行做出并宣布决策；②强行推销自己所做的决策；③做出决定并允许提出问题；④提出可修改的讨论计划；⑤提出问题、征求意见并做出决策；⑥规定界限但由集体做出决策；⑦允许下属在上级规定的界限内行使决策权。对这 7 种领导行为的最适当分类是(　　)。

A. ①②属于专制式，③④⑤属于参与式，⑥⑦属于民主式

B. ①属于专制式，②③④⑤属于民主式，⑥⑦属于放任式

C. ①②属于专制式，③④⑤属于民主式，⑥⑦属于放任式

D. ①②属于专制式，③⑤属于民主式，④⑥⑦属于放任式

9. 山川旅行公司刘总经理在总体市场不景气的情况下，以独特的眼光发现了惊险性旅游项目与 40—45 岁男性消费者之间的相关性，在此基础上设计了具有针对性的旅游路线与项目，并进行了前期宣传。因为涉及与交通管理、保险、环保等部门的协调，新项目得到正式批准的时间比预期的晚了整整一年，由此丧失了大量的市场机会。你认为下列(　　)说法最能概括刘总的管理技能状况。

A. 技术技能、人际技能、概念能力都弱

B. 技术技能、人际技能、概念能力都强

C. 技术技能和人际技能强但概念能力弱

D. 技术技能和概念技能强但人际技能弱

10. 美国心理学家马斯洛认为人类的需求可分为五个层次，其由低到高的顺序为(　　)。

A. 生理、安全、社交、尊重、成就　　B. 安全、生理、社交、尊重、成就

C. 生理、安全、尊重、社交、成就　　D. 尊重、生理、安全、社交、成就

11. 有这样一个小企业的老板，他视员工如兄弟，强调“有福共享，有难同当”，并把这种思路贯穿于企业的管理工作中。当企业的收入高时，他便多发奖金给大家；一旦企业产品销售状况不好，他就少发甚至不发奖金。一段时间后，却发现大家只是愿意“有福共享”，而不愿有难同当。在有难时甚至还有员工离开公司，或将联系到的业务转给别的企业，自己从中拿提成。这位老板有些不解，你认为这是(　　)。

A. 这位老板在搞平均主义

B. 这位老板把激励因素转化成了保健因素

C. 员工们的横向攀比

D. 这位老板对员工激励缺乏系统规划

12. 张宁在大学计算机系毕业以后，到一家计算机软件公司工作。三年来，他工作积极，取得了一定的成绩。最近他作为某项目小组的成员，与组内其他人一道奋战了三个月，成功地开发了一个系统，公司领导对此十分满意。这天张宁领到领导亲手交给他的红包，较丰厚的奖金令小张十分高兴，但当他随后在项目小组奖金表上签字时，目光在表上注视了一会儿后，脸便很快阴沉了下来。对于这种情况，下列(　　)可以较恰当地给予解释。

A. 双因素理论　　B. 期望理论　　C. 公平理论　　D. 强化理论

13. 管理界有这么一种主张：“如果你想表扬某人，最好形成文字；而如果你想批评某人，那么只需要打个电话说一下就可以完事了。”按照这种主张，不同的强化方式各应采取的沟通方式是(　　)。

A. 正强化宜采取书面沟通方式，负强化宜采取口头沟通方式

B. 正强化宜采取书面沟通方式，一般性的批评宜采取口头沟通方式

C. 正强化宜采取口头沟通方式，负强化宜采取书面沟通方式

D. 正强化宜采取口头沟通方式，惩罚宜采取书面沟通方式

14. 某美发厅经理在连续几年超额完成了计划指标后，为职工在劳保福利方面做了这样四件事：①投保 20 万元企业财产保险；②为每个职工投 2 000 元家庭财产保险；③给 70 多名职工投了十年人身意外事故

安全保险;④投保职工失业救济保险,假使企业倒闭,保险公司还可发给职工六个月的生活费。这些措施分别是针对职工(　　)的需要采取的。

A. ①、②生理需要,③、④安全需要

B. ①、②、④生理需要,③安全需要

C. 均为安全需要

D. 均为生理需要

15. 公司好几个青年大学生在讨论明年报考 MBA 的事情。大家最关心的是英语考试的难度,据说明年将会有很大提高。请根据激励理论中的期望理论,判断以下四人中(　　)真正向公司提出报考的可能性最大。

A. 小郑大学学的是日语,两年前来公司后,才开始跟着电视台初级班业余学了些英语

B. 小齐英语不错,本科就学管理。但他妻子年底就要分娩,家中又无老人可依靠

C. 小吴被公认是“高材生”,英语棒,数学强,知识面广,渴望深造,又没家庭负担

D. 小冯素来冷静多思,不做没把握的事。她自信 MBA 联考每门过关绝对没问题,但认为公司里想报考的人太多,领导最多只能批准 1 人,而自己与领导关系平平,肯定没希望获得领导批准

16. 吴总经理出差两个星期才回到公司,许多中层干部及办公室人员马上就围拢过来。大家站在那里,七嘴八舌一下子就开成了一个热烈的自发办公会,有人向吴总汇报近日工作进展情况,另有人向吴总请求下一步工作的指示,还有人向吴总反映公司内外环境中出现的新动态。根据这种情况,你认为下述说法中(　　)最适当地反映了该公司的组织与领导特征。

A. 链式沟通、民主式管理

B. 轮式沟通、集权式管理

C. 环式沟通、民主式管理

D. 全通道式沟通、集权式管理

17. 如果发现一个组织中小道消息很多,而正式渠道的消息较少。这是否意味着该组织(　　)。

A. 非正式沟通渠道中信息传递很通畅,运作良好

B. 正式沟通渠道中信息传递存在问题,需要调整

C. 其中有部分人特别喜欢在背后乱发议论,传递小道消息

D. 充分运用了非正式沟通渠道的作用,促进了信息的传递

18. 据资料表明,语言表达作为管理沟通的有效手段,可分为三种类型:体态语言、口头语言、书面语言。它们所占的比例分别为:50%、43%、7%。根据这一资料,你认为下述说法中正确的是(　　)。

A. 这份资料有谬误,因为文件存档时,最常用的是书面语言

B. 体态语言太原始,大可不必重视它

C. 人与人之间的沟通,还是口头语言好,体态语言太费解

D. 在管理沟通中,体态语言起着十分重要的作用

案例分析

案例一　保罗的领导方式

保罗在 1971 年从美国中部的一所名牌大学拿到会计专业的学士学位后,到一家大型会计师事务所的芝加哥办事处工作。由此开始了他的职业生涯。9 年后,他成了该公司的一名最年轻的合伙人。公司执行委员会发现了他的领导潜能和进取心,遂在 1983 年指派他到纽约的郊区开办了一个新的办事处,其工作最主要的是审计。这要求有关人员具有很高的判断力和自我控制力。尽管保罗想以任务为导向,但他采取了一种民主的领导方式。他主张工作人员要以名字直接称呼,并鼓励下属人员参与决策制定。对长期的目标和指标,每个人都很了解,但实现这些目标的方法却是相当不明确的。办事处发展很迅速。到 1988 年,专业人员达到了

30 名。保罗被认为是一位很成功的领导者和管理人员。

保罗在 1989 年初被提升为达拉斯的经营合伙人。他采取了帮助他在纽约工作时取得显著成效的同种富有进取心的管理方式。他马上更换了几乎全部的 25 名专业人员，并制订了短期和长期的客户开发计划。职员人数增加得相当快，为的是确保有足够数量的员工来处理预期扩增的业务。很快，办事处有了约 40 名专业人员。

但在纽约成功的管理方式并没有在达拉斯取得成效，办事处在一年时间内丢掉了最好的两个客户。保罗马上认识到办事处的人员过多了，因此决定解雇前一年刚招进来的 12 名员工，以减少开支。他相信挫折只是暂时性的，因而仍继续采取他的策略。在此后的几个月时间里又增加了 6 名专业人员，以适应预期增加的工作量。但预期中的新业务并没有接来，所以又重新缩减了员工队伍。在 1991 年夏天的那个"黑色的星期二"，13 名专业人员被解雇了。伴随着这两次裁员，留下来的员工感到工作没有保障，并开始怀疑保罗的领导能力。公司的执行委员会了解到问题后将保罗调到了新泽西的一个办事处，在那里他的领导方式显示出很好的效果。

思考题：

1. 保罗作为一位领导者的权力来源是什么？
2. 这个案例更好地说明了领导的行为理论，还是领导的权变理论？为什么？
3. 保罗在纽约取得成功的策略，为什么在达拉斯没能成功？其中影响因素有哪些？

案例二　打卡机为什么不好用

单位：国有企业，成立于 20 世纪 50 年代

人数：462 人，离、退休人员 186 人

效益：较好

该企业由于产品质量较好，有较固定的客户，产品销路一直不错。员工的工资和奖金较高。工人的月平均工资为 1 100 元左右，月奖金为 400 元左右。由于长期在大锅饭的体制下运行，加上效益还可以，因此员工们的危机意识不太强，表现为上班迟到、早退，请病、事假的多。工厂为了提高工作效率和效益，对于迟到、早退和病、事假的制度做了新的规定：迟到、早退 1 次，扣除 20 元奖金；连续迟到、早退 3 次以上或月累计迟到、早退 6 次以上，扣除全月奖金；请病假 1 天，扣除 20 元奖金，病假累计 5 天以上，扣除全月奖金；请事假 1 天，扣除 30 元奖金，事假累计 3 天以上，扣除全月奖金。尽管有规章制度，但是员工的此类现象还是经常发生。厂领导对此大伤脑筋，经过再三教育并讲明危机感，效果仍不太理想。怎么办呢？

厂长听说使用打卡机来控制员工的上下班效果很好。于是，征求各方面人员的意见，并研究如何具体实施。该厂长买了数部打卡机，安装在各入口处。使用几个月后，厂长发现打卡机虽记录了员工上下班的情况，但经调查发现，打卡机记录的出勤情况与实际情况并不一致。

问题思考 1：什么原因造成这种结果？（请你先思考一下可能是什么原因，然后再往下看。）

一车间有 45 名工人，二车间有 52 名工人。某日 9:30 的出勤情况分别是：打卡机显示：一车间到岗 44 人，二车间到岗 51 人；实际情况却是：一车间 36 人（少 8 人），二车间 45 人（少 6 人），共少 14 人。15:00 再次抽查在岗的人员，分别为：一车间 44 人，二车间 49 人。到 16:20 再次抽查，发现人数分别为：一车间 42 人，二车间 46 人。三个时间段的在岗人数不一样，引起了厂长的注意。几个月内，管理人员对打卡机显示数字和实际出勤率进行了多次了解和调查，感觉到有问题。

问题思考 2：是什么问题？

生产区离工人居住区较近，大多数工人都住在这里，俗话说"远亲不如近邻"。每个家庭都会由于种种原因而需要临时请假，或早走一会儿，或晚去一会儿。如果按打卡机的制度去运作，就会因为迟到、早退或者请假而被扣除奖金，因此，邻里之间有事，则相互帮忙打卡。

问题思考 3：什么特定的环境因素造成工人互相打卡？

在工厂附近建生活区是比较典型的发展中国家的特点，也是我国在建国初期工厂的一种模式。然而在发达国家，单位没有自己特定的生活区，员工们一般是自己买房或租房子住，因此，他们住得极其分散。此外在发达国家，不会为个人私事去求别人帮助代打卡的。这是发达国家的人力资源素质所决定的。他们认为，自己如果有事可以请假，但是不可以因为做自己的事而继续拿公司的奖金，这样做会被别人看不起。

这两个条件恰是我们的弱点，于是出现以上情况就不奇怪了。

厂长认为，出现了这种情况就要按照规章制度来处理。为此工厂有关部门开始严格抽查，检查各部门、各车间的出勤情况，并按照制度扣除一部分工人的奖金。

又过了一段时间后，代打卡的现象仍存在。

问题思考 4：什么因素使工人仍然让别人代打卡？

要从根本上解决代打卡这个问题，看来应该首先找出迟到、早退、请病、事假多的原因，再设法探讨解决的办法。经调查发现，有以下几个方面的原因：一是有些家庭为吃新鲜菜要去离生活区比较远的菜市场去买，早上去买，就可能发生迟到的情况；二是由于地区经济的发展，道路上各种车辆越来越多，孩子上学很不安全，因此，有些家长经常早退去接孩子；三是由于看病、朋友往来、购物等情况增多，使有些员工经常请事假，还有少部分人受到来自社会的各种冲击，为在外面多挣一些钱而请事假。他们之所以不怕扣除奖金，是因为全月的奖金都扣掉也不过 400 元，而 1 100 元的工资是不能扣的。

根据以上状况经研究决定，那些在上班时间去办私事、陪朋友逛街、买东西、甚至做生意的，则应该重罚。

关于扣罚的问题，可将工资和奖金的平均比例进行调整，变成工资 800 元，奖金 700 元；对管理制度进行部分修改，即将处理迟到、早退者的比例加大，从每次扣除 20 元，变成第一次扣除 30 元，第二次扣除 50 元，第三次扣除 80 元，第四次扣除 160 元，第五次扣除 320 元，一月迟到、早退 6 次以上扣除全月奖金。请事假一次扣除奖金 50 元，第二次扣除 100 元，第三次扣除 200 元，第四次扣除 400 元，每月请假 5 次以上扣除全月奖金。

此方案被采纳了。管理人员在工厂的职工大会和车间、部门会议上强调，要想让工厂发展就必须这样，并在工厂的各种宣传版、告示栏上发布这个信息。工厂管理部门安排了有关买菜和接送孩子上下学的事宜，同时加强了对打卡机的抽查和违章处理。

思考题：

1. 对该单位采取上述思考方式和提出的解决方法，你是否认同，为什么？
2. 结合管理学的领导和激励理论，对类似问题的应对和处理，你还有什么建议？

实训操作

【实训目标】

培养说服别人的能力。

【实训内容与要求】

(1)假如你系或班要举办某一项活动，要选择某一家企业赞助，写出一个与该企业领导见面会谈的方案；

(2)设计一个模拟会谈的场景，使用该方案来进行会谈，达成双方的合作。

【成果与检测】

(1)在班级内组织一次模拟会谈进行交流与讨论；

(2)教师根据学生们的设计方案与表现评估打分。

任务 6

实施有效控制

能力目标

通过完成本任务，你应该能够：
1. 了解控制的定义和作用
2. 熟悉控制的过程

核心能力

掌握有效控制的方法

◆项目任务
6.1 了解控制的概念及其作用
6.2 了解控制过程
6.3 掌握控制原则与方法

◆ 任务导入
◆ 任务小结
◆ 能力自测
◆ 案例分析
◆ 实训操作

任务导入

在学习了管理学的其他职能后,现在要解决的问题是如何对管理的效果进行控制,在这一章里,我们来学习有关控制的一些知识,让你能够对管理活动进行有效控制。

6.1 了解控制的概念及其作用

6.1.1 控制的概念

控制是管理的基本职能之一,是对组织内部的管理活动及其效果进行衡量和校正,以确保组织的目标以及为此而拟定的计划得以实现。

重要知识 6-1

控制的含义

控制是指为实现组织目标,以计划为标准,由管理者对被管理者的行为、活动进行检查、监督、调整等管理活动。

由于组织环境的不确定性、组织本身活动的复杂性以及管理失误的不可避免性,在现代组织管理中,控制在管理系统的存在和发展中必不可少。从管理的过程看,管理者通过计划、组织和领导职能的发挥来协调组织成员的各种业务活动,可以说已经实现了一个单独的管理过程,通过这个过程,能使组织实现一定的目标。这个目标可能与预期的目标相符,也可能与预期的目标差距很大。为了达成组织的目标就要提高管理活动过程的有效性,就要充分发挥管理的控制职能。控制过程对组织实施过程能否与计划方案相一致起到保证和监督作用。控制得有效与否,直接关系到管理系统能否在变化的环境中实现管理决策计划制定的预期目标。

在管理学中,早期的管理控制采用工业工程方法,利用对计量、动作、时间等因素的控制以提高效率。法约尔曾指出:"在一个企业中,控制就是核实所发生的每一件事是否符合所规定的计划、所发布的指示以及所确立的原则,其目的就是要指出计划实施过程中的缺点和错误,以便加以纠正和防止重犯。控制在每件事、每个人、每个行动上都起作用。"

6.1.2 认识控制的作用

控制在整个管理过程中的作用有两方面:一方面起检验作用。它检验各项工作是否按预定计划进行,同时也检验计划方案的正确性和合理性。另一方面起调整作用。任何一个系统的运行与计划相比,总是有偏差的。如果计划方案合理时出现偏差,则需采取相应措施消除各种干扰因素带来的影响,使各项工作纳入正轨;如果出现偏差是由于计划方案不适造成的,则应调整计划,使之与实际情况相适应。控制作用的价值依赖于它与计划和授权的关系。

(1)控制是完成计划任务、实现组织目标的保证

控制对计划任务完成和组织目标实现的促进作用可以归纳为两方面:一方面,控制能及时

纠正计划执行过程中出现的各种偏差，督促有关人员严格按照计划要求办事。在这一过程中，控制的主要目标就是确保计划得到近乎“不折不扣”的执行。另一方面，控制能发现计划中不符合实际的内容，并根据实践要求调整、修正原有计划，使计划建立在坚实的客观实践基础之上，并确保修正后的计划得到严格执行。在此，控制的目的在于修正计划，并且确保组织行为围绕修正之后的计划目标展开，而不再是严格执行原有的计划目标。

(2)控制是组织形式分权结构的保证

分权是现代组织发展的必然趋势。然而分权对于组织具有一定的危险性，如不能有效控制，就可能破坏组织所必需的统一，导致组织名存实亡。但组织又不可能把所有权力都集中于高层管理者一身。解决这个矛盾的关键是建立有效的控制系统，它能保证组织在通过分权调动各级管理者的积极性、主动性的同时，又能够随时监督下属的工作，及时获得下属工作进程和绩效的信息，进行动态的控制。

(3)控制是及时改正缺点、提高组织效率的重要手段

任何一个组织都有缺点，都有可能犯错误。虽然一些小的缺点和错误不会对整个组织的目标实现产生根本性的影响，但是会影响组织的工作效率，延迟和阻碍组织目标的实现。管理者依靠控制手段，可以及时发现自身或者下属出现的错误，并防止类似偏差的出现。

在控制过程中，控制者可以及时了解受控者执行计划的能力和工作效率，也可以及时了解自身的管理能力和水平，这有助于控制者不断总结经验，吸取教训，在控制实践中提高自身的管理素养和能力。

(4)控制是组织创新的推动力

在控制中，一些新问题的出现，可以激发管理者推陈出新。如在预算控制中实行弹性预算就是这种控制思想的体现。特别是在具有良好反馈机制的控制系统中，施控者通过接受受控者的反馈，不仅可以及时了解计划执行的状况，纠正计划执行中出现的偏差，而且还可以从反馈中受到启发，激发创新。

6.1.3　掌握控制的类型

管理的控制类型是多种多样的，按照不同的分类标准可以划分出不同的分类结果，各种类型也并不相互排斥。例如，按照控制源划分，可以将控制划分为正式组织控制、群体控制和自我控制；按照所采用的手段可以把控制划分为直接控制和间接控制；按照控制活动的性质可以将控制划分为预防性控制和更正性控制；按照控制时点和控制手段实施的位置不同可以将控制划分为前馈控制、现场控制和反馈控制三种类型，如图 6—1 所示。

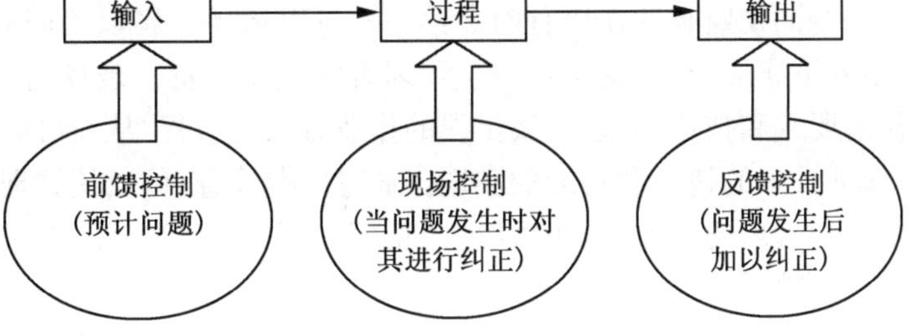

图 6—1　按照控制时点和控制手段实施的位置不同分类

(1)前馈控制

前馈控制是在偏离标准的情况发生之前就对它进行预测或估计,它不是等问题发生后再采取控制措施,而是把问题消灭在发生之前。有时人们也将前馈控制称作预先控制或事前控制,不做明确的划分。由于问题没有发生,也就是说组织在运行过程中没有出现偏差,直接地实现了控制。有效的前馈控制有利于缩小将来的实际结果与计划标准的差距。前馈控制的着眼点是通过预测被控对象的投入或者过程进行控制,以保证获得所期望的产出。

前馈控制的具体做法是对输入系统的各种要素进行控制,把输入系统的各种要素与预先确定的标准进行比较,如果输入系统的各种要素与预先确定的标准相符,则让其输入系统;如果不相符合,则调整输入的要素。前馈控制的中心问题是防止组织中所使用的资源在质和量上产生偏差。

在企业的管理实践中,前馈控制是在企业生产经营活动开始之前进行控制,目的是防止产生问题而不是问题出现时再补救。因此,这种控制需要及时和准确的信息并进行仔细和反复预测,把预测结果和预期目标相比较,从而促进计划的修订。控制的主要内容包括检查资源的筹备情况和预测其利用效果两个方面。这里所说的资源是广义的,它包括人力、物力、财力、技术等与活动有关的因素。例如,进厂材料和设备的检查验收、工厂的招工考核、干部的选拔等都是如此。

【相关阅读】

魏文王问名医扁鹊说:“你们家兄弟三人,都精于医术,到底哪一位最好呢?”扁鹊答:“长兄最好,中兄次之,我最差。”文王再问:“那么为什么你最出名呢?”扁鹊答:“长兄治病,是治病于病情发作之前。由于一般人不知道他事先能铲除病因,所以他的名气无法传出去;中兄治病,是治病于病情初起时。一般人以为他只能治轻微的小病,所以他的名气只及本乡里。而我是治病于病情严重之时。一般人都看到我在经脉上穿针放血、在皮肤上敷药等大手术,所以以为我的医术高明,名气因此响遍全国。”

管理心得:事后控制不如事中控制,事中控制不如事前控制,可惜大多数的事业经营者均未能体会到这一点,等到错误的决策造成了重大的损失才寻求弥补。而往往是即使请来了名气很大的“空降兵”,结果也于事无补。

(2)现场控制

现场控制也称为同期控制或过程控制,是指企业经营过程开始后对活动中的人和事进行指导和监督。主管人员越早知道业务活动与计划不一致,就可以越快地采取纠偏措施避免发生重大问题。

对下属的工作进行同期监督的作用有两个:第一,可以指导下属以正确的方法进行工作。指导下属的工作,培养下属的能力,这是每一个管理者的重要职责。现场监督,可以使上级有机会当面解释工作的要领和技巧,纠正下属错误的作业方法与过程,从而可以提高他们的工作能力。第二,可以保证计划的执行和目的的实现。通过同期检查,可以使管理者随时发现下属在活动中与计划要求相偏离的现象,从而可以将问题消灭在萌芽状态,或者避免已经产生的问题对企业不利影响的扩散。

(3)反馈控制

反馈控制又称为成果控制或事后控制,是把组织系统运行的结果返送到组织系统的输入端,与组织预定的计划标准进行比较,然后找出实际与计划之间的差异,并采取措施纠正差异的一种控制方法。

反馈控制的特点是把注意力集中在历史结果上，将其作为纠正将来行为的基础，从已经发生的事件中获得信息，运用这种信息来矫正今后的活动，即用历史指导未来。就企业经营实际而言，从一个比较长的时期看，采用反馈控制的方法能通过不断的调整使组织运行中的目标差不断地缩小，但是从一个控制周期来看，采用反馈控制的方法却使组织系统对运转过程中产生的偏差的纠正滞后了一个周期，即它是一种等到问题发生后再进行纠正的控制方法，因此，在经营过程结束以后对本期的资源利用情况及经营结果进行总结，不论其分析得如何细致，对已经形成的经营结果来说都是无济于事的。这时反馈控制只能通过总结经验教训为未来计划的制订和活动的安排提供借鉴。反馈控制主要以财务报告分析、标准成本分析、质量控制分析、员工业绩评定结果为主要内容。

6.2　了解控制过程

管理工作控制过程通常可以概括为确立控制标准、衡量实际工作、鉴定偏差和采取矫正措施等几个步骤，如图 6—2 所示。

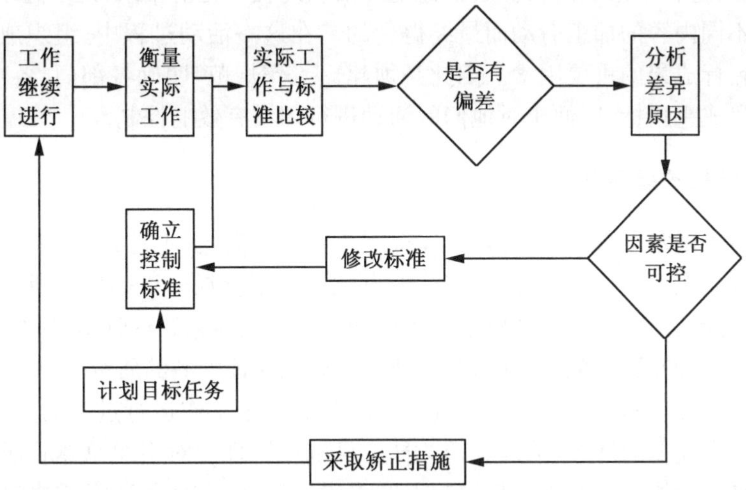

图 6—2　控制过程

6.2.1　确立控制标准

控制标准是控制过程的基础和依据。如果没有标准，绩效就无法衡量。由于计划是管理人员设计控制工作的准绳，所以从逻辑上说，控制标准来源于计划，但又不同于计划。计划是为实现某一决策目标而制定的综合性的行动方案，由于计划的明细度和复杂性都不一样，并且管理人员通常也不可能事事过问，因此，必须根据计划内容和组织实施的具体情况，确立专门的控制标准。控制标准是从整个计划方案中选出用以衡量业绩的计算单位，这样就可以给管理人员一个信号，使他们知道事情的进展状况，而无须过问计划执行过程中的每个步骤。因此,需要制定专门的控制标准作为管理控制的开始。控制标准的制定是控制能否有效执行的关键,是控制工作的起点。它是一个从确定控制对象、选择控制重点到制定控制标准的科学决策的过程。

6.2.1.1 确立控制对象

进行控制首先遇到的问题是“控制什么”,这是在决定控制标准之前需要妥善解决的问题。在现实中,管理者不可能对全部影响组织目标实现的因素都进行控制,这种全面控制是不现实的,也是管理成本所不允许的。只能从中选择那些对实现组织目标成果有重大影响的因素作为控制对象进行重点控制。为了确保管理控制取得预期的成效,在选择控制对象时就必须对影响组织目标成果实现的各种要素进行科学的分析与研究,然后从中选择出重点的要素作为控制对象。一般来说,影响组织目标实现的主要因素有:

(1)环境特点及其发展趋势。指的是应将制订计划所依据的各种环境因素,作为控制对象,列出“正常”与“非正常”环境的具体测量指标或标准。

(2)资源的投入。组织的成果是通过对一定资源的加工转换而得到的。投入的资源如何不仅将直接影响组织目标成果能否按期限、数量、质量完成,而且在获取资源的成本方面也会影响组织的经济效果指标。因此,必须对资源投入进行控制,使之在各方面都符合预期的要求。

(3)组织活动过程。组织的目标成果是组织活动过程转化的结果,是通过组织全体成员对不同资源进行不同内容的加工劳动而最终得到的。在这一活动过程中,组织成员的工作质量和数量是决定目标成果的重要因素。因此必须建立工作规范,明确各部门、各单位、各个人员在各时期的阶段成果指标,以便于对他们的活动进行切实有效的控制。

6.2.1.2 选择关键控制点

重点控制对象确定下来后,还必须具体选定控制的关键点,才能够制定控制标准。关键控制点也称战略控制点。抓住了关键点,实际上也就控制了全局。正如俗话所说,“牵牛要牵牛鼻子”。比如啤酒酿造企业中,啤酒质量是控制的一个重点对象。尽管影响啤酒质量的因素很多,但只要抓住了水的质量、酿造温度和酿造时间,就能保证啤酒的质量。

对关键点的选择,一般应统筹考虑:选择可能影响整个工作运行过程的重要操作与事项。选择那些易检测出偏差的环节,关键点的选择应足以使管理者对组织总体状况形成一个比较全面的把握。良好的控制来源于关键控制点的正确选择,因而这种选择或决策的能力也就成为判断管理者控制工作水平的一个重要标准。

6.2.1.3 制定控制标准

组织在选择了关键控制点后,就可以依据关键控制点制定出明确的控制标准。现实中更多的情况往往是需要通过一些科学的方法将某一计划目标分解为一系列具体可操作的控制标准。

控制标准可分为定量和定性两大类标准。定量标准主要为实物标准(如产品数量)、价值标准(如利润)、时间标准(如交货期)。除了定量标准外,组织中还经常使用定性标准,如有关产品或服务质量、组织形象等。定性标准具有非定量性质,但实际工作中为了便于掌握这些方面的工作业绩,有时也尽可能地采用一些可度量的方法,例如,产品等级、合格率、顾客满意度等都是对产品质量的一种间接衡量。美国的麦当劳公司为了确保“质量优良、服务周到、清洁卫生、价格合理”的宗旨得到贯彻，制定了可度量的几条工作标准：95％以上的顾客进餐馆后三分钟内，服务员必须迎上前去接待顾客；事先准备好的汉堡包必须在五分钟内热好并供应给顾客；服务员必须在顾客就餐离开后五分钟内把餐桌打扫干净。这是对定性标准予以量化处理的典型实例。

在实际中，常见的标准大致有以下几种：

(1)计划标准

主管人员可能被要求编制一个可变动预算方案、一个正式实施的新产品开发的计划或一个改进销售人员素质的计划。在评估计划的执行业绩时，虽然难免运用一些主观判断，但也可以运用时间安排和其他因素作为客观判断标准。

(2)资本标准

资本标准有多种，这是以货币衡量应用于实物而形成的。这些标准同投入于企业的资本有关，而同营运资本无关，所以它们主要是同资产负债表有关，而同损益计算表无关。对于新投资和综合控制而言，使用得最广泛的标准也许是投资报酬率，典型的资产负债表会揭示其他资本标准，诸如流动资产与流动负债比率、债务与资本净值比率、固定投资与总投资比率、现金及应收账款与应付账款比率、票据或债券与股票比率以及库存量与库存周转量比率等。

(3)实物标准

实物标准都是非货币衡量标准，在耗用原材料、雇佣劳力、提供服务及生产产品的操作层次中通用。这些标准反映了诸如每单位产出工时数、生产每马力所耗燃料数、货运的吨公里数、每吨铜的电线米数等数量标志。实物标准也可反映品质，诸如轴承的硬度、公差的精密度、飞机的爬升高度、纤维的强度或颜色的牢固度(即不褪色)等。

(4)收益标准

把货币值用于销售量即为收益标准。它包括每辆公共汽车乘客公里的收入、每名顾客的平均销售额、在既定市场范围内的人均销售额等。

(5)成本标准

成本标准都是货币衡量标准，像实物标准一样，通用于操作层次。这类标准是把货币值加到经营活动的成本中去。广泛使用的成本标准有：单位产品的直接成本和间接成本，单位产品或每小时的人工成本，单位产品的原材料成本、工时成本，每架飞机预订费，每美元或单位销售额的销售费用，以及每米钻井成本等。

(6)无形标准

更加难以确定的是既不能以实物又不能以货币来衡量的标准。管理人员能用什么标准来测定公司分部采购代理人或人事部主任的才干？主管能用什么标准来确定广告计划是否符合短期目标和长期目标？怎样确定公共关系计划是否取得成功？监督管理人员是否忠诚于公司的目标？办公室人员是否兢兢业业认真工作？

(7)指标标准

一些管理较出色的企业目前的倾向是，要在每一层次的管理部门建立可考核的定性指标或定量指标，无形标准的用处日益减少。在复杂的计划和管理人员本身的业绩方面，他们发现，经过研究和思考，有可能确定一些指标作为业绩标准。定量指标固然有可能采取上述概述过的各类标准，而定性指标的规定意味着标准领域内的一个大发展。

6.2.2 衡量实际工作

对照标准衡量实际工作是控制工作的第二步,衡量实际工作就是以控制标准为尺度对实际工作加以检验,衡量绩效的目的是取得控制对象的有关信息,及时、准确地掌握偏差是否发生,并判断偏差的严重程度,从而对控制对象进行纠偏或调试。为此,在衡量实际工作成效的过程中,管理者应该确定适宜的衡量方式并通过衡量工作成效检验标准的客观性和有效性。

(1)确定适宜的衡量方式

管理者在进行衡量前,应该对需要衡量什么、如何衡量、间隔多长时间进行衡量和由谁衡量等做出合理的安排。

管理者要确定需要衡量的项目,这是衡量工作最为重要的方面。衡量的项目应该是决定实际工作成效好坏的重要项目,而不能够偏向那些易于衡量的项目;管理者可通过观察、报表、报告、抽样调查、召开会议等衡量的方法来获取实际工作绩效方面的资料和信息,以上方法可结合运用,以确保所获取信息的质量。

衡量实绩的次数或频率应科学掌握。衡量次数过多,不仅会增加控制的成本,而且还会引起组织成员的不满,从而对组织目标的实现产生负面影响。也不宜过少,过少则有可能造成重大的偏差不能被及时发现,不能及时采取措施,从而影响组织目标和计划的完成。究竟间隔多长时间进行衡量取决于被控制活动的性质、控制活动的要求。

衡量的主体不一样,控制工作的类型也就形成差别,也会对控制效果和控制方式产生影响。例如,由上级主管和职能部门进行的衡量和控制是一种强加的非自主的控制。相比之下,目标管理就是因为工作的执行者同时也是工作成果的衡量者和控制者,则被称为是一种"自我控制"的方法。

(2)衡量工作成效检验标准的客观性和有效性

衡量工作成效是以预定的标准为依据来进行的,在衡量实际工作的过程中可能会出现这样一个问题:偏差究竟是执行中出现的问题还是标准本身存在的问题?如果是前者,当然需要纠正;如果是后者,则需要修正和更新预定的标准。所以通过衡量实际工作也是对标准的客观性和有效性进行检验的过程。

检验标准的客观性和有效性,是要分析对标准执行情况的测量能否取得符合控制需要的信息。在为控制对象确定标准的时候,人们可能只考虑了一些次要的非本质因素,或只重视了一些表面的因素。因此,利用既定的标准去检查人们的工作,有时并不能达到有效控制的目的。衡量过程中的检验就是要辨别并剔除那些不能为有效控制提供信息并容易产生误导作用的不适宜标准,以便根据控制对象的本质特征制定出科学合理的控制标准。

建立有效的信息反馈系统。信息是现代管理的基础,也是管理控制的依据。为了使反映实际工作情况的信息能迅速地收集上来,适时地传递给恰当的主管人员,又能够将纠偏指令迅速地传达到有关人员以便对问题做出处置,有必要建立有效的信息反馈系统。信息要能有效地服务于管理控制工作,必须符合三个基本要求,即信息的及时性、信息的可靠性和信息的适用性。

6.2.3 鉴定偏差和采取矫正措施

对实际工作衡量后,下一步就是将衡量结果与标准进行对比,分析造成偏差的原因,确定矫正措施实施的对象并采取矫正措施。

6.2.3.1 分析偏差的性质和原因

首先必须对于偏差的性质加以认定，并非所有的偏差都可能影响组织运行的最终成果，有些偏差可能反映了计划制订和执行工作中的严重问题，而有些偏差则可能是由一些偶然的暂时的局部性的因素引起的，从而不一定会对组织活动的最终结果产生影响。

其次要对偏差的原因进行分析。产生偏差的原因一般有四类：

(1)外部环境的变化，使得组织原定的目标无法实现。对于这类因素，管理者一般无法控制，只能调整组织的目标和计划。

(2)组织自身调整了方针和策略。对于这一类原因，应当通过组织变革或计划调整来适应新的方针和策略。

(3)原来制订的计划不合理，需要调整计划。

(4)管理不佳，如工作人员的懈怠等。

查明原因以后，才能“对症下药”，制定出纠偏措施，确定矫正措施实施的对象。根据造成偏差的原因分析，矫正措施的实施对象可能是组织所进行的活动，也可能是衡量的标准，甚至是指导活动的计划。针对矫正措施的实施对象和造成偏差的原因，就可能制订改进工作或调整计划与标准的纠正方案。

6.2.3.2 选择适当的矫正措施

管理者在控制工作中可采取的处理措施有两类，即“纠偏”和“调适”。对于因工作失误所造成的问题，控制的办法主要是“纠偏”，即加强管理和监督，确保工作与目标的吻合；若计划目标不切合实际或组织运行的环境出现了重大变化，致使计划失去了客观的依据，那么相应的控制措施就是“调适”，即按实际情况修改计划目标、启动备用的计划或重新制订新的计划。

在控制措施的选择与实施过程中，管理者必须注意：

(1)保持矫正方案的双重优化，就是既要使矫正行动的投入最少和成本最低，又要是解决偏差效果最优的方案。

(2)充分考虑原有计划实施的影响。管理控制中对计划的修订或否定类似于“追踪决策”的性质。因此，管理者在实施管理控制中要充分考虑由于原有计划的实施已经消耗的资源和这种消耗对客观环境造成的种种影响以及人员思想观念的转变等问题。

(3)进行纠偏时要充分考虑和处理组织成员对准备采取的矫正措施的各种态度，特别是要消除人们对矫正措施的疑虑，努力争取多数人的理解、赞同和支持，以避免方案在付诸实施的时候可能出现人为的障碍。

总之，控制标准、偏差信息、矫正措施是管理控制的三个基本要素。无论在什么地方，也无论控制的对象是什么，管理控制都包含这三项基本要素。这三个基本要素共同决定了管理控制的效率和效能，因此，它们是有效控制的基本条件。

6.3 掌握控制原则与方法

6.3.1 有效控制的原则

控制并不是管理者主观任意的行为,它必须依照科学的原则来指导控制活动,才能取得预期的成效。控制的原则主要包括:

(1)组织特性相适应原则

首先,控制应与组织结构相适应。组织结构作为明确组织内人员任务的主要方式,它表明了谁应对计划的执行与产生脱离计划和标准的偏差负责。因此,控制必须反映组织结构状况,反映出承担活动的职责所在,这样才能有效地使主管人员纠正背离计划标准的偏差。其次,控制应与组织中的领导方式相适应。例如,在员工具有较大的自由实行参与式管理的组织内,采用一个过于严格的控制系统,将可能因违反员工的意愿而导致失败。再次,有效的控制还应要求控制系统具有沟通的便利,能够便于控制者和被控制者保持直接的联系。最后,有效的控制技术和控制信息应使员工能够理解,因为人们对不能理解的就不会信任,而不信任就不会去使用它。总之,控制系统应契合组织结构特点和职责职务要求,与之相适宜。

(2)及时性原则

一个完善的控制系统实施有效的控制,必须在一旦发生偏差时能够迅速发现,并根据实际情况,及时采取相应措施,甚至在未出现偏差之前,即能预测偏差的产生,防患于未然。对组织活动中产生的偏差,只有及时采取措施加以纠正,才能避免偏差的扩大。这是控制活动的核心,否则就有可能导致事态的进一步恶化,带来预想不到的后果。时滞现象是反馈控制系统一个难以克服的困难,较好的解决办法是采用前馈控制。控制要做到及时性,必须依赖现代化的信息管理系统,随时传递信息,随时掌握工作进度。只有这样才能尽早发现偏差,及时采取措施进行控制。

(3)客观性原则

控制应当是客观的,这是对控制工作的基本要求。管理控制是通过人来实现的,在控制工作中,管理人员不能凭个人的主观经验或直觉判断,而应采用科学的方法,尊重客观事实。在整个控制过程中最易受主观因素影响的是以点带面的晕轮效应和先入为主的优先效应。因此,应尽可能选择和制定客观的、精确的、具有可考核性的标准,以标准衡量目标或计划的执行情况,从而减少人的主观因素的不利影响。客观的控制源于对组织活动状况及其变化的客观了解和评价,所以要尽量建立客观的计量方法,把定性的内容具体化,管理人员也要从组织目标的角度观察问题,避免个人偏见和武断。

(4)经济性原则

控制活动需要经费,是否进行控制,控制到什么程度,都要考虑费用问题。控制的经济性是指将控制所需的费用同控制所产生的效益进行比较,当通过控制所获得的价值大于它所需费用时,才有必要实施控制。所以,从经济性的角度考虑,控制系统并不是越复杂越好,控制力度也不是越大越好。控制的经济性原则要求:一方面要实行有选择的控制,正确而精心地选择控制点;另一方面要努力降低控制的各种耗费而提高控制效果,改进控制的方法和手段,以最少的成本查出偏离计划的现有和潜在的原因，费用的降低使人们有可能在更大的范围内实行控制，花费少而控制效率高的系统才是有效的控制系统。但现实中，是否经济是相对而言的，控制的经济效益是随经营业务的重要性及其规模而有所不同。

(5)灵活性原则

要使控制有效，不因不可预见的因素改变而失败，在控制中就需要遵循灵活性原则。组织在运作过程中总会遇到突发的、不可预见的或无力抗拒的因素，如环境突变、自然灾害等，如果要使控制工作在计划执行中遇到意外情况时仍然有效，那么在设计控制系统和实施控制时，就要求具有灵活性并有替代方案，这就是控制的灵活性原则。控制的灵活性原则要求制订多种应付变化的方案和留有一定的后备力量，并采用多种灵活的控制方式和方法来达到控制的目的。不能过分依赖正规的控制方式，如预算、监督、检查、报告等，因为有时实际情况与计划会有很大的差别，过分依赖它们会控制失效。事实上，灵活的控制一般最好是通过灵活的计划来实现。

(6)关键点原则

所谓关键点，是指对完成计划起作用并在计划执行过程中要加以控制的关键因素或关键问题。有效的控制要求对那些评价个别计划执行情况的关键因素给予注意。事实上，组织中的活动往往错综复杂，管理人员根本无法对每一个方面实施完全的控制，他们应该且只能将注意力集中在计划执行中的一些关键影响因素上。在管理中运用控制活动进行纠偏和矫正时，必须善于捕捉最具有影响和起干扰作用最大、最亟待解决又最能取得成效的因素，有重点地进行控制，这样才能最强有力地起到控制一点而带动全面的作用。这不仅能节约控制成本，还有利于管理人员以有限的时间和精力，做出更加有效的成绩。

(7)例外原则

所谓例外原则，是指控制工作应着重于计划实施中的例外偏差(超出一般情况的特别好或特别坏的情况)。在实际工作中，主管人员越是注意对例外情况的控制，他们的控制结果就越有效。对例外情况的重视程度不应仅仅依据偏差的大小而定，同时需要考虑客观实际情况。在偏离标准的各种情况中，有一些是无关紧要的，而另一些则不然，某些微小的偏差可能比某些较大的偏差影响更大。例外原则与关键点原则常常混淆，它们也确实有一些共同之处。在实际工作中，控制的例外原则必须与控制关键点原则相结合，把注意力集中在对关键点的例外情况的控制上。关键点原则强调选择控制点，而例外原则强调观察在这些控制点上所发生的异常偏差。

6.3.2　控制方法

组织的管理工作内容丰富，对于不同的方面进行控制就要使用相适应的控制方法，对人员的控制和财务控制将分别在后续的相关章节中介绍，下面重点介绍综合的控制方法。

6.3.2.1　亲自观察法

亲自观察法是一种常用的控制方法。它是指管理者对重要管理问题进行实际调查研究以获取控制所需的各种信息，或通过亲自观察员工的生产进度、倾听员工的交谈来获取信息，或者亲自参加某些具体工作，通过实践来加深对问题的了解，获得第一手资料。亲自观察不仅可以直接与下属沟通，了解他们的工作、情绪、成绩，发现存在的问题，而且能激励下属，有利于创造一种良好的组织气氛。这种方式也可称为“走动管理”。现阶段，很多著名的企业都十分重视“走动管理”。例如,苏州吴宫喜来登大酒店的总经理每天上上下下酒店 30 多次,以关注员工的工作情况,该纠正的纠正,该鼓励的鼓励,酒店整体井然有序,工作关系融洽。

6.3.2.2 标杆控制

标杆管理和控制作为一种学习先进经验的系统、科学、高效的方法,在当代企业管理中得到了广泛的应用。一项研究调查表明,1996 年世界 500 强企业中有近 90%的企业在日常管理活动中应用了标杆管理控制方法,其中包括 IBM、AT&T、施乐、柯达等知名公司。

(1)标杆控制的内涵

重要知识 6-2

标杆控制的内涵

标杆控制是以在某一项指标或某一方面实践上竞争力最强的企业或行业中领先企业或组织内某部门作为基准,将本企业或本部门的生产情况、产品、服务、管理措施或相关实践的实际运行情况与这些基准进行定量化的比较、评价、分析,在此基础上制定和实施改进的策略与方法,并持续不断反复进行的一种管理方法。

在当今市场竞争激烈、技术更新日新月异、挑战层出不穷的情况下,企业不仅应当有自己的愿景,更应该明确学习的目标和超越的对象,全方位地集中分析比较,找出差距,全面调整战略战术,以长久立于不败之地。标杆控制的心理学基础在于人的成就动机导向,认为任何个人和组织都应该设定既富有挑战性又具有可行性的目标,只有这样,个人和组织才有不断发展和前进的动力。而事实上,很多个人和组织也就是最初在心中设定了自己的榜样、典范、目标,经过不懈的努力与全面提升才有了日后辉煌的成就。

(2)标杆控制的作用与缺点

通过设立挑战和赶超对象,并以最关键或最薄弱的因素作为改进内容,标杆控制以此来全面提升企业的竞争力。尽管如此,这种控制方法也依然存在一些不足。一方面,标杆管理和控制容易导致企业的竞争战略趋同,这会使得一些企业忽视自己的企业实际而盲目模仿追随其目标对象,最初可能会见到成效,但是在企业运行效率上升的同时,利润率却在下降,不利于企业的长远发展和整个行业的进步。另一方面,标杆控制容易使企业陷入“落后——标杆——又落后——再标杆”的“标杆管理陷阱”之中。如果标杆控制活动不能使企业跨越与领先企业的“技术鸿沟”,单纯为赶超先进而继续推行标杆控制,反而会使企业陷入繁杂的“标杆管理陷阱”。

(3)标杆控制的实施步骤

标杆控制的实施大致需要经历 10 个步骤,分别是:

①确定标杆控制的项目。在对企业自身状况进行深入细致研究的基础上选择对企业竞争力影响最重要的因素和薄弱环节作为标杆控制的项目。

②确定标杆控制的对象和对比点。选择同行业、同部门业绩最佳、效率最高的少数有代表性的企业或部门为对象,以业绩的作业流程、管理实践为基础确立测量指标作为控制依据。

③组成工作团队,确定工作计划。企业层次标杆控制活动的组成人员通常由决定竞争力因素的核心部门的能够识别专业流程优劣的人员参加。

④资料收集和调查。收集相关项目、调查对象与内容方面的研究报告或信息,据此拟定有

效的实地调查提纲和问卷，并在调查中重点关注差异点。

⑤全面分析、比较，确定最佳纠偏措施。认真处理调查资料，确定各调查对象与企业实际的差异，找出差距形成原因并确定最佳纠偏措施。

⑥明确改进方向，制订实施方案。在第五步的基础上设计具体的实施方案并对实施方案进行经济效益分析，确定实施情况的一系列检查和反馈工作。

⑦及时沟通和修正方案。全方位、多渠道地将方案和企业目标与成员积极沟通，多听建议、完善方案、统一思想、行动一致。

⑧方案实施和监督执行。在方案实施过程中不断比较、监督，及时采取校正措施以达到最佳水平，努力赶超标杆对象。

⑨全面回顾，总结经验。标杆控制是一个不断反复进行的管理手段，在完成一次控制活动之后，应及时总结经验，对新情况做进一步分析。

⑩进行再标杆循环。根据环境的变化或新的管理需求，锚定下一次标杆控制的项目、对象和对比点进行再标杆循环，以期企业竞争力和各项工作水平的全面提升。

6.3.2.3　平衡计分卡控制

传统的控制方法侧重于财务性衡量指标，而忽视企业创造未来长远的经济价值和利益。1992 年，卡普兰(Kaplan)和诺顿(Norton)发表了《平衡计分卡：企业绩效的驱动》一文，文章一经发表，便得到了学术界和企业界的广泛推崇和普遍应用。

(1)平衡计分卡控制的内涵

卡普兰和诺顿认为，一个企业的发展受到企业内部因素和外部环境的共同作用，企业要想持续、健康地发展，不仅要注重短期目标，更应兼顾长期发展的需要，企业的财务指标和非财务方面的组织运行能力都应得到重视。平衡计分卡是由财务、顾客、内部经营过程、学习和成长四个方面构成的衡量企业、部门和人员的卡片，由于其目的在于平衡，兼顾战略与战术、长期与短期目标、财务和非财务衡量方法、滞后和先行指标，因而得名“平衡计分卡”。

(2)平衡计分卡的控制作用和优点

从某种意义上说，平衡计分卡不仅是一种控制的业绩评价手段，更是一个战略管理方法。成功的平衡计分卡控制制度是把企业的战略和一整套财务和非财务性评估手段联系在一起的一种手段。它可以阐明战略并在企业内部达成共识，在整个组织中传播战略，把部门和个人的目标与这一战略相联系，对战略进行定期和有序的总结，把战略目标与战术安排衔接起来，利用反馈的信息改进战略。

作为一种控制工具，平衡计分卡的主要优点有：①平衡计分卡将企业的战略置于核心地位。②平衡计分卡使战略在企业上下进行交流和学习，并与各部门和个人的目标联系起来。③平衡计分卡使战略目标在企业的各个经营层面上达成一致。④平衡计分卡有助于短期成果和长远发展的协同与统一。

(3)平衡计分卡的控制指标

根据卡普兰和诺顿在《哈佛商业评论》上发表的观点，平衡计分卡的控制指标包括四个方面：

①财务方面。一套平衡计分卡应该反映企业战略的全貌，从长远的财务目标开始，进而将它们与一系列行动相联系。财务衡量是平衡计分卡的一个单独衡量方面，也是其他几个衡量方面的出发点和落脚点。财务方面的衡量指标要结合企业的发展阶段，在不同的发展阶段财

务衡量的着眼点应有所不同。

②客户方面。这方面核心的衡量指标主要是一系列存在着内在因果关系的指标，如市场份额、新客户获得率、客户回头率、客户满意度和从客户处获得的利润率。

③内部经营过程。在这方面主要本着满足客户需要来制定衡量指标。现在的内部经营过程往往是以销定产式，常常要创造全新的流程，它循着“调研——寻找市场——产品设计开发——生产制造——销售和服务”的轨迹进行。相应的，可以选择诸如成品率、新产品开发时间、公司对产品故障的反应速度等为衡量指标。

④学习和成长。无疑，在学习和成长方面最关键的因素是人才、信息系统和组织程序。从长远来看，学习和成长是企业发展过程中举足轻重的方面，因为只有将组织中人员的积极性激发出来，使企业团队内部工作氛围融洽、保持人才的合理配置使用、员工的个人目标和组织目标顺利达成，才会使得企业不断变革创新，保持旺盛的生命力。这方面的衡量指标主要包括培训支出和周期、员工满意度和工作团队成员彼此的满意度等。

6.3.2.4 其他控制方法

除了以上介绍的综合控制方法之外，网络分析技术和目标管理也是非常好的综合控制方法。网络分析技术作为一种控制方法可以有效地对项目所使用的人力、物力、财力资源进行平衡，能够控制项目的时间和成本，能够在实施出现偏差时找出原因和关键因素，并能从总体上进行调整，以保证按质按量达到目标。目标管理作为一种控制方法的特点是标准清晰、明确，各级管理者容易做出判断；由于整个组织或系统的目标分解成为子系统的目标，若各子系统能达到目标，就能够确保整个组织达到目标，这在某种程度上说提高了控制的可靠程度；目标管理的核心是各级组织成员都参与自己目标的制定，员工的行为与态度和组织的目标更为接近，这使人员行为的控制容易了许多。这在我们计划一章中都有详细的介绍。

任务小结

亲爱的读者，你已经完成了任务 6 的学习。你已经了解控制是保证计划得以实现的一项不可或缺的职能。计划是控制的前提，控制是计划实现的保证，控制可以说既是一个管理工作过程的终结，又是一个新的管理工作过程的开始。

同时了解了管理控制活动常见的分类。根据组织活动过程的不同阶段可以将管理控制划分为事前控制、现场控制和事后控制；根据控制的主体分类，控制可分为直接控制和间接控制；根据控制的程度不同，控制可分为集中控制、分散控制和层次控制。

初步掌握了管理控制的过程，主要包括确立控制标准、衡量实际工作、鉴定偏差和采取矫正措施等几个步骤。

需要注意的是，在管理实践中，管理控制的方法非常多，但管理控制最根本的还是对人的控制。

能力自测

一、单项选择题

1. 在计划实施过程中，大量的管理控制工作，尤其是基层的管理控制工作属于(　　)。

A. 前馈控制　　B. 反馈控制　　C. 现场控制　　D. 计划控制

2. 以分析工作的执行结果为控制重点的控制工作是(　　)。

A. 前馈控制　B. 间接控制　C. 反馈控制　D. 直接控制

3. 在反馈控制中，要克服因时间延迟所带来的弊病，就要实行(　　)。

A. 直接控制　B. 间接控制

C. 现场控制　D. 面向未来的控制

4. 在管理控制过程中，造成不可避免的难以纠正的管理失误的是(　　)。

A. 外部不肯定因素　B. 缺乏经验和知识

C. 判断失误　D. 费用支出过大

5. 通过提高主管人员的素质来进行的控制是(　　)。

A. 直接控制　B. 间接控制　C. 前馈控制　D. 反馈控制

6. 阐明有效的控制应着重于那些对计划的完成有举足轻重作用的关键问题的原理是(　　)。

A. 反映计划要求的原理　B. 组织适应性原理

C. 控制关键点原理　D. 例外情况的原理

7. 控制的最佳直接方式是(　　)。

A. 抓住控制关键点　B. 适应环境变化

C. 提高主管人员素质　D. 控制过程反映计划要求

8. 如果要使控制工作在计划出现失常或预见不到的变动情况下保持有效，所设计的控制系统就要有(　　)。

A. 灵活性　B. 客观性　C. 可考核性　D. 技术性

9. 组织的总目标是要靠各部门及成员协调一致的活动才能实现的。所以，合格的主管人员进行控制工作时不能没有(　　)。

A. 面向未来的观点　B. 全局观点

C. 经济效益的观点　D. 反映计划要求的观点

10. 猎人为了纠正子弹与飞行的野鸭之间的时间延迟，常常把瞄准点定在野鸭飞行的前方，这种做法属于(　　)。

A. 反馈控制　B. 前馈控制　C. 直接控制　D. 间接控制

11. 最理想的标准是(　　)。

A. 实物标准　B. 费用标准　C. 资金标准　D. 可考核标准

12. 控制工作通过纠正偏差的行动与管理的其他四个职能紧密结合在一起，使管理过程形成一个(　　)。

A. 完全封闭的系统　B. 完全开放的系统

C. 相对封闭的系统　D. 相对开放的系统

13. 控制活动应该(　　)。

A. 与计划工作同时进行

B. 先于计划工作进行

C. 在计划工作之后进行

D. 与计划工作结合进行

14. 管理控制系统实质上也是一个(　　)。

A. 完全封闭的系统

B. 信息反馈系统

C. 闭合回路系统

D. 自动控制系统

二、简答题

1. 简述前馈控制的优越性。

2. 简述计划与控制的联系与区别。

3. 简述控制关键点原理和例外情况的原理。

4. 简述一般控制和管理控制的异同。

5. 简述控制工作的步骤。

案例分析

戴尔公司与电脑显示屏供应商

戴尔公司创建于1984年,是美国一家以直销方式经销个人电脑的电子计算机制造商,其经营规模已迅速发展到当前120多亿美元销售额的水平。戴尔公司是以网络型组织形式来运作的企业,它联结有许多为其供应计算机硬件和软件的厂商。其中有一家供应厂商,电脑显示屏做得非常好。戴尔公司先是花很大的力气和投资使这家供应商做到每百万件产品中只能有1 000件瑕疵品,并通过绩效评估确信这家供应商达到要求的水准后,戴尔公司就完全放心地让其产品直接打上"Dell"商标,并取消了对这种供应品的验收、库存。类似的做法也发生在戴尔其他外购零部件的供应中。

通常情况下,供应商将供应的零部件运送到买方那里,经过开箱、触摸、重新包装,经验收合格后,产品组装商便将其存放在仓库中备用。为确保供货不出现脱节,公司往往要储备未来一段时间内可能需要的各种零部件。这是一般的商业惯例。因此,当戴尔公司对这家电脑显示屏供应商说道"这种显示屏我们今后会购买400万—500万台,贵公司为什么不干脆让我们的人随时需要、随时提货"的时候,商界人士无不感到惊讶,甚至以为戴尔公司疯了。戴尔公司的经理们则这样认为,开箱验货和库存零部件只是传统的做法,并不是现代企业运营所必要的步骤,遂将这些"多余的"环节给取消了。

戴尔公司的做法就是,当物流部门从电子数据库得知公司某日将从自己的组装厂提出某型号电脑××部时,便在早上向这家供应商发出多少显示屏的指令信息,这样等到当天傍晚时分,一组组电脑便可打包完毕分送到顾客手中。如此,不但可以节约检验和库存成本,也加快了发货速度,提高了服务质量。

思考题:

1. 你认为戴尔公司对电脑显示屏供应厂商是否完全放弃和取消了控制。如果是,戴尔公司的经营业绩来源于哪里?如果不是,那么它所采取的控制方式与传统的方式有何不同?

2. 戴尔公司的做法对于中国的企业有适用性吗?为什么?

实训操作

【实训目标】

了解质量监督的基本过程;初步了解控制方法与技术。

【实训内容与要求】

课程进行期间,轮流安排学生利用课余时间到某实习基地担任质量监督助理。学生分组进行,每小组6—8人,轮流进行。具体内容和要求:

1. 每名同学按流水线和工序分配为质量监督助理,负责帮助质量监督人员检验产品质量。学生助理有权对分拣员的工作提出质疑,并对他做出相应的奖惩措施。

2. 在顶岗实训前,公司负责对学生进行培训,明确他们的责任和义务。

3. 每名同学在实训后应总结出一套质量控制行之有效的办法,应具有创新性。

【成果与检测】

1. 每名质量监督人员负责对学生助理进行评估。

2. 在顶岗实训中体会质量控制的重要意义,并写出2 000字左右的报告。

3. 教师与模拟公司负责人负责对学生的质量控制报告及其表现进行考核。

任务 7

战略管理

能力目标

通过完成本任务，你应该能够：

1. 认识战略是什么
2. 进行战略环境分析
3. 掌握基本战略类型

核心能力

1. 掌握行业分析方法
2. 掌握SWOT分析方法
3. 掌握企业战略的类型

◆ 项目任务

7.1 认识战略管理过程

7.2 宏观与行业环境分析

7.3 企业资源与能力分析

7.4 了解战略的种类

◆ 任务导入

◆ 任务小结

◆ 能力自测

◆ 案例分析

◆ 实训操作

任务导入

我们学完了管理的基本职能后，就要进入管理的实务内容学习，首先，我们要对企业所面临的战略环境进行分析，了解企业所处的宏观和微观环境，对企业自身的资源和能力进行剖析，从而制定出合适的战略。

7.1 认识战略管理过程

7.1.1 战略的定义

传统企业战略定义的代表有美国哈佛大学的迈克尔·波特(Michael Porter)教授所提出的“战略是公司为之奋斗的一些终点与公司为达到它们而寻求的途径的结合物”。这一定义概括了20世纪60年代和70年代对企业战略的普遍认识。它强调了企业战略的一方面属性——计划性、全局性和整体性。

而近年来，由于企业内外部环境变化速度的加快，原有定义以计划为重点的概括已经不够准确，因为企业中许多成功的战略是在事先无计划的情况下产生的。于是很多学者开始研究组织的有限理性，并将重点放在组织在不可预测或未知的内外部因素约束下的适应性上。现代企业战略定义的代表是明茨伯格(H. Mintzberg)于1989年所提出的，他将战略定义为“一系列或整套的决策或行动方式”，这套方式包括刻意安排的(或计划性)战略和任何临时出现的(或非计划性)战略。这一定义强调的是企业大部分战略是由事先的计划和突发的应变的组合，即企业战略的另一方面属性——应变性、竞争性和风险性。

对于企业战略，目前国内外还没有一个统一的、规范化的定义。综合国内外各位学者的定义，结合我国企业的具体情况，我们可以将企业战略定义为：

重要知识

战略的概念

企业战略是企业综合考虑其内外部环境和自身能力后，针对企业的长期发展目标和持续稳定的发展需要，对企业发展目标、达到目标的途径和手段所采取的一系列决策和行动。

7.1.2 战略的层次

为了能够在总体和细节上都很好地贯彻企业战略，我们将企业战略分为三个层次：总体战略(Corporate Strategy)、业务战略(Business Strategy)和职能战略(Functional Strategy)。

(1)总体战略

总体战略又称公司战略，是企业中最高层次的战略。它需要根据企业的目标，选择企业可以竞争的经营领域，合理配置企业经营所必需的资源，使各项经营业务相互支持、相互协调。

总体战略常常涉及整个企业的财务结构和组织结构方面的问题。

(2)业务战略

业务战略也称竞争战略,它是多元化经营企业的二级战略,其内容涉及各业务单位的主管和各级管理人员,他们的任务就是将总体战略所包括的企业目标、发展方向和措施具体化,形成本业务单位具体的竞争与经营战略。为了保证企业的竞争优势,制定的业务战略要针对不断变化的外部环境,合理有效地控制企业内外部资源的分配和利用,在各自的经营领域中展开竞争。不过需要注意的是,只有多元化企业才需要区分总体战略和业务战略,而对于一家单一业务的企业来说,业务战略也就是总体战略。

(3)职能战略

职能战略又称职能层战略,它涉及的是企业内各职能部门,如营销、财务、生产、R&D、人力资源、信息技术等部门。职能战略的目的就是为了使各部门能够更好地配置资源,提高生产效率、组织效率,以便更好地为上一级战略服务。

由于各职能部门的主要任务不同,在企业经营中所起的作用也大相径庭,故很难归纳出职能战略的核心要素和特点。但在各部门的职能战略中,协同性都是一个非常重要的核心要素,这种协同作用首先体现在单个的职能中各种活动的协调性与一致性上,其次体现在不同职能战略和业务流程或活动之间的协调性和一致性上。

7.1.3　战略管理过程

进行战略管理的过程分为战略制定、战略实施和战略评价三个步骤,图 7—1 就是一个典型的综合战略管理模型。我们这章的内容主要讲战略制定,对战略实施和战略评价就不再详细论述了。

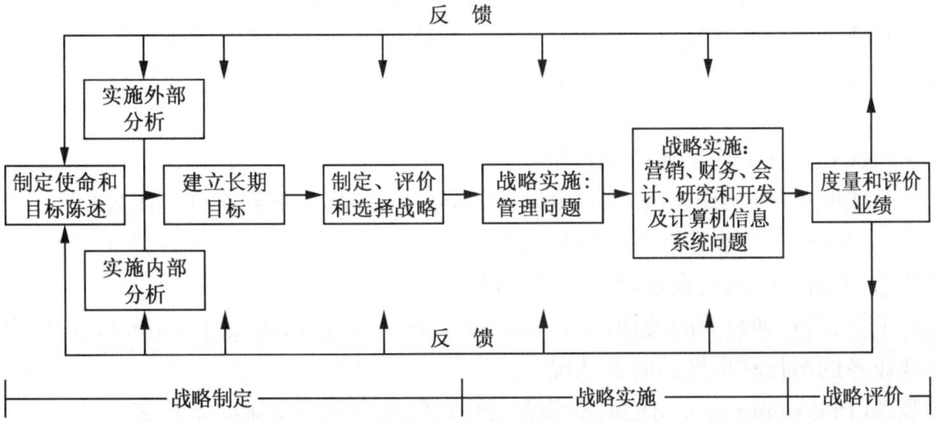

图 7—1　综合战略管理模型

7.1.3.1　战略制定

一般来说,战略制定包含三个关键步骤:企业使命陈述——了解企业使命与企业目标;环境分析——对企业的外部环境和自身的条件与竞争优势进行分析;战略分析与选择——根据战略目标对备选战略进行选择。

由于环境分析和战略分析与选择在以后有详细介绍,所以这里我们仅就企业使命陈述进行详细的介绍。

(1)企业使命陈述

使命陈述(Mission statement)有时也被称为任务陈述、纲领陈述、目的陈述、宗旨陈述、信念陈述、经营原则陈述或对“企业业务定义”的陈述。使命陈述的目的就是明确企业的使命和目标,揭示了企业想成为什么样的组织和要服务于哪些用户这样的远景内容。一个企业并不是由它的名字、章程和公司条例来定义的,而是由它的使命和目标来定义的。一个好的企业使命陈述可以起到集中企业资源、统一企业意志、振奋企业精神的作用,从而引导、激励企业取得出色的业绩。作为战略制定者,首要任务就在于认定和表明企业的使命。

那么什么才是一个成功的使命陈述?通常一个好的使命陈述应具有以下三个特点:

①概括性。使命陈述一方面应有足够的概括性,过于具体的规定将限制企业的创造性发展,而另一方面陈述又不应过于笼统,排除一些与企业发展严重违背的战略选择也是十分必要的。所以一个好的使命陈述应该在具体性和概括性中间寻找一个适当的平衡点,是基于对未来的内外部环境分析和展望而得出的,同时它还应该是动态性的,以便根据环境变化和企业发展做出适当的调整。

②用户导向。成功的使命陈述应把对用户的正确预期放在第一位。对企业来说任何时候,用户的需求都是第一位的。一个有效的使命陈述应能够唤起人们对企业的好感和热情,并促使读者做出行动。

③社会责任性。战略制定者在制定使命时不仅要考虑企业和各类股东的责任,还要考虑企业对用户、环境、社会和其他组织所负有的责任。企业在经营过程中必然要涉及社会责任的问题,而社会也会直接影响企业的用户、产品、市场、服务等一系列方面。所以企业的社会责任应该在战略制定时就得到确定和表达,在战略实施时得到贯彻。很多企业都在力求使外人相信他们是以对社会负责的态度而从事经营活动的,使命陈述就是表达这一态度的有效工具。

那么具体的使命陈述应包含哪些要素呢?虽然各企业的使命陈述在长度、内容、形式和具体性方面各有不同,但绝大多数的战略管理专家认为一个有效的使命陈述应包含以下九种要素。

①用户(Customers):企业的用户是谁?

②产品或服务(Products or services):企业的主要产品或服务项目是什么?

③市场(Markets):企业在哪些领域竞争?

④技术(Technology):企业的技术是否最新?

⑤对生存、增长和盈利的关切(Concern for survival, growth and profitability):企业是否努力实现业务的增长和良好的财务状况?

⑥观念(Philosophy):公司的基本信念、价值观、志向和道德倾向是什么?

⑦自我认知(Self-concept):公司最独特的能力或最主要的竞争优势是什么?

⑧对公众形象的关切(Concern for public image):公司是否对社会、社区和环境负责?

⑨对雇员的关心(Concern for employees):公司是否视雇员为宝贵的资产?

表 7—1 从上述九个方面给出了一些公司任务陈述的摘录。

表 7—1 使命陈述九种要素范例

1. 用户
我们坚信,我们对医生、护士、患者、母亲和其他所有使用和享受我们的产品与服务的人负有重要的责任。(强生公司)
2. 产品和服务
爱麦克斯公司(AMAX)的主要产品是钼、煤、铁矿石、铜、铅、锌、石油和天然气、砷碱、磷酸盐、镍、钨、银、金、镁。(爱麦克斯公司) 美孚石油公司(印第安纳)[Stand Oil Company(Indiana)]的业务是:寻找和开采石油、天然气、液化天然气,以这些为原料为社会生产高质量的产品,并以合理的价格向消费大众销售这些产品和提供相应的可靠服务。(美孚石油公司)
3. 市场
我们将竭尽全力使科宁玻璃制造公司(Corning Glass Work)取得全面的成功,并使它成为全球市场上的竞争者。(科宁玻璃制造公司) 我们注重的是北美市场,尽管我们也要开拓全球市场。(布洛克威公司)
4. 技术
数据控制公司(Control Data)经营应用微电子和计算机产业,其两个主要业务领域为计算机硬件和计算机升级服务,具体服务范围为计算、信息、教育和金融。(数据控制公司) 本公司经营领域的共同技术为离散粒子镀膜。(纳休阿公司)(Nashua)
5. 对生存、增长和盈利的关切
在这方面,公司将谨慎经营,保证盈利和增长,以取得胡佛环球公司的最终成功。(胡佛环球公司)(Hoover Universal) 通过收集、评价、生产和营销有价值的信息而满足全球需求,同时使我们的用户、雇员、作者、投资人及整个社会受益。(麦格劳—希尔出版公司)(McGraw-Hill)
6. 观念
我们坚信,人的发展是最有价值的文明目标,而独立自主则是促进人们能力增长的最首要条件。(太阳公司)(Sun Company) 玫琳凯公司(Mary Kay Cosmetics)的全部宗旨都基于一条重要的原则,即分享与关怀。出于这种精神,人们将愉快地贡献他们的时间、知识与经验。(玫琳凯化妆品公司)
7. 自我认知
克朗·泽勒巴克公司(Crown Zellerbach)将通过释放其全体雇员的能量和利用他们的建设与创造能力,在未来 1 000 天的竞争中实现飞跃。(克朗·泽勒巴克公司)
8. 对公众形象的关切
分担世界性的环境保护责任。(道氏化学公司)(Dow Chemical)为增强社会经济力量做出贡献。 在我们从事业务活动的所有国家,以及在地方、州和全国范围内都作为一个优秀的公司公民而发挥作用。(辉瑞公司)(Pfizer)
9. 关心雇员
以良好的工作条件、高超的领导方式、按业绩付酬的原则、有吸引力的福利待遇、个人成长的机会和高度的就业保障,来召集、培养、激励、回报和留住高能力、高品格和有奉献精神的人员。(瓦克维亚公司)(Wachovia Corporation) 与本地区其他就业机会所能提供的报酬相比,本公司雇员的工资和奖金要有竞争力,并且要与他们为公司的高效经营所做出的贡献相符合。(电力天然气公共服务公司)(Public Service Electric and Gas Company)

通过以上的介绍,我们将使命陈述的重要性、特点和包含因素做了一个简要的概括。企业使命陈述是企业战略管理的重要组成部分,它为战略的制定、实施和评价活动确定了方向。

(2)环境分析

环境分析包括外部环境分析和企业内部环境分析两个部分。当企业确定企业使命后,就进入到内外部环境分析的步骤。它是制定企业战略的重要依据,因为企业的内部环境是企业进行生产经营活动的基础,一切战略的制定和实施都必须建立在企业现有的实力基础上。同时,企业总归要生存在某一特定的外部环境之中,这一环境直接或间接地影响着企业的生产经营。由此可见,进行环境分析对企业战略管理是十分重要的。

(3)战略分析和选择

进行过环境分析后,战略制定者就可以根据企业外部环境和自身实际情况选择相应的战略了。但是企业战略方案的种类有很多,形式也是多种多样,究竟应该如何选择适合本企业的战略,这也是战略制定者要面对的难题之一。企业的理想战略首先应当能够利用外部市场的机会并且减轻外部不利因素的影响,同时它也应当能够强化企业内部的优势并改进自身存在的不足。环境分析通常只能给战略制定者提供若干种可行的方案,而实际选择战略的过程则要求决策者考虑多方面的因素,进行多方面的均衡。这一选择的过程远比想象中的更复杂曲折,在选择某一特定战略的过程中,以下几个因素影响着战略制定者的选择结果:①企业对外界环境的依赖程度;②管理者对待风险的态度;③企业过去的战略;④企业中的权力关系;⑤中层管理人员和职能人员的影响。基于以上因素的考虑,战略制定者可以采用以下几种制定战略的方法:

①根据目标选择。根据组织的具体目标,将其尽可能量化后直接作为标准来挑选战略。将各种战略根据量化后的标准进行评估打分,然后选择分数最高的战略,这是一种运用比较广泛的选择战略的方法。

②参考上级意见。有时负责评估选择战略的管理人员可能并没有权力做出战略选择的决定。而对战略做出决策的高级管理人员也可能并没有参加战略评估的过程。那么在这种情况下,应该将评估结果交给有权做出决策的高层管理人员,让他们利用评估报告并结合公司的实际情况做出选择。

③部分实施。在很多情况下,企业的目标本身也存在不确定性,但是先将资源和力量集中起来以实现特定的战略也是十分必要的。那么这种情况下,可以先实施阶段性战略,将企业的一部分资源先合理地使用起来,而将最终的战略目标决定推迟,直到在将来的某一天,在获取了足够的经验后再将目标完善。部分实施战略的另一个优点是,它通常可以通过对最底层组织的授权而得以实现。

④外部机构。在企业内具有同样权力而具有不同利益关系者,常常会对战略的选择持相反意见。那么在这种情况下,通过外部机构,如咨询公司或者上级机关为公司评估并选择战略。由于外部机构的评估比较客观,在这种情况下由其来选择战略也是比较合理的。

7.1.3.2 战略实施

企业战略实施要遵循三个原则,即适度合理性的原则、统一领导与统一指挥的原则、权变的原则。为贯彻实施战略,要建立其贯彻实施战略的组织机构,配置资源,建立内部支持系统,发挥好领导作用,使组织机构、企业文化均能与企业战略相匹配,处理好企业内部各方面的关系,动员全体员工投入到战略实施中来,以保证战略目标的实现。

从综合战略管理模型中可以看出,战略实施过程被分为“管理问题”和“营销、财务、会计、研究和开发及计算机信息系统问题”两个阶段,下面介绍一下这两个阶段:

（1）战略实施中的管理问题。战略实施的第一个重要任务就是将战略管理的责任从战略制定者向战略执行者（即各部门主管和各级管理人员）转移。这一责任的转移常常会有很大的阻力，因为新战略的实行往往意味着变革，所以管理者和雇用者更多关心的是可预期的个人利益而不是企业利益，除非两者正好重合，否则如果战略决策与管理者的预期有较大出入，战略的实施很难得到保证。这也是为什么单独将管理阶段作为一个重要步骤的原因。为了避免或减弱这种危机的影响，战略制定者在制定战略时就应该尽量多地使部门管理者和雇员参与到战略制定的过程中，同样战略制定者也应该尽量地参与到战略实施的过程中。

对于战略实施来说，最重要的管理问题包括制定年度目标、制定政策、配置资源、调整现行组织结构、企业改组和流程再造、调整奖励和激励计划、减小变革阻力，使管理者适应新的战略、培育支持新战略的企业文化、调整生产作业过程、发展有效的人力资源功能及优化企业规模。

（2）战略实施中的营销、财务、研究和开发及计算机信息系统问题。解决了战略实施中的管理问题，就如同为一出戏剧写好了剧本，但最后演出的效果还取决于演出的成败，很可能虽然有了很出色的剧本，却因为演员的失误造成整个演出的失败。战略管理也是如此，在现实的企业经营中，已制定好的战略中只有不到10％被成功地实施。造成如此低成功率的原因有很多，例如不能适当地细分市场、运营的成本过高、在研究开发方面落后于竞争者、没有充分地认识到先进管理技术的重要性等。下面我们对影响企业战略实施的七个重要方面进行简单的介绍：

（1）市场营销战略

市场营销通常由市场细分、目标市场选择、产品定位三个过程构成。市场细分是根据需求和购买习惯的不同，将市场分为不同的用户群组，其目的是为了有效地选择进入的目标市场。企业应在市场细分的基础上，从众多细分子市场中选择出那些有营销价值的、符合企业经营目标的子市场作为企业的目标市场，然后根据目标市场的特点和企业的资源，实施企业的营销战略和策略。选定目标市场后，企业还应该进一步确定本企业产品在目标市场中的竞争地位。通过创造和体现产品的特色，树立在消费者心中的某种形象，制定营销组合策略，更好地为目标市场服务。

（2）生产管理战略

生产管理包括对整个生产过程的设计和控制，主要针对生产过程、生产能力、库存、人力和质量五个方面进行控制。

（3）人力资源开发与利用战略

人力资源战略是组织为适应外部环境日益变化的需要，以及人力资源开发与管理自身的需要，根据组织的发展战略，充分考虑员工的期望，从而制定的人力资源开发与管理的纲领性的长远规划。它包括运用引诱战略、投资战略和参与战略三种方式来招募、培养和发展人才，组成一支稳定的高素质员工队伍。同时，人力资源战略也必须与企业的经营、发展和文化战略相互配合，才能发挥出最大的效用。

（4）财务管理战略

财务管理主要包括投资决策、融资决策和股息决策三大内容，它是通过对企业生产经营过程中的财务流程进行分析与控制，从而帮助在企业获得所需资金、预计财务报表分析、进行财务预算、评估企业价值以及决定企业是否上市等方面做出正确的决策。

（5）研究与开发战略

企业研究与开发的目的是为了通过技术的领先来增强企业的竞争优势，从而获取更多的利润。企业研究开发的方式通常有内部研究开发和委托研究开发两种，企业可以根据自己的特点选择相应的方式。

(6)管理信息系统开发战略

管理信息系统(MIS)是运用系统理论和方法,利用电子计算机和现代通信技术为信息处理手段和传输工具,为企业管理决策提供信息服务的人机系统。它的基本功能有管理和生产数据处理、安排管理和生产计划、控制企业各部门的生产运营和通过计算对企业未来进行预测等。管理信息系统对企业竞争力提高的作用主要体现在以下几个方面:①对市场做出快速反应;②缩短生产周期;③降低生产成本;④及时了解市场信息。

(7)企业文化与企业战略的匹配

每个企业都有自己的文化,文化是企业从事经营活动的独特方式。企业文化的定义是"企业在学会对外适应环境、对内实现一体化的过程中形成的行为方式。这一方式被认为是行之有效的,并将作为理解、思考和感觉事物的正确方式被传授给新成员"。企业文化就如同个人的性格一样,影响着企业战略的实施,因此在进行内部环境分析时,就应该给企业文化以足够的重视。只有企业文化与企业战略相匹配,战略的实施才能得到保证。

7.1.3.3 战略评价

(1)战略评价的定义

战略评价的定义是:设计一个或多个战略组合模型来分析企业战略的结构,用以确定各战略的优劣及其相应的投资顺序。由于战略管理决策会对企业产生显著的和持久性的影响,错误的战略决策会给企业带来严重的惩罚,而且很难甚至无法予以扭转,因此战略评价对企业利害关系重大,及时的评价可以使管理者对潜在的问题防患于未然。它包括三项基本活动:考察企业战略的内在基础,将预期结果与实际结果进行比较,以及采取纠正措施以保证行动与计划的一致。

(2)战略评价的指标

在通常情况下,战略制定者往往会采用一系列的标准来评价企业战略实施的情况,这些标准可以是定性的,也可以是定量的,但必须与企业的战略目标保持一致,并且通过它可以反映出战略实际的实施情况,常用的指标有:投资收益率、附加价值指标、股东价值、高层管理人员评价指标等。

(3)战略评价的步骤

明确了评价指标后,就可以开始战略评价的操作了,评价企业经营战略方案主要分为以下十个阶段:

①分析企业各战略方案是否与国际环境、宏观环境及行业环境的未来发展趋势相适应。

②分析企业现在的经营状况及发展趋势。主要分析企业经营和效益的情况、企业产品的竞争力、产品结构与市场地位。

③保持企业现有的经营战略,能否达到企业最终的战略目标?差距在哪里?

④与企业的战略目标相比,各种经营战略方案的有效性如何?存在何种差距?研究可缩小差距的其他战略方案。

⑤各种经营战略方案对企业资源的要求。分析现有企业资源能否满足各战略方案的需要,即分析企业资源现状、资源结构和资金利用情况。

⑥各种经营战略方案对企业组织与管理方面的要求。分析企业现在的组织职能与管理现状,企业现有组织与管理现状能否满足各战略方案的要求,从组织与管理上应做哪些调整才能

保证战略的实施。

⑦各种经营战略方案的内部一致性分析，即分析每个经营战略方案对企业内部的研究开发、生产发展、市场营销、人力资源、财务资金等方面的要求是否协调一致，有无相互矛盾。

⑧分析在各种经营战略方案中各阶段战略划分是否恰当，企业在各阶段中承受能力如何。

⑨比较各种战略方案的优缺点、风险及效果，提出战略性的补偿措施。

⑩预估在企业战略实施中将会遇到的困难和阻力以及克服的可能。

(4)战略评价的方法

企业战略评价的方法有很多，例如战略评价框架、波士顿矩阵、通用矩阵以及生命周期分析法等。

7.2　宏观与行业环境分析

在企业战略制定中，明确了企业的使命后，我们就要来分析企业所面对的战略环境，企业战略环境是指对当前企业经营与前途具有战略性影响的变量，它包括外部战略环境和内部战略环境。

(1)外部战略环境

按照战略环境对企业的影响层级不同，外部战略环境可以分为三个层次：一般战略环境、产业战略环境和企业战略环境，它们各自的含义如下：

①一般战略环境：无论其产业分布如何，对所有企业都会产生影响的重大环境因素。这些因素的影响没有产业特性，它对一定范围内的所有企业都会产生影响。

②产业战略环境：产业战略环境是比一般战略环境更有直接影响的环境因素，它的特点是对产业内的所有企业都有影响，但对产业外的企业几乎没有影响。企业只要处于某一产业内，基本上难以避免产业环境的影响。

③企业战略环境：对特定企业有重大影响的外部环境因素，是特定企业最直接的外部战略环境。一般来说，不同的企业会有不同的特别战略环境因素。

(2)内部战略环境

内部战略环境是指企业自身素质，表示企业具有怎样的能力，存在哪些竞争优势。主要包括以下几个方面：

①企业的发展史；

②产品、市场状况；

③销售能力；

④物资采购供应能力；

⑤生产能力；

⑥技术开发能力；

⑦资金运筹能力；

⑧组织管理能力；

⑨人员素质；

⑩获利能力与经济效益。

下面我们先进行宏观环境的分析,再进行行业环境的分析。

7.2.1 宏观环境分析

企业宏观环境分析的目的在于可以准确地认识到当前或者未来可以使企业受益的机会或者企业应当回避的威胁,从而令管理者及时采用适当的战略,利用机会获得收益、回避威胁或者减轻其带来的影响。

企业的宏观环境分析主要包括六个方面,即政治法律环境、经济环境、社会文化环境、技术环境、自然环境和国际环境。

(1)政治法律环境分析

政治法律环境是指那些制约和影响企业经营的政治和法律因素,政府就是通过各种政治和法律手段来管制企业的生产经营。特别是对于那些对政府合同或补贴依赖度高的产业或企业来说,政治法律环境分析成为他们宏观环境分析的首要因素。在国际贸易日益密切的今天,对于那些跨国企业来说,政治分析也是越来越重要且越来越复杂。今天的企业管理者必须时刻注意收集政治法律信息,并做出正确的分析和决策,才能保证其战略的顺利实施。

企业的政治法律环境主要包括以下八个方面:政治制度、政党和政党制度、政治性团体、国家的方针政策、政治气氛、国家的法律规范、国家司法和执法机关、企业的法律意识。

以上八个方面的政治法律环境因素,影响和制约着企业的领导制度、生产经营和管理发展等诸多方面。企业必须注意搜集关于这些方面的资讯,才能更好地抓住机会、规避风险。

(2)经济环境分析

经济环境是指构成企业生存和发展的社会经济状况及国家经济政策,包括社会经济结构、经济体制、发展状况、宏观经济政策等要素。衡量这些因素的经济指标有国内生产总值、就业水平、物价水平、消费支出分配规模、国际收支状况,以及利率、通货供应量、政府支出、汇率等。涉及的范围从国家、社会、市场一直到企业。与政治法律环境相比,经济环境对企业生产经营的影响更加直接和具体。

企业经济环境是一个多元动态系统,主要由社会经济结构、经济发展水平、经济体制和宏观经济政策四个要素构成:

①社会经济结构。社会经济结构又称“国民经济结构”,是指国民经济中不同经济成分、不同产业部门以及社会再生产各个方面在组成国民经济整体时相互质的适应性、量的比例性及排列关联的状况。一般而言,社会经济结构主要包括五个方面的内容,即产业结构、分配结构、交换结构、消费结构和技术结构,其中产业结构对企业的影响尤为重要。

实践证明,当社会经济结构出现问题时,会造成很多企业甚至整个产业出现问题,严重的还会造成整个国民经济的动荡。所以企业应时刻关注社会经济结构的变化动向,及时妥善地调整企业的经营活动,主动适应宏观经济环境变化,就能保证企业的安全与健康,有时还能把握时机,开拓创新,推动企业的发展。

②经济发展水平。经济发展水平是指一个国家经济发展的规模、速度和所达到的水准。反映一个国家经济发展水平常用的主要指标有国民生产总值、国民收入、人均国民收入、经济增长速度等。对企业而言,从这些指标中可以认识国家经济全局发展状况,通过分析全国、各省市、整个产业的数据与企业自身数据的对比,以及一定时间间隔下数据变化的分析,企业可以从中认识国家宏观经济形势以及企业自身的发展是否符合这一形势,避免与实际情况发生冲突。

③经济体制。经济体制是指国家组织经济的形式。经济体制规定了国家与企业、企业与

企业、企业与各经济部门之间的关系，并通过一定的管理手段和方法，调控或影响社会经济流动的范围、内容和方式等。正因为如此，经济体制对企业的生存与发展的形式、内容、途径都提出了系统的基本规则与条件。在经济体制改革过程中，企业应加强和重视对新经济体制的实质、形式及运行规律等方面的了解，把握并建立起新的体制意识，改变企业行为的方式与方法。

④经济政策。经济政策是国家在一定时期内为达到国家经济发展目标而制定的战略与策略，它包括综合性的国家经济发展战略和产业政策、国民收入分配政策、价格政策、物资流通政策、金融货币政策、劳动工资政策、对外贸易政策等。宏观经济政策是国家根据一定时期经济领域中普遍存在的问题提出的针对性政策，它规定企业活动的范围、原则，引导和规范企业经营的方法，协调企业之间、经济部门之间、局部与全局之间的关系，保证社会经济正常运转，实现国民经济发展的目标和任务。

(3)社会文化环境分析

社会文化环境是指企业所处的社会结构、社会风俗和习惯、信仰和价值观念、行为规范、生活方式、文化传统、人口规模与地理分布等因素的形成和变动。社会文化环境对企业的影响也是不言而喻的，例如人口规模、社会人口年龄状况、家庭人口结构、社会风俗对消费者偏好的影响等，这些因素对企业劳动力的供给、生产方式、产品设计以及营销方式等方面都起着重要的影响。

(4)技术环境分析

技术环境是指企业所处的环境中的科技要素及与该要素直接相关的各种社会现象的集合，包括国家科技体制、科技政策、科技水平和科技发展趋势等。在科学技术迅速发展的今天，技术环境对企业的影响可能是创造性的，也可能是破坏性的，企业必须要预见新的技术带来的变化，在战略上做出相应的战略决策和调整，以获得新的竞争优势。

(5)自然环境分析

自然环境是指企业所处的自然资源与生态环境，包括土地、森林、河流、海洋、生物、矿产、能源、水源、环境保护、生态平衡等方面的发展变化。在环境污染日益严重的现状下，世界各国政府和人民对于可持续发展的呼声愈发强烈。企业在生产经营过程中也必须重视对相关自然资源与生态环境的保护，保持稀缺资源的可持续性利用，努力寻找新的能源，改进生产方式以减少对环境的污染等，这些举措都是十分必要的。否则必然会给企业发展带来危机。通过自然环境分析，可以缓解窘迫的现状，积极寻找新的解决途径，在环境保护和企业发展之间寻求一个合理的平衡点。

(6)国际环境分析

与国内经营环境相比，国际经营环境更加复杂。一方面国际经营的构成要素繁多，不仅有政治、经济、文化、地理等宏观环境因素，还有竞争者、供应者、需求者等微观环境因素以及企业自身的生产能力、销售能力、财务状况等因素。另一方面，国际经营环境范围更广，不仅有企业所在国的环境，还有目标市场国家的环境乃至全球的环境。再就是国际经营环境内容更加丰富，不同的国家处于不同的地域，有不同的地理环境、不同的历史、不同的文化习俗、不同的经济发展阶段等。对国际经营环境的分析和评估是企业制定国际化经营战略的基础。企业的一切经营活动都受环境因素的制约，国际经营环境的变化随时会给企业带来新的机会和产生新的威胁。对国际经营环境的分析主要从两个角度进行：一是分析东道国的环境，以单个国家为对象分析该国的具体环境。二是分析国与国之间的联系，以多个国家为对象分析区域环境乃至全球环境。

7.2.2 行业环境分析

行业,是指具有某种同一属性的企业的集合,又是国民经济以某一标准划分的部分,例如汽车行业、家电行业,它是介于微观经济的细胞(企业)与宏观经济单位(国民经济)之间的一个集合概念。行业环境分析就是通过对这一集合概念的分析,以期得到对企业战略有价值的信息,更好地指导战略管理过程。

7.2.2.1 行业的生命周期理论

行业的划分通常是以生产相同者相似的产品来作为依据的,所以我们通过观察产品的生命周期就可以了解整个行业目前的发展状况,同时也可以通过对比得知企业目前处于怎样的竞争地位。如图 7—2 所示。

销量	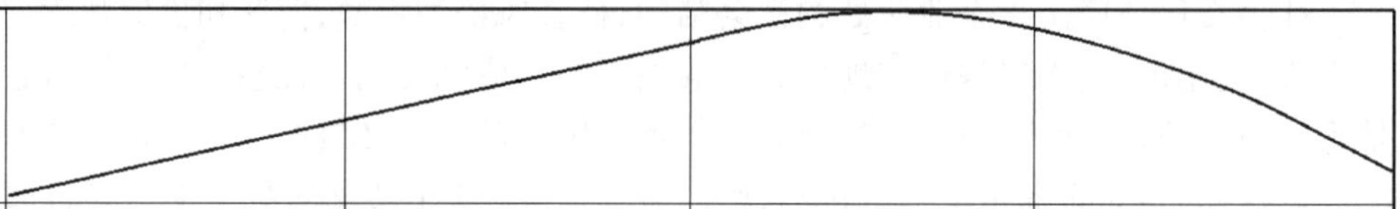			
阶段	开发	成长	成熟	衰退
市场发展	缓慢	迅速	下降	亏损
市场结构	零乱	竞争对手增多	竞争激烈,对手成为寡头	取决于衰退的性质或形成寡头或出现垄断
产品系列	种类繁多,无标准化	种类减少,标准化程度增加	产品种类大幅度减少	产品差异度小
财务含义	启动成本高,回收本金无保障	增长带来利润,但大部分利润用于再投资	带来巨额利润,再投资减少,形成现金来源	采取适当的战略保持现金来源
现金使用或来源	大量使用现金	趋于保本	重要现金来源	现金来源(如果战略不适当可能使用大量现金)
产品含义	一次性或批量生产,未能流水生产或大量生产	经验曲线上升,成本下降	强调降低成本、高效率	行业生产能力下降
研究和开发含义	大量地用于产品和生产过程	对产品的研究减少,继续生产过程研究	很少,只有必要时才进行	除非生产过程或重振产品有此需要,否则无支出

图 7—2 行业寿命对战略的影响

如图 7—2 所示,行业生命周期可以分为四个阶段:开发期、成长期、成熟期和衰退期。在开发期,产品设计尚未定型,销售增长缓慢,产品的开发、推销成本高,利润低甚至亏损,竞争较少,但风险很大;到了成长期,顾客认知迅速提高,销售和利润迅速增长,生产成本不断下降,生产能力出现不足,出现竞争,但企业承担风险的能力增强;进入成熟期,重复购买成为顾客行为的重要特征,销售趋向饱和,利润不再增长,生产能力开始过剩,竞争激烈,现有的企业面临的风险较小;最后到了衰退期,销售和利润大幅度下降,生产能力严重过剩,竞争的激烈程度由于某些企业的退出而趋缓,企业可能面临一些难以预料的风险。

行业生命周期理论是研究行业性质最重要的概念之一。了解行业的生命周期的意义在于:

(1)在编制总体战略时,企业可以基于此分析决定在多元化发展中如何选择正确的业务组合,降低风险,提高收益;

(2)在编制企业战略时,企业可以基于此分析决定对于某一行业是进入、维持还是退出,以及进入某一行业是采取并购方式还是采取新建的方式;

(3)在业务战略中,企业可以基于此分析决定企业的竞争战略是定位于差异化还是成本领先。

7.2.2.2　行业竞争结构

20 世纪 80 年代初,哈佛商学院的迈克尔·波特教授(Michael Porter)在《竞争战略》一书中,从产业组织理论的角度,提出了产业竞争结构分析的基本框架——五种竞争力分析。即现有竞争者、购买者、供应者、替代者、潜在进入者五种产业结构力量,如图 7—3 所示。

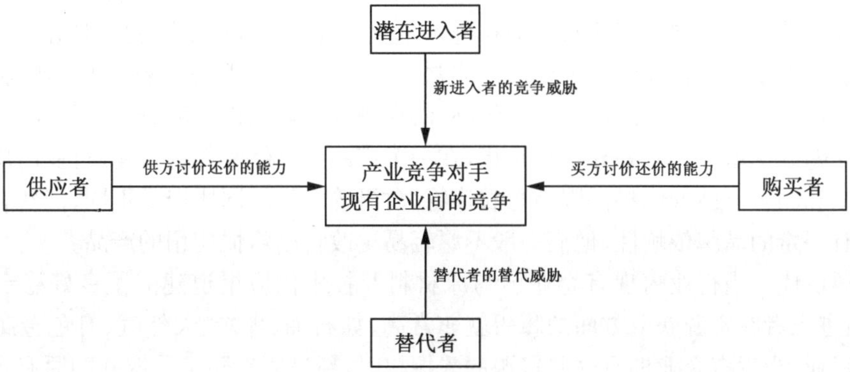

图 7—3　五种产业竞争力

波特教授认为:公司制定战略与其所处的外部环境(即市场)是高度相关的,并且最关键的环境因素是企业所处的产业。产业的结构影响着竞争的规则,五种竞争力量模型的综合作用随产业的不同而不同,其结果是使不同产业或同一产业在不同发展阶段具有不同的利润水平,进而影响着公司战略的制定。因此,企业战略分析的基本单位是行业、企业和产品,关键点是通过对五种竞争力量的分析,确定企业在产业中的合理位势,通过战略的实施对五种竞争力量产生影响,从而影响产业结构,甚至可以改变某些竞争规则。产业的吸引力和企业在市场中获得的位势就成了竞争优势的来源。为了保持这种优势,必须不断地进行战略性投入以构筑行业壁垒和保持优势地位。

该理论认为,在每一个产业中都存在五种基本竞争力量,即潜在进入者、购买者、供应者、替代者与现有竞争者之间的抗衡,见图 7—3。在产业中,这五种力量共同决定产业竞争的激烈程度以及产业获利能力。企业所要做的就是找到能够较好防御这五种竞争力量的方法,甚至通过对五种基本竞争力量施加影响,使它们朝着有利于本企业的方向发展。所以我们下面就对这五种竞争力量逐一展开分析。

(1)潜在的新进入者的威胁

新进入者可能是一个新办的企业或者是一个多元化企业开展的新业务,它给产业带来了新的生产能力,并力求获得一定的市场份额。新进入者会从两个方面减少现有厂商的利润:一方面它会挤占原有企业的一部分市场份额以获取利润,另一方面进入者的增加会加剧企业之间的竞争,造成产品价格的下降。两者都会导致原有企业的获利能力下降,所以原有企业一般会采取反击措施阻碍其他企业进入。对于一个产业来说，新竞争者进入威胁的大小，取决于本行业的进入壁垒和原有企业反击的强烈程度。我们通常把这两种障碍叫作“进入障碍”。决定进入障碍大小的因素有：

①规模经济性。规模经济是指企业生产单位产品的平均成本随着生产规模的扩大而降低的经济现象。而新进入企业在选择生产规模上就面临着两种选择：一是以较小生产规模进入，优点是投入小、风险也小，缺点是平均生产成本太高，与现有企业相比不具有竞争力；另一种做法是以较大的生产规模进入，这样平均生产成本就可以迅速降低，与现有企业相比有一定的竞争力，但是缺点是要冒生产能力利用不足和因为市场占有率威胁大而造成现有企业强烈反击的风险。

②资本要求。资本要求是指一个潜在进入企业如果要进入一个行业并站稳脚跟，需要的资本大小。这里的资本包括购置生产设备和生产资料、流动资金要求、提供用户信贷、存货经营等一系列的费用。不同的产业对于潜在进入企业的资本要求是不同的，例如汽车业、石油化工业、钢铁业、航空业等行业的资本要求是非常高的，而一般的服务性行业和零售业相对就低得多。所以进入前一类行业的风险就比较高，潜在进入企业的进入障碍也就较大。

③产品差异壁垒。产品差异壁垒是指，在一个产品差异性较大的行业，行业内现有企业享有品牌认知和顾客忠诚的优势。因为与农作物、禽蛋等之类的同质产品不同，消费者对差异性大的产品有一定的品牌依赖性，他们一般不愿轻易更改自己习惯使用的产品。

④资源供应。当行业内现有企业已与原材料及技术供应渠道建立了良好稳定的供应关系，那么新进入者在资源获取方面的障碍就非常高，如石油、煤炭、天然气、有色金属等自然资源采掘型行业，当现有企业拥有这些资源的采掘权时，新进入者除了采取并购原有企业的方法外，一般很难进入。

⑤销售渠道。由于分销渠道容量的有限，以及分销商出于节省成本和规避风险的原因，分销商们一般不愿意经销新进入企业的产品。这时企业只能采用降价、分担广告费等各种方法来促使分销商经销自己的产品，或者采用建立自己的销售渠道的方法，但这都会使企业成本大幅增加，对于新进入企业来说也是十分严重的障碍。

⑥绝对成本优势。行业内原有企业掌握较多的技术优势、有丰富的生产经验、专利权的保护、独占最优惠资源等，这都是新进入企业一时难以达到的。

⑦政府政策和法律障碍。政府的政策及有关法律的限制是一种最有效的障碍，如银行业、保险业、电信业等行业都是要求有政府颁发的执照才可以进入的，还有如实行许可证制度的药品、食品、邮电业，以及对原材料严格控制的采掘业、林业、渔业，还有受控制环境污染的法令所限制的产业，都是新竞争者比较难以进入的。

⑧原有企业的反击。

⑨进入壁垒的其他因素。

(2)行业内现有企业的竞争

行业内企业竞争的目的是为了占据更大的市场份额，获得更高的利润，迫使其他企业亏损而退出行业，保证自己的生存和获利。行业内的盈利水平很大一部分取决于企业的竞争能力，竞争的主要手段包括价格、广告、服务、产品创新以及其他非价格因素。行业内现有企业的竞争激烈程度取决于以下几个因素：

①行业集中度。行业集中度就是指行业内企业数量的多少，一般行业内企业数量越多，集中度越低，竞争越激烈。

②行业增长速度。在增长缓慢的行业或是处于行业增长缓慢期时,为了打破僵局寻求出路,获得更高市场份额,企业会加剧竞争激烈程度。

③固定费用和库存成本。固定费用高的行业迫使企业要尽量充分利用其生产能力,出于降低单位产品的固定成本和减少设备闲置的考虑,企业会采取增加产量的措施,而产量增加又会导致产品供应过剩,造成竞争加剧。而在库存成本比较高的产业,为了节约库存成本,企业都急于将产品卖出,从而也造成竞争变得激烈。

④产品差异及转换成本。当成本差异度较低且用户转换使用其他产品成本较低时,为了争夺顾客,企业必然会在价格和服务上展开激烈的竞争,而成本差异度较高且转换成本也高的行业,竞争就较为缓和。

⑤行业内生产能力增长幅度。如果由于行业的技术特点或规模经济的要求,造成行业生产能力大幅增长时,必然会造成供过于求,为了销售出更多的产品,迫使企业加剧竞争。

⑥退出行业的障碍。退出行业的障碍是指当企业退出某个行业时要付出的代价,当退出障碍高时,企业不敢轻易退出,势必造成竞争加剧。

(3)供应者讨价还价的能力

供应商对企业的压力主要有希望可以提高供应价格、减少紧俏资源的供应或降低供应品的质量等。供应者压力的大小主要取决于以下八个因素:

①供应者的集中度和行业集中度。如果供应者集中度高,即原材料供应掌握在少数几个供应商手中,而行业集中度却很差,即需要此原材料的企业很多,在这种情况下供应者通常会在价格、质量和供应条件上对企业施加压力。

②供应品的可替代性。如果供应商提供的资源没有替代品或替代品较少,那么企业对供应商的依赖就较大,在与供应商交易过程中就容易处于劣势。

③本行业的购买者对于供应商的重要性。如果本行业的购买者对于供应商来说是重要客户,供应者的利益是与该行业息息相关的情况下,来自供应商的压力就会大大减小。

④供应品对行业的重要性。如果供应商提供的供应品对行业来说是十分重要的生产要素,例如木材对于家具制造厂来说就是重要的原材料,木材的质量直接影响家具的品质时,供应商讨价还价的压力就会增大。

⑤转换成本。如果企业转换供应商的成本较高,则供应商讨价还价的能力也会增加,例如集成电路芯片对于家电制造厂商,更换芯片常常意味着要重新修改产品设计,那么在交易时,供应芯片的这些厂商就会向家电厂商施加一定的压力。

⑥供应者向前一体化的倾向。向前一体化倾向是指供应商本身也有生产本行业产品的倾向,例如木材供应商自己也开始生产家具了,那么在向其他的家具制造厂商提供供应品时,自然会增加讨价还价的压力。

⑦本行业的企业向后一体化的倾向。同样,向后一体化是指企业本身也开始进行原材料生产,例如如果家具厂商有了自己的木材供应基地,那么供应商的压力也会相对减小。

⑧信息掌握。无论是供应者还是企业,如果一方掌握的信息比较多,那么在交易时,都会占据一定的主动权。

(4)买方讨价还价的能力

出于自身利益的考虑,购买者总是希望可以用尽量少的成本获得尽量多、物美价廉的产品并且享受到优质的服务。他们会利用同行业企业之间的竞争来给企业施加压力,尽量压低价格。以下七点因素决定了买方讨价还价压力的大小:

①购买者的集中度。如果本行业的购买者只是少数几个用户,用户的购买数量占据了企业大部分产量的话,购买者的讨价还价能力会增加,例如军队对于军用设备物资的采购。

②行业产品的标准化程度。如果本行业生产的产品标准化程度很高,则用户选择产品时考虑更多的就是价格,他们会促使企业之间用价格战的形式展开竞争,例如沃尔玛在选择供应商的时候,对于日用小商品讨价还价的压力就远大于家电、香水等行业。

③用户购买的材料在其产品中的重要程度。用户购买的材料在其产品中的重要程度越高,出于价格和品质的要求,他们对供应者的要求也越严格。例如电脑整机生产商对于核心配件的采购向来是十分慎重和挑剔的。

④购买者的转换成本。如果用户从一个产品供应商转为使用另外一家供应商产品的成本小,用户就有很多的选择权,在挑选供应商的时候更加主动,对企业施加的压力也就越大。

⑤本行业企业向前一体化的倾向。与前述的供应商的压力一样,这里也存在前向一体化问题,例如木材供应商本来是将产品卖给家具制造厂的,现在自己也开始生产家具了,那么在交易时自然会减小讨价还价的压力。

⑥用户向后一体化的倾向。同样道理,如果用户自己开始生产原本需要购买的原材料,那么用户对供应商的压力也会相对增加。

⑦信息掌握。这里同样存在着信息的问题,无论是供应者还是用户,只要一方掌握的信息比较多,就会占据一定的优势。

(5)替代品的压力

替代品是指那些与本行业产品具有相同或者相似功能的产品,例如钢笔和圆珠笔、矿泉水和纯净水等。在行业中造成替代的原因一般有:①科技进步造成的技术换代,例如电子表替代机械表、计算机替代算盘、电子邮件替代传统通信方式等;②经济因素造成的材料替换,例如为了节省成本,产品外壳从金属替换为塑料,制衣时用人造材料替换天然织料;③资源短缺造成的资源替换,例如塑料材料逐渐替代木质材料、电力资源逐渐替代石油资源等。

一般来说,新的替代产品或服务的出现,都会给行业内原有企业带来竞争压力,因为消费者会有新的选择,价格上可能也具有一定优势。

综上所述,产业竞争结构分析就是在产业的宏观角度上,通过分析影响产业竞争力的重要因素,从而认识到影响企业发展的重要因素,为管理者制定企业战略提供依据。

7.2.2.3 战略群体分析

战略群体又称战略集团、战略组,是指在一个行业内执行相同或相似战略的一组企业。产业竞争结构分析是针对行业间的竞争进行分析,而战略群体分析则是针对行业内部的竞争进行研究,它通过对本行业内部其他竞争者的战略进行分析而得出对本企业制定战略有价值的信息。

(1)如何确定战略群体

关于如何确定战略群体,波特教授在《竞争战略》一书中提出如下一些变量:

①产品(或服务)差异化(多样化)的程度;

②各地区交叉的程度;

③细分市场的数目;

④所使用的分销渠道;

⑤品牌的数量;

⑥营销的力度(如广告覆盖面、销售人员的数目等);

⑦纵向一体化程度；

⑧产品的服务质量；

⑨技术领先程度(是技术领先者还是技术追随者)；

⑩研究开发能力(生产过程或产品的革新程度)；

⑪成本定位(如为降低成本而作的投资大小等)；

⑫能力的利用率；

⑬价格水平；

⑭装备水平；

⑮所有者结构(独立公司或者母子公司的关系)；

⑯与政府、金融界等外部利益相关者的关系；

⑰组织的规模。

为了识别战略群体，必须选择这些特征中的两至三项，并且将该产业内的企业在“战略群体分析图”上标注出来。选择划分产业战略群体的特征时要避免选择同一产业中所有公司都具有的相同特征。例如，在进行政府统一定价的行业的战略群体分析时，就避免选择“价格水平”的特征，因为行业内所有企业的价格水平都是一样的，不具有可比性。

(2)战略群体分析

我们以一个例子来说明如何进行战略群体分析。图7－4展示的是20世纪80年代的欧洲食品工业战略群体。从图中可以看出，它是通过营销力度和地区覆盖率两个特征将四个战略群体分开的。A1是具有著名品牌、在全世界范围内进行跨国经营的跨国公司；A3是具有较强品牌和较高营销能力的国内公司，比A1的范围要小得多；B2在国内经营但通常不是市场领导者；C3专门经营自己供应的自有品牌的产品，并且致力于低成本产品。

利用战略群体分析，企业可以通过对比其他企业的情况，更好地了解自己的战略地位、竞争的优势和可能的发展机会，战略群体分析的优点主要有以下几点：

①有助于了解战略群体之间的竞争状况，可以主动地发现远处和近处的竞争者，并可以很好地了解各个群体的情况，例如从图7－4(B)中可以看出，跨国公司A1主要致力于营销、品牌推广和各国生产资源的控制；而自有品牌供应商C3则更专注于保持低成本。

②有助于了解各战略群体之间的移动障碍，“移动障碍”是指从一个群体转向另一个群体的阻力大小，从图7－4(A)的战略群体分析中就可以看出：进入A1群体的阻力是很大的，因为国内的小企业如果想成长为跨国知名企业的话，无论是从顾客品牌认知度、规模经济、营销和组织能力还是大企业可能的反击来看，都有很大的阻力，而进入其他群体就相对容易一些。

③有助于了解战略群体内企业竞争的主要着眼点。同一战略群体内的企业虽然采用的是相同或相似的战略，但是由于各个企业的优势，或者是掌握的稀有资源不同，会造成企业在实施战略上的能力不同，也因此会造成实施同样的战略却得到不同的效果。而通过战略群体分析可以帮助企业了解到所在群体的战略特征和其他竞争者的实力，利用本企业的优势和特长选择、制定和实施战略。例如，C3群体的主要目标应该是尽量节约成本，那么群体内企业就应该利用自己在某些方面的优势去尽力达到这一目标，而不是把精力花在营销方面。

④有助于预测市场变化和发现战略机会。从图7－4(B)的战略区间分析中就可以看出，当前在欧洲的食品产业中已存在C1、C2、A2等空缺，这些空缺能为新的战略和战略群体提供机会，通过可行性分析，企业就可以决定是否进入这一领域。例如图中的B1(跨欧洲品牌)，就是很有吸引力的领域，它既能在跨市场中实现规模经济，又不像A1群体具有那么大的压力，

进入也比较容易。

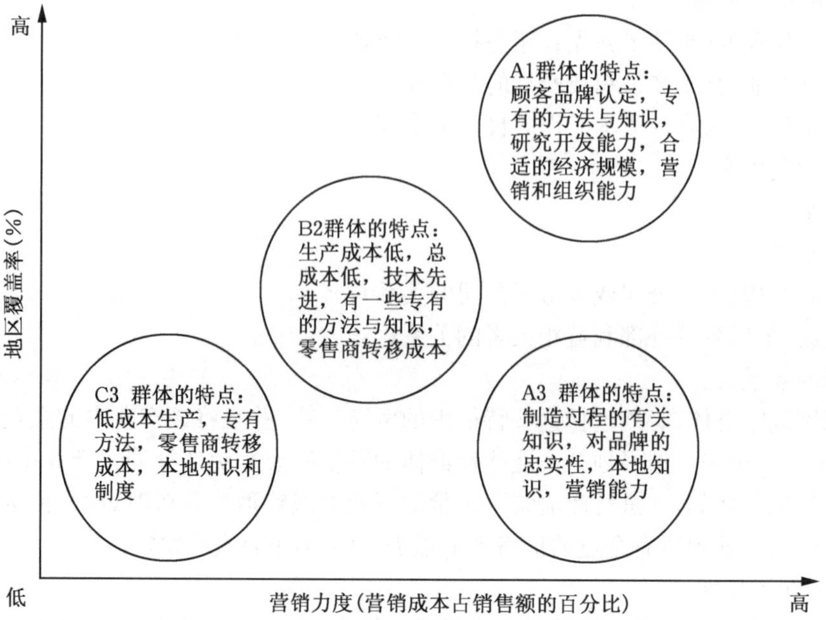

(A)20世纪80年代欧洲食品工业战略群体

C1 跨欧洲自有品牌供应商	B1 跨欧洲品牌	A1 全球著名品牌
C2 地区性自有品牌供应商	B2 地区性较小品牌	A2 地区性著名品牌
C3 国内自有品牌供应商	B3 国内较小品牌	A3 国内著名品牌

低　营销力度(营销成本占销售额的百分比)　高

(B)战略区间分析

图 7—4　战略群体分析

7.3　企业资源与能力分析

企业外部环境分析是从宏观的角度对整个国民经济和企业所在行业进行分析，而内部环境分析就是从微观的角度入手，对企业自身的素质进行分析。通过外部环境分析，企业可以发现正在和将要面对的环境中有哪些机会和威胁，使企业可以意识到“我们应当做什么?”而企业内部环境分析则是通过对企业内部条件的分析，来回答“我们能够做什么? 我们的优势在哪里?”内外部分析的结合可以使企业在认清外部机会和威胁的同时，结合企业自身的特点，更好地制定和执行企业战略。

企业内部环境分析的目的是了解企业自身的各种条件和组织状态，确认企业自身的优势与劣势，在战略的实施过程中就要克服自身的不足，发掘长处，不断改善自己的不足之处。企业内部环境是企业进行生产经营活动的基础，企业战略的制定和实施必须建立在这个基础上。

7.3.1　内部资源分析

企业资源可分为三类：

(1)有形资源，主要是指企业的物质资产和金融资产。物质资产主要包括企业的厂房、土地、设备等固定资产，金融资产主要是指企业的筹资和借款。

(2)无形资源，主要是指企业的知识产权、技术诀窍、企业形象、品牌、交易秘诀、专用知识、商誉、企业文化等。

(3)人力资源，主要是指能够推动企业发展的全体员工的能力。人力资源与人力资本是两个密切相关的概念，两者有相同之处，又有明显的区别。人力资源主要是管理领域的概念，强调人力作为一种经济资源的稀有性和有用性，是指经过开发而形成的具有一定体力、智力和技能的生产要素的资源形式，强调人的创造能力。人力资本是经济领域的概念，其分析内容侧重于人的价值研究，即通过投资形成的以一定的人力存量存在于人体中的资本形式，强调以某种代价所获得的能力和技能的价值，投资的代价可以在提高生产力的过程中以更大的收益收回。

企业资源、能力与竞争优势之间的关系见图 7—5。

在图 7—5 中我们可以看出，企业的三种资源通过组织管理的协调、整合，为企业战略的制定和实施提供了基础，然后在外部环境的影响下，共同构成了企业的竞争优势。图 7—5 列示了企业资源的具体组织管理方式。

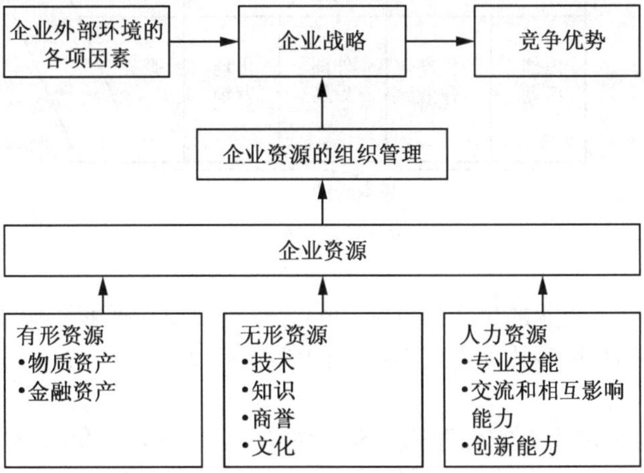

图 7—5　企业资源、能力与竞争优势的关系

在进行企业资源分析时，首先要确定企业的优势与劣势，如果企业在某方面具有超过其他竞争者的优势，那就应该努力挖掘这种优势，通过协调、组织和管理，使其成为企业竞争的强大资本；同样，如果企业存在着某些明显的劣势，同样应该采取积极的组织管理措施，尽量弥补可能带来的损失。

企业常见的资源优势主要有：

(1)企业具有某项技能或专门技术；

(2)企业具有宝贵的有形资源；

(3)企业具有宝贵的无形资源；

(4)企业具有宝贵的人力资源；

(5)企业具有良好的组织管理能力；

(6)企业具有某种特殊的竞争能力;

(7)企业与其他合作者建立了能够提高竞争力的战略联盟。

相对的,如果缺少以上的任何一项资源,而同行业中的其他竞争者都具有此资源时,企业在这方面就具有资源劣势。

7.3.2 价值链分析

企业价值链理论是由迈克尔·波特教授在1985年提出的,他在对企业各项生产经营活动进行审查、分析和归类后提出:企业的经营可以视为一个由设计、生产、营销、交货以及对产品起辅助作用的各种价值活动的集合,这样的集合就叫作价值链。虽然同一行业中的企业都有大致相同的价值链,但是仔细分析后会发现,不同企业的价值链在细节上却有很大不同,这是由于不同的企业具有不同的竞争优势,因此造成价值链的差异。价值链分析法的目的就是通过分析企业内部条件,找出对顾客最有价值、企业最有优势的活动,加以改进与提高,以达到提高企业竞争力的目的,见图7—6。

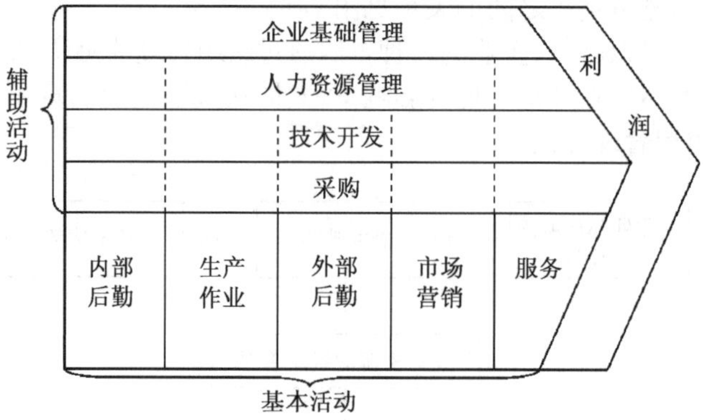

图7—6 价值链

从图7—6可以看出企业的生产经营活动分为基本活动和辅助活动两大类,基本活动是指生产经营的实质性活动,这些活动直接与商品的价格流转有关,是企业的基本增值活动,基本活动包括:

(1)内部后勤:包括资源接收、储存和分配活动,如原材料搬运、仓储、库存控制、车辆调度等。

(2)生产作业:将各种投入转化为最终产品,如加工制造、检测、包装、设备维护等。

(3)外部后勤:包括产品发送、储存、运输等。

(4)市场营销:包括市场营销各种活动,如广告促销、销售队伍、定价、销售渠道等。

(5)服务:包括安装、维修、培训和提供备件等。

辅助活动是为基本活动提供服务和支持并且之间也互有联系的活动,它们是企业竞争优势的来源,辅助活动包括:

(1)采购:这是指企业整个价值链各项活动中的投入,而不仅是内部后勤的采购活动,包括各项活动所需原材料、易耗品、机器设备、办公设备及建筑物等。

(2)技术开发:这里的技术开发不仅是指研究与开发中的技术与开发,而且是指可以改进企业产品和工序的一系列技术活动。它发生在企业很多部门,一个企业的技术水平直接关系到企业产品的功能、质量、资源利用效率及企业运行效率。

(3)人力资源管理:是指企业职工的招聘、雇用、培训、提拔和退休等各项管理活动。它支持着企业中的各项活动和整个价值链,对企业生产经营起着重要的作用。

（4）企业基础管理：是指企业的战略管理活动、财务活动、法律活动、质量管理、公共关系活动等。

以上价值链的分析将企业的所有活动进行系统分割，使我们认识到各项活动对企业竞争优势所起的作用是不同的。要使企业整个价值链体系达到最优，就应该抓住价值链中的关键环节进行分析，为企业对现实及潜在的优势和劣势进行内部分析提供有效的指导。

7.3.3　企业的核心能力

资源是企业有什么，能力是企业能够做什么，而核心能力则是指组织擅长做什么。所谓核心能力，是“组织中积累性学识，特别是关于如何协调不同的生产技能和有机结合多种技术流的学识”，它是企业所有能力中最核心、最根本的部分，可以通过向外辐射，作用于其他能力，影响着其他能力的发挥和效果。核心能力的形成要经历企业内部独特资源、知识和技术的积累与整合的过程，从而产生独特的、持续的竞争力。

核心能力一般具有以下特征：

（1）价值优异性。能够为企业发展把握机会，使企业进入各种相关市场参与竞争并获得竞争优势，并有效抵御威胁。

（2）稀有性。是指现有竞争者和潜在竞争者没有或难得拥有的能力。

（3）难以模仿。由于独特的历史条件、原因的模糊性和社会复杂性，其他组织往往难以开发出来这种能力。

（4）难以替代。难以找到战略等价物。

7.3.4　SWOT 分析法

SWOT（Strengths-weaknesses-opportunities-threats matrix）分析是一种综合考虑企业内部条件和外部环境的各种因素，进行系统评价，从而选择最佳经营战略的方法，其中的 S 是指企业的优势（Strengths），W 是指企业的劣势（Weakness），O 是指企业外部环境的机会（Opportunities），T 是指企业外部环境的威胁（Threats）。使用 SWOT 方法的前提是企业已经对一个或者几个业务有了初步的选择意向，通过分析可以进一步考察这些业务领域是否适合企业进入，是否能够建立持久竞争优势。

从表现形式上来看，SWOT 一般采用十字图结构，具体方法是建立一个十字象限。X 轴表示为内部优势与劣势，Y 轴表示外部机会与威胁，然后将图 7—7 所示各类要素逐项打分，按其重要程度加权并求其代数和，再将所得结果在 SWOT 分析图上具体定位，根据其所在的象限，确定企业战略能力。根据所在象限不同，企业战略可以分为以下四种，如图 7—7 所示。

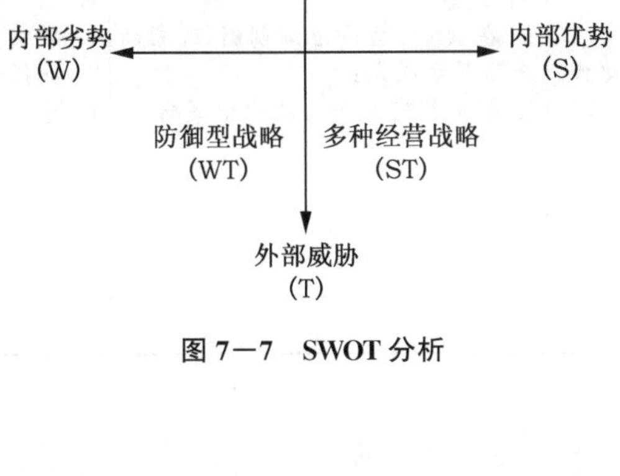

图 7—7　SWOT 分析

1. 增长型战略(SO),就是依靠内部优势去抓住外部机会的战略。如一个资源雄厚的企业(具有内部优势)发现某一国际市场尚未饱和(存在外部机会),那么它就应该采取 SO 战略去开拓这一市场。

2. 扭转型战略(WO),就是利用外部机会来弥补企业内部劣势的战略。例如当市场上对于某项业务的需求快速增长的时候(外部机会),企业自身却缺乏这一方面的资源(内部劣势),企业就应该抓紧时机采取扭转型战略,购买相关设备、技术,雇用技术人员或者干脆购并一个相关企业,以抓住这个机会。

3. 多种经营战略(ST),就是利用企业的优势去避免或减轻外部威胁的打击。如一个企业的销售渠道很多(内在优势),但是由于种种限制又不允许它经营其他产品(外在威胁),那么企业就应该采取多种经营战略,在产品的多样化以及其他方面多下点功夫。

4. 防御型战略(WT),就是减少内部弱点、同时避免外部威胁的战略。例如一个资金不充裕(内在劣势),而市场对其产品的认知度又不高(外在威胁)的企业就应该采取防御型战略,稳扎稳打地强化企业管理,提高产品质量,稳定供应渠道,或者以联合、合并的方式谋求长期的生存和发展。

【相关阅读】

耐克公司的SWOT分析

企业内部环境 / 企业战略选择 / 企业外部环境	企业内部优势(S) 1. 品牌忠诚度; 2. 在市场营销方面,有效的广告和促销策略; 3. 在产品研发方面技术领先; 4. 低成本、高质量的生产制造体系; 5. 良好的盈利率,高于评价水平的利润率; 6. 1.24 亿美元的战略基金; 7. 菲尔·奈特的未来式领导风格,事情处理速度很快。	企业内部劣势(W) 1. 高于平均水平的杠杆作用限制了借款能力; 2. 从财务上看不能达到年增长 30% 的目标; 3. 宽松的管理风格造成沟通不充分,不适合大型公司; 4. 缺少正式的管理体系,造成控制不利; 5. 产品线太宽。
企业外部机会(O) 1. 由于一些社会性趋势(如休闲)和事件(如 1984 年奥运会),美国市场需求增长; 2. 引入了低成本的产品线,增加了富裕、注意地位、追求时尚的顾客群喜爱的产品; 3. 增加了新的个性化产品和新用途; 4. 海外市场的扩大。	SO 战略 1. 大范围地进行 R&D 开发新的产品线,如足球装; 2. 开发中等收入者、妇女以及国际市场。	WO 战略 1. 削减产品线,将精力集中在盈利多的产品上; 2. 重新设计组织机构使方向能更集中。
企业外部威胁(T) 1. 市场日趋成熟,竞争加剧; 2. 顾客对价格的敏感程度增加,价格竞争可能加剧顾客对价格的敏感性,可能导致一般品牌和私人商标的增加; 3. 市场趋势正由运动装向时尚装转变; 4. 新竞争者的加入。	ST 战略 1. 在 R&D 方向继续创新,缩短新产品开发周期; 2. 制定富有竞争力的价格策略。	WT 战略 1. 削减产品线; 2. 加强管理控制系统,使产品线得以控制。

7.3.5　业务组合分析

战略能力分析一个重要的组成部分就是评估构成公司业务组合的合理程度，下面我们介绍两种分析业务组合的矩阵——波士顿矩阵(BCG)和通用矩阵。

7.3.5.1　波士顿矩阵(BCG)

波士顿矩阵(Boston Consulting Group，BCG Matrix)是由美国波士顿咨询公司在 1960 年提出的一种投资组合分析方法，见图 7—8。这种方法是将企业生产经营的全部产品或业务组合作为一个整体进行分析，常用来分析企业相关经营之间现金流量的平衡问题。通过这种方法，企业可以找到企业资源的产生单位和这些资源的最佳使用单位。

波士顿矩阵的 X 轴表示企业在行业中的相对市场份额，也就是企业某项业务的市场份额与这个市场上最大竞争对手的市场份额之比，通过它来反映企业在市场上的竞争地位，例如索尼公司在音乐制品产业的最大竞争对手为环球音乐公司，两者 1999 年的市场份额分别为 27％(环球)与 16％(索尼)，那么索尼的相对市场份额就为 16/27＝0.59。以相对市场份额的 1.0—1.5 为分界线，划分为高、低两个区域。波士顿矩阵的 Y 轴表示企业的市场增长率，是指企业所在产业某项业务前后两年市场销售额增长的百分比。这一增长率表示每项经营业务所在市场的相对吸引力。通常以 10％作为增长率高、低的分界线。图中纵坐标与横坐标的交叉点表示企业的一项业务或产品，圆圈面积的大小表示该业务或产品的收益与企业全部收益的比。根据刚刚介绍的产业市场增长率和企业相对市场份额标准，波士顿矩阵可以把企业全部的经营业务定位于四个区域中，见图 7—8。这四个区域分别为：

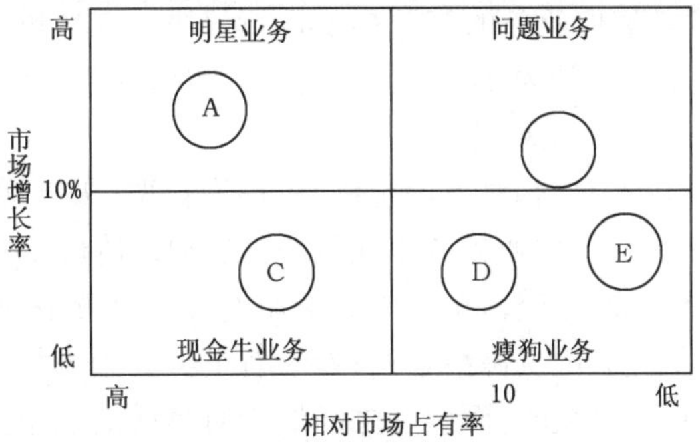

图 7—8　波士顿矩阵

(1)高增长—强竞争地位的“明星”业务。这类业务处于迅速增长的市场，具有很大的市场份额。在企业的全部业务中，“明星”业务的增长或获利有着极好的长期机会，但它们也是企业资源的主要消费者，需要大量的投资。为了保护和扩展“明星”业务在增长的市场上占主导地位，企业应在短期内优先供给它们所需的资源，支持它们的高速发展。

(2)高增长—弱竞争地位的“问题”业务。这类业务通常处于最差的现金流量状态。一方面它所在产业的市场增长率高，企业需要大量的投资支持其生产经营活动；而另一方面它的相对份额地位较低，产生的收益并不高。在这种情况下，企业应对“问题”业务未来的盈利能力进行分析，决定是否要进一步进行投资，或是将投资转移至收益较高的“明星”业务。

(3)低增长—强竞争地位的“现金牛”业务。这类业务处于成熟的低增长市场中，市场地位有利，盈利率高，本身不需要投资，还能为企业提供大量资金，用以支持其他业务的发展。

(4)低增长一弱竞争地位的"瘦狗"业务。这类业务处于饱和的市场之中,竞争激烈,可获利润很低,不能成为企业资金的来源。如果这类业务尚能自我维持,则应缩小经营范围,加强内部管理。如果这类业务已彻底失败,企业应及早采取措施,清理业务或退出经营。

波士顿矩阵分析法作为最早的组合分析法之一,是十分有价值的一种思想。它通过企业内外部环境的综合分析,得到企业的业务发展战略的理论依据。并能用来帮助企业推断竞争对手相关业务的战略,更好地指导企业生产经营。

但是波士顿矩阵分析法与其他所有分析技术一样,也具有某些局限性。例如将业务看成"明星""问题""现金牛"和"瘦狗"之一未免过于简单,很多位于矩阵中部的业务就无法明确归类。此外它通过资金来完全代表企业资源也并不十分准确,有的企业中,要进行规划和均衡的重要资源往往不是现金,而是时间和组织中人员的创造力。而且波士顿矩阵在具体运用中有很多的困难,如正确地应用组合计划对管理人员来说意味着巨大的变革,不能保证企业部门的积极配合,有的学者因此提出,自由竞争市场可能在配置资源上会更加有效。

7.3.5.2 通用矩阵

通用矩阵又称行业吸引力矩阵,是由美国通用电气公司设计的一种投资组合分析方法,它针对波士顿矩阵过于简单的缺点进行了改进,见图7—9。首先,通用矩阵在波士顿矩阵的基础上在两个坐标轴上都增加了中间等级;其次,它在两个坐标轴上都采用了多个指标来反映产业吸引力和企业竞争地位;最后它在圆圈中添加了扇形的涂黑部分,用于表示业务所占有的市场份额。

影响行业吸引力的因素有:市场规模、产业增长率、利润率、市场竞争强度、竞争结构、技术及社会政治因素等,评价行业吸引力的方法是首先根据每个因素的相对重要程度,定出各自的权数;然后根据每个因素对某项业务的有利程度进行评级。在这里采取5级制,非常有利为5,有利为4,无利害关系为3,不利为2,非常不利为1。再将权数和级数相乘得出整体行业吸引力值,最后将产业吸引力归类为高、中、低三档。

影响业务竞争地位的因素有:相对市场份额、市场增长率、买方增长率、产品差别化、生产技术、生产能力、管理水平等。评估业务竞争地位的方法和评估行业吸引力的方法是一样的。

从矩阵图中9个方格的分布来看,企业中处于左上方三个方格的业务是最适合采取增长与发展战略的,企业应该优先分配资源给它们;处于右下方三个方格的业务是比较危险的,一般应该采取停止、转移和撤退等战略;而两者之间处于对角线的三个方格的业务,则应该采取维持或有选择地发展的战略,维持原有发展规模,同时调整其发展方向。

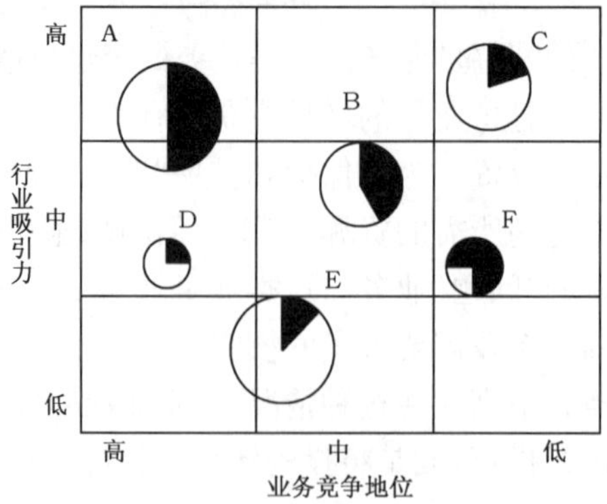

图7—9 通用矩阵

7.4　了解战略的种类

在对外部宏观和行业环境以及企业资源能力进行了一系列的分析后，我们现在可以确定战略了，每个企业所面临的情况不同，如果有与众不同的能力，并执行了正确的战略后，一定能在激烈的市场竞争中脱颖而出。下面我们就来谈谈根据不同标准对战略的分类。

7.4.1　三种基本竞争战略

（1）成本领先战略

成本领先战略是指企业通过在内部加强成本控制，在研究开发、生产、销售、服务和广告等各个环节把成本降低到比所有竞争对手更低的水平，成为行业中的成本领先者的战略。成本领先的战略一是要求企业成为产业内真正的成本领先者，而不仅仅是几个领先企业之一；二是要求企业对竞争者具备明显的成本优势，而不只是微小的领先。成本领先并不意味着获取绝对低的成本，而是比竞争对手相对低的成本。在寻求成本领先地位时，企业必须认真思考哪些是购买者认为至关重要的特色和服务。一味地追求成本降低而丧失产品特色会削弱而不是加强产品的竞争力。

（2）差异化战略

差异化战略是提供与众不同的产品和服务，满足顾客特殊的需求，形成竞争优势的战略。

企业形成这种战略主要是依靠产品和服务的特色，而不是产品和服务的成本。但是应该注意，差异化战略不是讲企业可以忽略成本，只是强调这时的主要战略目标不是成本问题。随着技术的成熟和管理的完善，企业降低成本的空间会日渐狭小，同时，价格的持续下降和顾客消费水平与模式的逐步升级，将导致顾客的价格敏感性锐减，价格在顾客购买决策中的主导地位会逐步让位于非价格要素。而非价格要素所具备的丰富性和不可即时模仿性使得差异化战略受到越来越多的企业的青睐。

实施差异化战略的关键条件是：通过产品和服务独特性提供顾客价值；这种价值被顾客所认可；顾客愿意为独特性支付溢价；企业具有提供独特性的能力。

（3）重点集中战略

重点集中战略，是指企业将经营的重点集中在产业内的局部市场，以谋求局部竞争优势的战略。企业选择重点集中战略的主观原因是企业的自身实力较弱，尚难以向整个市场提供产品和开展大范围的竞争；其客观原因是市场与产业的同质性较弱，存在市场细分与产业细分的机会。

低成本与差异化是两种最基本的竞争优势来源。重点集中战略也因对两种竞争优势的取舍而分为两种类型，即聚焦成本领先战略和聚焦差异化战略。

7.4.2　企业成长战略

企业在发展过程中的总体战略是关于企业整体发展的方向、目标、策略和资源配置的长期计划，企业的总体战略可以分为稳定战略、紧缩战略和成长战略三大类，稳定战略是指企业基本保持现有经营范围和规模的一种战略。其基本特征是：战略无变化或微小变化；维持业务和利润；暂停增长；慎重对待变化等。紧缩战略是指企业从目前的战略经营领域和水平收缩和撤退,且偏离起点战略较大的一种战略。其基本特征是对企业现有的业务和市场领域实行收缩、调整和撤退,严格控制资源运用,尽量削减各项费用支出,裁员等。我们主要讲一下企业成长的战略途径。

7.4.2.1 密集成长战略

密集成长战略是指在原有生产经营范围内充分利用产品和市场方面的潜力来求得企业增长,也称为集约型增长或加强型增长战略。这一战略要求企业加强努力的程度,以提高企业现有产品和在现有市场的竞争地位。密集成长战略具体分为市场渗透战略、市场开发战略和产品开发战略三种类型。

(1)市场渗透战略

市场渗透战略是指企业在利用现有产品和市场的基础上,通过改善产品和服务等经营手段、方法,逐步扩大销售,以占领更大的市场面。这种战略的核心是提高原有产品的市场占有率。

(2)市场开发战略

市场开发战略是集中战略在市场范围上的扩展,它是指将现有产品进行某些改变(主要是外观上的改变)后,经过其他类型的分销渠道、不同的广告或其他媒介,销售给相关市场用户的过程,即在新市场上销售现有产品。

(3)产品开发战略

产品开发是指对现有产品进行较大幅度的调整,或生产与现有产品相关的、能经现有渠道推销给现有用户的新产品活动。其重要特征是在现有市场上出售新产品。

7.4.2.2 一体化战略

一体化战略是指企业充分利用自己在产品、技术、市场上的优势,根据物资流动的方向,使企业不断地向纵向和横向发展的一种战略。一体化战略主要包括纵向一体化战略和横向一体化战略。以现有经营领域为基础的经营规模扩大称为横向一体化;而向当前业务的上下游扩展称为纵向一体化。

(1)纵向一体化战略

纵向一体化战略又称为垂直一体化战略(Vertical Integration),是指具有投入产出关系的相邻上下游若干个生产阶段或企业合为一体的过程,这是企业沿着其投入或产出方向的扩张成长方式。

纵向一体化主要有两层含义:一是“纵向”,即沿投入产出链的方向;二是“一体化”,即两个或两个以上的独立企业合一的过程。

当纵向一体化沿着原有生产的投入或原材料供应方向发生时称为后向一体化或上游一体化;当纵向一体化沿着产出方向发生时,称为前向一体化或下游一体化。如图 7—10 所示。

图 7—10 纵向一体化示意

①后向一体化，指生产企业与供应企业之间的联合，目的是为了确保产品或劳务所需的全部或部分原材料的供应，加强对所需原材料的控制，如自行车厂原来要向橡胶厂购买轮胎，现在自行车厂与橡胶厂联合起来，让橡胶厂专门生产自行车轮胎，保证了自行车厂的轮胎供应。

后向一体化可以将原来作为一个成本中心的原材料供应变成利润生长中心，尤其是当供应商具有规模边际收益时，这是非常具有吸引力的战略选择。它可以使企业摆脱因依靠外部原材料供应而带来的不稳定性，同时也可以减少企业由于主要供应商利用市场机会提高价格而造成的利润损失。企业实现后向一体化之后，不仅能保证交货期，享受低价优惠，还可以提高产品质量，从而使其生产稳定正常地进行，对外界环境具有较强的适应性。

②前向一体化，指生产企业与用户企业之间的联合，目的是为了促进和控制产品的需求，搞好产品营销。如纺织印染厂可以与服装加工厂联合，不仅搞印染，而且还制成服装出售，这样就控制了产品需求，促进了产品营销。

(2)横向一体化战略

横向一体化是生产经营领域大体相同的企业之间以合并、兼并或合作等手段，扩大经营规模的行为，是企业成长的手段之一。横向一体化战略一般是企业在竞争比较激烈的情况下进行的一种战略选择。这种战略选择极可能发生在行业成熟的阶段中，成为增加竞争实力的重要手段；也可以发生在行业成熟后，成为避免过度竞争和提高效率的手段。

7.4.2.3　多元化战略

企业多元化战略是指企业在原主导产业范围以外的领域从事生产经营活动。它是与专业化经营战略相对的一种企业发展战略。企业多元化经营意味着其将组织新的业务发展方向，即企业将从现有的产品和市场中分出资源和精力，投入到企业不太熟悉或毫不熟悉的产品和市场上，这可能会给企业经营带来风险。多元化主要有以下几种类型：

(1)相关多元化战略

相关多元化战略是指企业以现有条件为基础，发展与现有产品(服务)/市场有某种相关性的产品(服务)的战略，有时又称为同心多元化战略。从价值链来看，同心多元化涉及新旧业务在价值链上的战略协同关系。这种“战略协同”是指新业务与现有业务在价值链上非常相似，以致能给企业带来获取战略优势的机会，这些机会包括：范围经济效益、形成对共同的供应商更强的讨价还价能力、联合生产零部件而获得规模效益、合并相同或相似价值链带来的成本下降等。战略协同关系可以存在于价值链的各个环节，如研究开发等技术活动、供应活动、生产制造活动、市场营销活动以及销售和售后服务活动等。

(2)非相关多元化战略

非相关多元化战略，又称为混合多元化战略或复合多元化战略，它是指企业进入与现有经营活动和产品或服务没有关联的任何领域和行业。同心多元化的战略追求的是通过不同业务价值链上的战略协同实现低成本、技术技能转移并从中获取战略协同利益。而复合多元化战略则体现了另一种战略追求——财务利益的驱动。因此复合多元化战略着眼于进入有吸引力的财务收益的任何行业和业务，而寻求战略协同关系成为第二位的因素。

7.4.3　企业并购和战略联盟

(1)企业并购

企业并购是兼并、合并与收购的简称，是指一个企业通过购买另一个企业全部或部分的资产或者产权,从而控制、影响被购并企业,以增强企业竞争优势、实现企业经营目标的行为。目前并购已经成为企业成长战略的重要方式之一。并购既可以是同一产业内部的拓展,即一体化,也可以是进入新的产业,即多元化。按照并购双方所处的行业情况,企业并购可以分为横向并购、纵向并购和混合并购。

①横向并购。横向并购是指同处一个行业,生产同类产品或采用相近生产工艺的企业之间的并购。其实质是资本在同一产业和部门内集中,它有利于迅速扩大生产规模,增加市场份额,提高企业的竞争能力和盈利水平。

②纵向并购。纵向并购是指生产或经营过程中具有前向或后向关联的企业之间的并购。其实质是通过处于生产同一产品不同阶段的企业之间的并购,实现纵向一体化。纵向并购除可以扩大生产规模、节约管理费用外,还能够促进生产过程各个环节的密切配合,加速生产流程,提高生产效率。

③混合并购。混合并购是指处于不同产业部门、不同市场,且这些产业部门之间的生产技术没有多大联系的企业之间的并购。它可以降低一个企业长期处于一个行业所带来的风险,并使企业技术、原材料等各种资源得到最大程度的利用。

(2)战略联盟

战略联盟指的是两个或两个以上的经济实体,出于对市场发展的预期和实现各自公司的经营战略目标的考虑,在某些利益共同点的基础上通过各种协议或契约而建立任何股权或非股权形式的共担风险、共担成本、共享利益,以实现优势互补、共创市场的一种双向或多向式长期合作模式。其实质是以合作代替对抗,是更高形式的、激烈竞争的开始。

按联盟领域来划分,战略联盟可以分为研究开发战略联盟、制造生产战略联盟、联合销售战略联盟等。研究开发战略联盟是各企业为了研究开发新技术、新产品、新材料、新能源而采取的一种联盟形式。如三星电子公司与 Yahoo 公司为共同开发可直接进入站点的 Internet 移动电话所建立的战略联盟。

制造生产战略联盟是企业为实现规模经济和应对在市场不景气时减少生产能力所结成的生产制造领域的长期合作关系。例如,欧洲空中客车公司生产的 A300 和 A310 宽体客机,由德国负责生产机身,英国负责生产机翼,西班牙负责生产尾翼,而在法国安装。这种把欧洲各国飞机制造的优势结合在一起的联盟,取得了成功。

联合销售战略联盟是指企业间通过在自己现有区域或一个具体区域销售另一个公司的产品来增加其销售的品种所形成的合作关系。例如,国际领先的商业管理应用软件供应商思佳公司宣布与联想神州数码有限公司共结友好联盟,携手共创中国 ERP 市场,双方的合作协议规定:联想神州数码科技发展公司系统集成部将正式代理、销售思佳全系列产品,并将逐步安装实施系统。

【相关阅读】

2002 年 2 月 20 日,两大家电集团海尔集团和声宝集团宣布了双方合作的消息并举行了合作签约仪式。合作之后,双方将代理彼此品牌,除在两岸营销网络上合作外,还在家电产品、电子产品和通信产品、电子零件与技术上 OEM 采购互补。

海尔集团与声宝集团对本次合作关系都充满了期待,认为此全面合作关系不仅会提升海尔集团与声宝集团在两岸乃至全球家电市场的地位,同时将带动两岸企业向全面而又深入的合作互补关系迈进。

据悉,海尔与声宝合作内容包括:

(1)两大集团相互代理与销售家电、电子产品;

(2)两大集团产品相互 OEM 互补合作;

(3)两大集团相互采购零部件;

(4)两大集团展开策略联盟及投资合作。

海尔是中国最著名的家电集团。声宝集团过去40多年在中国台湾市场已经奠定了第一品牌的市场地位。两大集团的全方位合作将有利于实现两大集团的梦想。一心要成为全球500强的海尔集团目前在全球已经有5万多个营销网点,但能跨入中国台湾市场别具意义;同样,对在台湾屹立40多年的声宝品牌而言,通过此次合作,声宝已经从台湾的声宝跃升为亚洲的声宝,逐步往世界级的声宝目标迈进。

任务小结

在本章中,我们学习了战略管理的过程,了解了企业所面临的宏观环境有哪些因素,对行业中存在的五种竞争作用力进行了分析,剖析了企业自身的资源和能力,分析了主要战略的种类,下面请进行能力自测,看看您掌握得怎么样。

能力自测

• **单项选择题**

1. 战略管理过程是指(　　)。

A. 为了避免组织的失败而采取的一系列活动

B. 一个过程,它关注的是公司的资源、能力和竞争力,对公司所处的外部环境条件并不关心

C. 一系列到目前为止从未被成功运用于非营利部门的活动

D. 公司为获取战略竞争力和超额利润而进行的一个投入、决策和行动的动态、完整的过程

2. 企业通过有效途径降低成本,使企业的全部成本低于竞争对手的成本,甚至在同行业中最低的成本,从而获取竞争优势的一种战略是(　　)。

A. 低成本战略　　B. 营销战略

C. 竞争优势战略　　D. 差异化战略

3. 企业将现有产品更多地投放到现有市场上,以进一步增加销售量,提高市场占有率,构成了企业的(　　)战略思路。

A. 产品开发　　B. 市场渗透　　C. 资源依附　　D. 夹缝生存

4. 当企业在原有经营领域已经取得一定优势,而企业的外部环境和内部条件都没有发生重大变化,往往采取(　　)战略以巩固已有成果。

A. 发展　　B. 竞争　　C. 收缩　　D. 稳定

5. 由职能管理人员制定的短期目标和规划称为(　　)。

A. 公司战略　　B. 职能战略　　C. 市场战略　　D. 经营战略

6. 进入壁垒高与退出壁垒低的产业是(　　)。

A. 高利润、高风险　　B. 稳定的高利润　　C. 低利润、高风险　　D. 稳定的低利润

7. 康师傅控股有限公司原来只生产方便面,后来为了降低市场交易费用,它又成立了专门生产脱水蔬菜的顶芳脱水蔬菜有限公司,此策略属于(　　)。

A. 前向一体化发展战略　　B. 后向一体化发展战略

C. 同心一体化发展战略　　　　D. 横向一体化发展战略

8. 纺织印染厂原来只是将坯布印染成各种颜色的花布供应给服装厂，现在纺织印染厂与服装加工厂联合，这属于(　　)。

A. 前向一体化　　B. 后向一体化　　C. 横向一体化　　D. 混合一体化

9. 成本领先战略可以总结为(　　)。

A. 以最低的竞争性价格提供顾客所接受的产品

B. 提供只有廉价特征的商品，所以商品的价格比较低廉

C. 提供独特的产品，所以顾客愿意支付额外的费用

D. 集中在一些独特的方面，所以顾客愿意支付额外的费用

案例分析

山居小栈的经营策略

山居小栈位于一个著名的风景区边缘，旁边是国道，每年有大批旅游者通过这条公路来到这个风景名胜区游览。

罗生两年前买下山居小栈时是充满信心的。作为一名经验丰富的旅游者，他认为游客真正需要的是朴实但方便的房间——舒适的床、标准的盥洗设备以及免费有线电视。像公共游泳池等没有收益的花哨设施是不必要的。而且他认为重要的不是提供的服务，而是管理。但是在不断接到顾客抱怨后，他还是增设了简单的免费早餐。

然而经营情况比他预料的要糟，两年来的入住率都维持在55%左右，而当地的旅游局统计数字表明这一带旅店的平均入住率是68%。毋庸置疑，竞争很激烈，除了许多高档的饭店宾馆外，还有很多家居式的小旅社参与竞争。

其实，罗生对这些情况并非一无所知，但是他觉得高档宾馆太昂贵，而家庭式旅社则很不正规，像山居小栈这样既具有规范化服务特点又价格低廉的旅店应该很有市场。但是他现在感觉到事情并不是他想得这么简单。最近又传来旅游局决定在本地兴建更多大型宾馆的风声，罗生越来越发觉处境不利，甚至决定退出市场。

这时他得到一大笔亲属赠予的遗产，这笔资金使得他犹豫起来。也许这是个让山居小栈起死回生的机会呢？他开始认真研究所处的市场环境。

从一开始罗生就避免与提供全套服务的度假酒店直接竞争，他采取的方式就是削减“不必要的服务项目”，这使得山居小栈的房价比它们要低40%，住过的客人都觉得物有所值，但是很多游客还是转转然后去别家投宿了。

罗生对近期旅游局发布的对当地游客的调查结果很感兴趣：

1. 68%的游客是不带孩子的年轻或年老夫妇；

2. 40%的游客两个月前就预定好了房间和旅行计划；

3. 66%的游客在当地停留超过三天，并且住同一旅店；

4. 78%的游客认为旅馆的休闲娱乐设施对他们的选择很重要；

5. 38%的游客是第一次来此地游览。

得到上述资料后，罗生反复思量，到底要不要退出市场，拿这笔钱来养老，或者继续经营？如果继续经营的话，是一如既往，还是改变山居小栈的经营策略？

思考题：

1. 导致山居小栈经营不理想的主要原因是什么？

2. 你认为山居小栈的发展前景如何。

3. 如何改变山居小栈现在的不利局面？

实训操作

【实训目标】

对企业战略环境和资源能力进行分析，找出企业现在实施的战略，提出今后企业的战略发展方向。

【实训内容与要求】

选择一家你比较熟悉的企业，对其外部环境及竞争能力进行分析，要求包括以下内容：

1. 该企业的名称、住址、主要业务内容。

2. 该企业的发展成长过程情况及该企业的主要竞争对手。

3. 现在企业面临的宏观环境和行业环境是什么情况，今后几年环境可能有什么变化？对该企业会产生什么影响？该企业的机会和威胁有哪些？

4. 分析企业独特的资源和核心竞争力是什么。

5. 该企业实施的战略是什么？随着环境变化，你认为企业将如何做出战略调整。

【成果与检测】

写一份 2 000 字以内的分析报告。注：可以通过各种途径收集资料，你可以查阅有关文献，咨询一些专家，也可以到网上搜索一些资料来佐证你的观点。要求注明资料来源。凡资料详实、来源清楚的可以得及格分；凡资料不实、来源不清的为不及格。

任务 8

实施有效的人力资源管理

能力目标

通过完成本任务，你应该能够：

1. 了解人力资源管理的定义
2. 了解人力资源管理地位的变化
3. 了解各种招聘方式的特点
4. 了解各种培训方法的特点
5. 了解工资的基本构成

核心能力

1. 熟悉招聘的过程
2. 熟悉培训的各种方式
3. 熟悉常见的绩效评估办法
4. 能够有效实施薪酬管理

◆项目任务

8.1 人力资源管理概述
8.2 人力资源规划
8.3 招聘与培训
8.4 绩效考评
8.5 薪酬管理

◆ 任务导入
◆ 任务小结
◆ 能力自测
◆ 案例分析
◆ 实训操作

任务导入

【相关阅读】

美国GE公司前CEO杰克·韦尔奇在他的告别演说中总结了他多年经营企业的经验，他特别强调："如果我们不能够发现、挑战和发展这个世界最优秀的人才，那么我们注定一事无成。而这是通用电气最终的、最真实的核心要素。"他说，我们的技术、我们的生意、我们的资源都不足以让我们成为世界第一，除非我们总是拥有最优秀的人才——他们总是发展自我，希望做得更好。在我们的考核系统和奖励系统中，我们把我们的员工分为三个类别：最上端的20%、中端的70%和下端的10%。GE的领袖们明白不断地鼓励、启发和奖励上端20%的必要性，并且不断地确认中端的70%，保持和提高向上工作的热情，而且，他们也会用非常人道的方式，督促下端的10%改变自我，他们每年都是这样做的，这就是企业繁荣的真正的原因。

亲爱的读者，在你完成了前面几项任务的学习后，下面我要带你领略管理中最灵活的一个要素——人的管理。管理的核心就是对人的管理。没有有效的人力资源管理，一切管理都无从谈起。

8.1　人力资源管理概述

8.1.1　什么是人力资源

对于人力资源，不同的人有不同的理解。有人认为，劳动者就是人力资源；有人认为，人口就是人力资源；还有人认为，人的劳动能力才是人力资源。我们认为，人力资源是指推动社会发展和经济运转的人的劳动能力。

人力资源包括智力劳动能力和体力劳动能力。同时，人力资源也包含人的现实的劳动能力和潜在的劳动能力。人的现实的劳动能力，是指人能够直接迅速投入劳动过程，并对社会经济的发展产生贡献的劳动能力。也有一部分人，由于某些原因，暂时不能直接参加特定的劳动，必须经过对人力资源的开发等过程才能形成劳动能力，这就是潜在的劳动能力。对儿童进行培养，使之逐步在体力上和智力上形成劳动能力，旨在将来作用于社会经济发展过程，这就是潜在人力资源的开发过程。对文化素质较低的人进行培训，使其具备现代生产技术所需要的劳动能力，从而能够上岗操作，这也是潜在人力资源的开发过程。由于人的劳动能力和人始终融为一体，不可分开，因此人力资源又可泛指具有劳动能力的人。

8.1.2　与人力资源相关的概念

(1)人口。人口是一个国家或者地区在一定时期内所有人的总和。在人口范围内，有具备劳动能力者、暂时不具备劳动能力而将来会具备劳动能力者以及丧失劳动能力者。

(2)劳动力。劳动力是指人口中达到法定的劳动年龄，具有现实的劳动能力，并且参加社会就业的那一部分人。劳动力是劳动力市场的主体，代表着劳动力的总体供给数量，其中没有包括尚未进入就业领域的学生、失业者以及丧失劳动能力者。

(3)人才。人才资源是指人力资源中层次较高的那一部分人。相对于普通劳动力来说,人才就是较高层次的复杂劳动力。人才资源的数量较人力资源少,但其质量较高。目前,什么是人才尚无统一的说法,只是在定义上确认人才是具有特定的知识技能和专长的劳动力。至于对知识、技能和专长的衡量,一般是以学历学位、专业技术职称和各种专业技术证书或资格证书作为认定标准的。那么,拥有哪一级的学历学位、技术职称或专业技术证书才被认定为人才呢?这在我国又以不同地区的具体情况和具体认定方法为准。假定在内陆不发达地区,人才比较少,或许中专学历以上者、初级技术职称以上者或四级技术工人等级以上者就可以被认定为是人才。而在沿海发达地区,人才比较多,或许必须是大学学历以上者、中级技术职称以上者或者是六级技术工人等级以上者才可以被认定为人才。但是不管怎么说,人才都是当地人力资源中的高层次部分。

8.1.3 人力资源管理的内涵

我们通常所说的人力资源管理,是指企业内部对人的管理。宏观意义上的人力资源管理,是指政府对社会人力资源的开发和管理过程。本书所涉及的,是微观的即企业的人力资源管理。

企业的人力资源管理,首先要制定企业的人力资源管理战略和人力资源计划。然后,在人力资源管理计划的指导下,进行工作分析,制定工作描述和工作说明书;根据工作分析,招聘并且配置员工;在配置员工、利用人力资源的过程中,企业必须注意规划员工的职业生涯发展,并且把员工的职业生涯发展与组织的发展相匹配,形成互为动力的综合发展途径;在企业与员工互相匹配发展的过程中,要不断地相互沟通,解决冲突,消除两者共同发展的障碍,保证过程的顺利进行;当企业的人力资源管理工作进行到一定的阶段,就必须对多层次员工的工作绩效进行评估考核,纠正他们工作中的失误,肯定他们工作中的成绩,并就员工下一阶段的工作达成上下级的共识,以便员工形成下一轮的工作计划;在绩效评估以后,要对员工进行激励,包括薪酬方面的激励、福利方面的激励和精神等其他方面的激励。对绩效评估中表现出来的优秀员工,尤其要加大激励的力度。对于绩效评估中表现出来的具有这种或那种缺陷但企业今后发展又需要的员工,企业要进行培训,帮助他们提高知识水平、增进技能,使他们在今后的企业经营活动中能适应企业发展的需要。最后,根据人力资源系统的整个运作情况,企业要修正或者重新制定自身的人力资源发展战略和人力资源计划,为下一阶段的人力资源管理活动再次奠定基础。

8.1.4 人力资源管理的发展

人力资源管理在企业经济活动和长期发展中的地位,多少年来几经变化,而且是呈提高的趋势。人力资源管理的功能,也同样经历了一个不断提高的过程。

在20世纪40年代,担任管理员工工作的,本身也就是一般的员工,其管理的功能,仅仅是一些最一般的档案记载,例如人员进出、工资发放情况等。严格来说,在20世纪40年代,还谈不上对人的管理,充其量不过是对人的有关情况的记录。

20世纪50年代,较普遍地有了对员工的制度上的管理。也就是企业制定了各种各样的让员工遵守的制度,由工头监督员工执行。这时,工头自然而然成了员工的管理者,员工只是在工头的控制监督下被动地按制度干活而已。因此,在20世纪40至50年代,员工是被当作机器来管理的。

20世纪60年代,开始有了较现代意义上的人事管理,包括员工档案管理、员工工资管理、员工制度管理、员工招聘与辞退管理等一系列的管理内容。而管理者也升格为最初的普通管理者,比如人事科长、人事专员等。

20世纪70年代,企业开始重视人的因素,意识到应当注意协调员工关系,避免内部冲突,加强企业内的人际沟通。因此,协调员工关系就成了人事管理中十分重要的一个方面了。这时候,担任企业人事管理工作的,已经是企业的中层经理,即企业人事部门的经理。

20世纪80年代,人力资源管理问世。从人事管理到人力资源管理,并不是名词上的变换,而是在员工管理上具有实质性意义的改变。人力资源管理,不仅形成包括招聘、工作分析、人力资源计划,一直到绩效评估、员工激励、员工培训等多个环节在内的一个较系统的人力资源管理系统,更为重要的是,在对人的认识上,第一次变被动为主动。

在20世纪80年代之后的人力资源管理中,员工成了企业宝贵的人力资源,这种宝贵的资源具有巨大的潜力。开发和运用这个资源,对企业来说具有特别重要的意义。员工主动性与积极性的发挥,又与企业的文化、企业的目标和企业最高层的理念等密切相关。因此,在这一时期,企业中管理人力资源的,已经是企业的高级管理者,如人力资源总监等。由高层管理者担任人力资源管理者的目的,就是为了从企业领导层做起,重视人力资源管理,开发企业的人力资源。

到了20世纪90年代,许多企业已经意识到,人力资源管理不仅对企业的经营与发展起重要的作用,而且还起着决定企业命运的战略性作用。如果将传统的人事管理与人力资源管理及其战略作用做对比,我们可以清楚地看到两者之间的区别,见表8—1。

表8—1　　传统人事与现代人力资源管理的比较

	传统的人事管理	现代人力资源管理
对员工的态度	(1)员工是被动的 (2)员工仅仅是企业的生产要素 (3)企业管理员工	(1)员工是主动的 (2)员工是企业发展的宝贵资源 (3)企业与员工互相配合,共同发展
管理目标	服务于员工,支持员工,提高员工的工作效率和对企业的忠诚度	提高员工的总体素质,培养员工中的核心人才,直接形成企业的核心竞争力,提高企业的总体优势
管理战略	(1)将企业文化灌输入员工头脑 (2)使员工理解并较好地执行企业任务、方针与政策	(1)将企业文化与企业战略融入员工的自觉行为 (2)让员工帮助企业实现经营战略

8.2　人力资源规划

8.2.1　人力资源规划的含义

一个组织的总体规划是由涉及人、财、物等多个方面的子规划有机组成的,例如财务规划、市场开发规划、技术开发规划等,人力资源规划就是其中之一。因此,人力资源规划就是为了实现组织目标而从人力资源的角度提供的长期安排。其具体含义可以表述为:组织适应周围环境的变化,为了实现组织的总体目标,在现有人力资源状况分析的基础上,对未来较长周期内(一年或一年以上)人力资源的供给与需求做出预测,并制订实施计划来满足组织发展对于人力资源的需要。可以从以下四个方面来把握这一含义:

(1)人力资源规划是组织适应内外环境变化的需要。组织所处的内外环境是不断变化的,这就必然影响组织人力资源的需求和供给变化,人力资源规划就是对这些变化进行科学的预测和分析,从而保证组织在近期、中期和远期都能获得必要的人力资源补充。

(2)组织的人力资源供需不平衡是经常的,所以人力资源规划要用稳定的政策措施来应对。组织中经常会出现新的业务拓展或原有业务规模的扩大,这都会在绝对数上产生对外部人员的需求,也可能会在某些方面收缩业务或发生技术对人员的替代,这又会产生过剩人员,即使在问题平衡时,正常的人员调动、升迁、退休、离职等也会产生结构性不平衡,因此人力资源规划要落到实处。

(3)人力资源规划是组织总体规划的一个组成部分,因此要以组织战略目标为导向。组织战略规划要先行,人力资源规划要服从和服务于组织战略规划。

(4)对组织目标的服从不能以牺牲员工利益为代价,应综合平衡。组织的人力资源规划要为员工的自我发展创造良好的条件,组织应该充分发挥每个员工的积极性、主动性和创造性,要不断提高员工的工作效率,从而最终实现组织的经营目标。在考虑组织经营目标的同时,组织应该关心每一个员工的利益和发展要求,要引导他们在实现组织目标的同时实现个人的自我价值。只有这样组织才能获得所需要的人力资源。

8.2.2 人力资源规划程序

8.2.2.1 收集信息阶段

人力资源规划的信息一般要靠人力资源信息系统来提供。但无论有无人力资源信息系统,都要从组织内外两个环境来进行信息的收集与分析。

(1)外部环境分析。所谓外部环境就是影响组织正常经营的外部因素。如组织所在地的政治、经济、文化、法律、人口以及社会环境等。外部环境中最重要的因素是劳动力市场因素、政府相关法律法规以及劳动者的自主择业情况。外部环境因素会直接影响人力资源供给状况,如劳动力市场的缩小会直接导致企业人力资源的外部供给减少。

(2)内部环境分析。内部环境主要包括组织的经营战略、组织的人力资源结构以及组织的环境等。组织的经营战略是组织的宏观计划,对组织内所有的经营活动都有指导作用。组织的环境主要包括组织现有的组织结构、管理体系、薪酬设计以及企业文化等,只有对现有的组织结构有了充分的了解,才能预测未来的组织结构。组织的人力资源结构就是现有的人力资源状况,包括人力资源数量、素质、年龄、工作类别、岗位等,有时也涉及员工价值观、员工潜能等。只有对现有人力资源进行了充分了解和有效利用,人力资源规划才能真正实现它的价值。

8.2.2.2 人力资源的供需预测

人力资源的供给和需求预测是人力资源规划的核心部分,也是技术要求最高的部分,供需预测的准确性直接决定着人力资源规划的成败。

(1)人力资源需求预测

需求预测主要是根据组织战略规划和组织的内外条件选择预测技术,然后对人力资源需求结构和数量进行预测。影响人力资源需求预测的因素主要有:①组织的业务量或产量;②预期的人员流动率;③提高产品或劳务的质量以及进入新行业的决策对人力需求的影响;④生产技术水平或管理方式的变化对人力需求的影响;⑤组织所能拥有的财务资源对人力需求的约束。通过需求预测可以得出组织在员工数量、组合、成本、新技能、工作类别等方面的需求,以及为完成组织目标所需的管理人员数量和层次的列表。

(2)人力资源供给预测

人员供给预测也称为人员拥有量预测,是人力预测的又一个关键环节,只有进行人员拥有量预测并把它与人员需求量相对比之后,才能制定各种具体的规划。人员供给预测包括两部分:一是内部拥有量预测,即根据现有人力资源及其未来变动情况,预测出各规划时间点上的人员拥有量;二是对外部人力资源供给量进行预测,确定在各规划时间点上的各类人员的可供给量,主要考虑社会的受教育程度、本地区的劳动力的供给状况等。

供给预测通过分析劳动力过去的人数、组织结构和构成,以及人员流动、年龄变化和录用等资料,预测出未来某个特定时刻的人力资源供给情况。预测结果为组织现有人力资源状况,以及未来在流动、退休、淘汰、升职及其他相关方面的变化。其作用可归结为四个方面:①检查现有员工填充企业中预计的岗位空缺的能力;②明确指出哪些岗位的员工将被晋升、退休或者被辞退;③明确指出哪些工作的辞职率、开除率和缺勤率高得异常或存在绩效、劳动纪律等方面的问题;④对招聘、选择、培训和员工发展需要做出预测,以便能够及时地为工作岗位的空缺提供合格的人力补给。

8.2.2.3 人力资源供需平衡

在充分掌握了人力资源的供求预测后,可以根据组织的具体情况,制定相应的措施,以实现组织人力资源供求的平衡。人力资源供求平衡问题直接涉及组织经营目标能否实现的问题,因此在处理的过程中要尽量小心谨慎。通常来说,人力资源供给与需求之间可能有四种较为典型的情况存在:人力资源供不应求;人力资源供大于求;人力资源供给与需求之间的结构关系失调;人力资源供给和需求基本保持平衡。但人力资源供给和需求基本保持平衡的情形相对较少,且都是短期行为,任何一个组织都不可能存在长期的均衡,这是由组织内外环境的复杂性所决定的。但是,由于不同组织的生命周期不同,因此其变动趋势也不尽相同,不同竞争格局的组织所选择的应对战略也不同。组织应该根据具体情况制定供求平衡规划。

8.2.2.4 人力资源规划的制定与实施

(1)人力资源规划的制定

人力资源规划的制定就是根据前面对供需的平衡需要制定各种具体的规划,包括前面提到的七种规划,但重点要做好以下三个方面:

①设计新的组织结构,能够吸引、容纳、保留、激励员工,以服务与规划目标。这种组织应该具有以下特征:员工拥有更多的工作自主权利以及参与决策与管理的机会;畅通的全方位的沟通网络;内部激励与外部激励有机结合的激励系统与机制;更进步的工作设计;关心员工工作生活质量与生产率并重;全面考虑员工的技能、知识、个性、兴趣、偏好及组织特征之间的相互匹配等。

②设计有效的替换计划和继任计划。替换计划主要适用于一般员工,并关注近期需要,主要包括:随着新技术、新产品、新市场的发展,哪些不适应的人员需要替换;替换计划表要标明

各个任职者的姓名、需要替换的人员姓名、可能替换该任职者的人员的姓名以及需要从外部招聘的人员资质特征等。继任计划主要适用于管理者,具有长期性、开发性和弹性;强调继任的及时性、代际的年龄梯次性和能力的递升性;注重继任者的储备性、差额性。

③设计裁员计划。裁员是企业由于各种原因在人力资源供大于需或供不适应需时的重要活动,是人力资源计划的重要组成部分。裁员计划要适当、适度、适时。它包括:提前退休、外部安置、工资清算、工作技能再培训、提供工作转换机会、员工职业生涯设计以及有关的咨询服务等。

(2)人力资源规划的实施

在人力资源规划政策的指导下,确定具体的实施方案。一般来说,供求情况和相应的政策确定后,执行的具体操作和技术就不成问题,问题是企业要重视这些工作,明白人力资源规划对企业经营的影响程度,按科学程序进行管理。在人力资源规划实施过程中需要注意以下几点:

①必须要有专人负责既定方案的实施,要确保这些人拥有保证人力资源规划方案实现的权利和资源。

②要确保不折不扣地按规划执行。

③在实施前要做好准备。

④实施时要全力以赴。

⑤要有关于实施进展状况的定期报告,以确保所有的方案都能够在既定的时间内执行到位,并且保证方案执行的初期成效与预期的情况一致。

8.2.2.5 人力资源规划过程的反馈与评估

对人力资源规划实施的效果进行评估是整个规划过程的最后一步,由于预测不可能做到完全准确,因此人力资源规划也不是一成不变的,它是一个开放的动态系统。人力资源规划的评估包括两层含义:一是指在实施的过程中,要随时根据内外部环境的变化来修正供给和需求的预测结果,并对平衡供需的措施做出调整;二是指要对预测的结果以及制定的措施进行评估,对预测的准确性和措施的有效性做出衡量,找出其中存在的问题以及有益的经验,为以后的规划提供借鉴和帮助。

8.3 招聘与培训

8.3.1 招聘

8.3.1.1 招聘的含义

员工招聘是人力资源管理中的重要环节。在确定了企业的人力需求、工作内容后,进行员工的招聘,为企业罗致有能力和有兴趣的人士前来应征,通过选拔,以最适合、最经济的方法,选出最合适的人才为企业工作。

8.3.1.2　员工招聘的原则

(1)公正全面,经济高效。企业在招聘过程中必须对所有应聘者一视同仁,让他们展开公平竞争,同时要对其能力进行全面考察,以确定他们是否具有胜任该项工作所必备的各种素质。要慎重选择招聘渠道,合理安排招聘程序,以尽可能降低招聘成本。招聘还必须讲效率,在企业计划的招聘期限内圆满完成招聘任务,以免耽误企业的正常运营。

(2)以内为主,内外结合。企业应以内部招聘方式作为其主要招聘方式,这是因为内部招聘具有外部招聘所不具备的很多优点,比如为企业内部员工提供了发展机会,有效调动员工积极性和增加员工对企业的忠诚度,为企业带来活力;简化招聘程序,节约招聘费用;由于对内部员工比较熟悉,使被招聘者更加可靠,提高了招聘质量。从实践来看,内部招聘也是企业最大的招聘来源。

需要指出,企业必须把内部招聘方式与外部招聘方式结合运用,在企业招聘从事入门级水平工作的员工时,或是在从事原职位工作的员工调职而企业内部又没有合适的员工填补相应的职位空缺时,或是需要增加外部招聘的员工以实现企业某种战略意图时,都要充分运用各种外部招聘方式,把它们作为内部招聘的有益补充。

(3)人尽其才,才尽其用。企业在招聘中必须做到员工与职位相匹配,使求职者能充分发挥自身才智,避免大材小用和小材大用。要充分挖掘求职者的潜能,将其安排到易于发挥其特长、具有挑战性的工作岗位上,这样才能使招聘卓有成效。

8.3.1.3　人员招聘程序

企业的人员招聘与录用工作是一个复杂、完整而又连续的程序化操作过程。这个系统运行的每个组成部分都是为了保证企业人员选聘与录用工作的质量,为企业选拔出合格优秀的人才。

人员招聘的工作一般分五个阶段进行:

(1)确定人员招聘的种类和数量,制订合理的招聘计划。

人员招聘工作开始于企业中各种工作岗位产生职位空缺,由此而提出人员增补需求。通常,人员的增补需求与企业的人力资源规划是直接相关的。通过决策层对企业发展的人力资源规划,一线经理和人力资源部门才能够准确地把握有关企业对各类人员的需求信息,确定人员招聘的种类和数量,制订合理的招聘计划。

(2)企业的人力资源部门实施人员招募工作。

他们须根据招聘工作的具体要求做出相应的实施计划。这时,人员招聘工作程序进入到招聘工作的实质性操作过程。一般而言,人员的招募可以同时在两条线路上展开,一是在企业内部进行人员调整,最大限度地发挥企业现有人力资源的潜力;二是从企业以外吸收适合企业需要的人才。这一阶段的任务,主要是利用多种渠道传达招聘录用信息,广泛动员符合报考条件的人员参加录用考试,并完成考试录用的第一、二次竞争——报考者的资格的审查。

企业要录用合格的人才,其首要的前提是有大量的求职者以供挑选。因此,通过有效的招募方式吸引各方人才前来应聘,是人员招聘与录用工作的关键环节之一。

企业应根据各种招募方法的优缺点,充分考虑本企业的自身条件,如知名度、经营规模、业务内容、职工规模等。另外,还必须考虑到可能应聘者的价值观念、职业观、就业观等,在对上述这些方面进行全面分析与比较的基础上来选择适合本企业的招募方法。

【相关阅读】

各类招募方法的分析与比较

选择最佳的招募方法的前提是熟知各种方法的优点和缺点。下表是对各种主要招募方法的优缺点的分析与比较。

招募方法	优点	缺点
学校推荐介绍	对应聘者比较了解,可信性大,可以有计划地招聘录用	只能在固定时间总招聘,不能临时录用,与大企业相比,企业处于不利位置
委托劳动就业机构	选择面大,可信性大,工作量小	成功率较低,难以招聘到优秀人才
新闻广告	时效性强,传播范围广,广告受体多	广告效果存留时间短,成本较高,信息容量少
杂志广告	广告效果存留时间长,广告信息容量大,有利于提高企业知名度	受到阅读对象的限制,可选性小
广告传单	可能有目的地集中分发,对象性强	影响范围小,业务量大
关系介绍	对应聘者比较了解,成功率大,应聘者就职后稳定性强	容易掺杂人情关系,时效性差,录用后难以辞退

(3)由一线经理实施人员招聘的选拔工作。

在这一阶段,应根据具体的职位要求对应聘人员进行各种形式的考试和测验,考试和测验内容应根据岗位的不同要求进行设计和取舍,一般而言,此项工作涉及下述几个方面的内容:专业技术知识和技能考试,一般知识、能力测验,特殊能力测验,智力测验,个性心理测验,职业成就测验,职业性向测验,工作动机与需求测验,行为模拟。

通过对应聘人员施以不同的考试和测验,可以就他们的知识、能力、性格、职业性向、个人素质等多方面加以评定和甄选,从中选出优良者,进入到面试候选人的范围。面试招聘是人员选拔工作中最为重要的环节,绝大多数企业都是借助面试评价的手段来确定最后的录用人选。

(4)员工录用。

面试合格者成为招聘企业的试用员工,员工录用工作由此展开,这项工作由企业的人力资源部门负责。在此期间,人力资源部门要做的工作是:

①在试用员工上岗之前,对他们进行多种形式的岗前培训,以使他们充分地了解企业和工作岗位的状况。必要时,岗前培训也包括有关知识、技能和各种能力培训的内容。

②试用员工上岗试用。这一阶段的主要目的是为了通过工作实践考察试用员工对工作的适应性,同时,也为试用员工提供了进一步了解企业及工作的机会,事实上,这一阶段是企业与员工的双向选择,双方彼此不受任何契约的影响。

③对试用期满员工的工作绩效和工作适应性进行考核评价,经考核合格者正式录用为企业的员工,双方签订劳动合同和其他形式的契约。

(5)招聘评估阶段,由一线经理和人力资源部门共同开展。

8.3.2 员工培训

在新员工定向的基础上,如果新员工所具备的技能不能满足工作岗位的要求,或者老员工因工作变动而不能适应新的工作时，都要进行培训。因为一项职务的要求变了，员工的技能也要跟着改变。据统计，在美国，单是工商企业每年就投入 300 亿美元的巨额花费用于提高工人技能。尤其在现在知识爆炸、知识更新速度越来越快、技术发展一日千里的形势下，不断地接受培训、提高技能也是非常必要的。因此非常有必要加强员工技能的培训。

8.3.2.1　培训的技能

我们可以将员工的技能划分为 3 种基本类型：技术的、人际关系的和解决问题的。绝大多数员工培训都着眼于改变其中一项或多项技能。

(1)技术技能。技术技能包括像阅读、写作和进行数学计算的能力这样基本的技能，也包括与特定职务相关的能力。比如办公室职员如果不具备使用文字处理软件和电子邮件、传真系统的操作能力，那么他就不能有效地开展工作。同样，操作数控机床，要求员工具有数学和计算机方面的技能。如果工人不能做基本的数学计算或者不能看懂具体的操作手册，那么他就不可能掌握过程控制的统计方法或者不能有效地操作数控机床。广义技术技能包括管理技术技能和作业技术技能。

(2)人际关系技能。几乎每一个员工都从属于某个工作单位。从某种程度上讲，员工的工作绩效取决于他(她)和同事、老板有效相处的能力。有些员工具有优秀的人际关系技能，有些员工则没有，并经常地与其他人发生冲突。比如有些人从来不主动与人打招呼，脸上没有笑容，与朋友相处缺乏礼貌，这样的人很难有良好的人际关系。

(3)解决问题的技能。许多员工发现，他们工作中需要解决一系列问题，特别是那些非常规的、富于变化的工作更是如此。因此，解决问题的技能主要是指解决非结构化问题的技能。如果员工解决问题的技能还不尽如人意，那么管理层就要通过培训改进这些技能。比如让员工参加一些活动，强化其逻辑、推理和确定问题的能力，对因果关系做出评价，制订解决问题的可行方案，并分析方案和选定最终的解决方法。

以上这三种技能对处在不同组织层次的人员，重要性也不尽相同，它们的差异性如表 8—2 所示。

表 8—2　不同技能在不同岗位层次的差异性

技能层次	技术技能		人际关系技能	解决问题的技能	概念技能
	作业技术	管理技术			
操作层	很重要	不重要	不重要	不重要	不重要
基层管理者(组长、领班)	很重要	重要	重要	重要	不重要
中层管理者(职能经理)	重要	很重要	很重要	很重要	较重要
高层管理者(总经理、董事长)	不重要	很重要	很重要	很重要	很重要

8.3.2.2　培训方法

培训方法一般分为两种：一种是在职培训，另一种是脱产培训。在培训中采用何种方式，由培训计划事先规定。

(1)在职培训。常见的在职培训方法包括职务轮换和预备实习。

①职务轮换是通过横向的交换,使员工从事另一岗位的工作。它使员工在逐步学会多种工作技能的同时,也增强其对工作间相互依存关系的认识,并产生对组织活动的更广泛的视角。

②预备实习:主要针对新员工。通过跟随经验丰富的老师傅学会如何工作。这在作业活动领域通常称为师徒关系,在白领工作领域称为教练或导师关系。

在职培训的优点:这种方法简单易行,成本较低。在职培训的缺点:可能会扰乱工作的正常秩序,并导致工作失误增加。这种方法比较适用于技能的学习与培训。

(2)脱产培训。脱产培训是指离开工作岗位,放下手中的工作参加培训。常见的包括课堂讲授、电视录像、模拟练习等。

①课堂讲授特别适用于传播具体的信息,因此可以用来有效地发展员工的技术技能和解决问题的技能。

②电视录像可以用来清晰地展示技术方面的技能,而这些技能不易采取其他方法得到充分的说明。

③模拟练习:比如案例分析、实验演习、角色扮演和小组会议等方式,可以很好地全程锻炼人际关系技能和解决问题的技能。

8.4 绩效考评

【相关阅读】

金太阳餐饮公司的绩效考评

金太阳餐饮公司是一家老牌的中餐企业,一直是本地区餐饮业的领头羊。该公司在经营方面锐意创新,不断地翻新菜品,终日顾客盈门。但是,近一年来该公司的顾客数却呈下降趋势,利润也只有上年的95%,而同期与其竞争的几家餐饮公司的利润都稳步增长,公司的赵经理为此愁眉不展。为了解决问题,赵总对公司的整体情况进行了为期两天的调查。他发现财务与采购方面都没有差错,菜品在顾客中口碑也不错,各方面的宣传也很到位,但是顾客就是在流失,利润在减少。这是为什么呢?突然间,赵总想起了调查时听到的员工们的议论。前厅的经理张总备受下属爱戴,他平时总是尽个人所能帮助员工,如帮助员工度过“经济危机”,帮助员工减少离职损失,服务员小陈家在农村,上有母亲卧病在床,下有年幼的弟弟正在读书,生活十分困难,张总总是尽力地去帮助她。每次绩效评价时,虽然小陈的各方面表现并不突出,但张总在每一项考核上都给她评价为“优秀”。由于公司的报酬制度与绩效评价紧密联系,所以小陈除了拿到正常的工资与福利外,还可以拿到丰厚的奖励,甚至有可能加薪。营销部的经理王总喜欢根据第一印象看人,营销部的小刘在工作过程中常常能突发奇想,但是却有偷懒现象,而且小刘为人处事总是大大咧咧,王总劝说无效,于是每次评价时都会在小刘的态度栏中填上“较差”,但却没有具体记录原因,也没有任何的解释说明。

8.4.1　绩效考评的含义和作用

(1)绩效考评的含义

绩效,就是指员工在工作过程中所表现出来的与组织目标相关的并且能够被评价的工作业绩、工作能力和工作态度。员工工作的好坏、绩效的高低直接影响着企业的整体效益,因此掌握和提高员工的工作绩效是企业管理的一个重要目标,员工绩效考评就是实现这一目标的人力资源管理工作。绩效考评就是对员工的工作业绩、工作行为和工作技能定期进行考察和评估,以便形成正确的人事决策的过程。

(2)绩效考评的作用

绩效考评在人力资源管理中的作用主要表现在以下几个方面:

①订立绩效目标的依据;

②员工任用的依据;

③员工调配和升降的依据;

④确定薪酬的依据;

⑤评估培训和发展需要;

⑥激励员工。

8.4.2　考评的主体

合格的考评的主体应当满足的理想条件是:了解被考评者职务的性质、工作内容、要求及考评标准与公司有关政策;熟悉被考评者本人的工作表现,尤其是本考评周期内的,最好有直接的近距离密切观察其工作的机会;当然此人应当公正客观、不具偏见。

考评的主体常见的有:直接上级、同级同事、被考评者自身、所管理的下级以及外界的人事考绩专家或顾问。

(1)上级考评。被考核者的上级对考核者的工作态度和技能水平最为了解,对被考核者的日常工作表现也有记录,所以上级考核是主要的考核形式。

(2)同级考评。同级之间的考核是同事之间的相互考核,通过相互考核认定,便于同事之间进一步了解,明确自己与别人的差距,有利于引导员工向绩效优秀的同事学习,提升团队的整体业绩。但同级之间的考评权重不易过大,一般占10%左右。

(3)下级考评。下级对上级的考评主要是对上级的管理风格和管理方法及个人魅力的一种认定方法,通过对上级的考评,便于使被考核者明确自己工作中的不足,改进今后的管理工作。由于下级对上级工作的整体性并不能全面把握,所以这种考评所占权重一般为10%左右。

(4)自我考评。自我考评的目的在于使员工进行自我总结,分析自己的不足,正确看待自己的工作绩效,进行自我管理和提升。所以在设计自我考评表时各指标的等级应明确。自我考评主观性较强,权重不宜过大。

(5)客户考评。客户对经营管理的信息反馈十分重要,但完全以此为根据,绩效考核又会带来一定程度的不准确性,对客户考评必须进行很好的设计,才能对信息的有效性进行监控。所以应根据企业的行业特点来确定这种考评所占权重。

8.4.3　绩效考评的方法

在实践中,绩效考核的方法有很多。每种方法都有自己的优缺点,企业在进行考核时应当根据具体的情况选择合适的考核方法。

(1)书面描述法。书面描述法就是写一份记叙性材料,描述一个员工的所长和所短、过去的绩效和潜能的发挥等,然后提出予以改进和提高的建议。它的优点是:它不需要采取某种复杂的格式,也不需要经过多少培训就能完成。它的缺点是:一种“好的”或“坏的”的评价,可能不仅取决于员工的实际绩效水平,也与评估者的写作技能和评估者对员工的个人好恶有很大关系。

(2)关键事件法。评估者记下一些细小但能说明所做的特别有效果的事件,这里的要点是只描述具体行为,为某一个人记下一长串关键事件,就可以提供丰富的评估依据,并给员工指明上级有哪些期望或不期望的行为。比如针对某一工作岗位,根据这一岗位的职能要求,客观记录完成这一工作职能所做的一系列工作事件,标出哪些事件做得非常有效,哪些事件效果很差,哪些事件效果一般,这样就可以对某一员工做出一个客观的评价。

(3)评价表法。评价表法是一种最古老的也是最常用的绩效评估方法。它列出一系列绩效因素,如工作的数量与质量、职务知识、协作与出勤、对事业的忠诚和首创精神,然后评估者逐一对表中的每一项给出评分,评分一般采用 5 分制或百分制。例如,分别从分析判断能力、组织实施能力、应变能力、人际协调能力、自我认知能力五个方面逐一对每一考生给出评价,因为这五项绩效因素基本上决定了你是否能胜任公务员的工作岗位和做好工作的最主要方面。然后逐一对照标准进行评价。最后得出一个总分。这个总分就是评价结果。

(4)行为定位评分法。这种方法是近年来日益得到重视的一种绩效评估方法。这种方法综合了关键事件法和评分表法的主要因素。行为定位评分法侧重于具体的而可衡量的工作行为,它将职务的关键要素分解为若干绩效因素,然后为每一绩效因素确定有效果或无效果行为的一些具体示例。

(5)多人比较法。多人比较法是将一个员工的工作绩效与一个或多个员工作比较,这是一种相对的而不是绝对的衡量方法。这种方法又有三种最常用的形式:分组排序法、个体排序法和配对比较法。

①分组排序法:是评估者按特定的分组方法将员工编入相应的组中。比如某家管理咨询公司根据员工对公司绩效的贡献程度将其公司员工分为高级分析员、中级分析员、初级分析员等,还比如海尔的“三上转换”就是分组排序法在评估中的应用。

②个体排序法。要求评估者将员工根据一定的评估标准按从高到低的顺序加以排列。因此,只有一人可以是最优的。

③配对比较法。每一个员工都一一与比较组中的其他员工结对进行比较,评出其中的优者和劣者。在所有的结对比较完成后,将每位员工得到的“优者”数累计起来,就可以排列出一个总的顺序。这种方法确保每一位员工都与其他所有人做对比。但当要评估的员工人数非常多时,这种配对比较法就很不容易进行。这种方法的缺点是当要评估的人数相当多时,这种配对比较法就显得很不经济。

(6)目标管理法。目标管理法又称 MBO 法,MBO 法不仅在计划中得到广泛应用,同时也是绩效评估的一种手段。事实上,它是对管理人员和专门职业人员进行绩效评估的一种首选的方法。MBO 法的具体做法在此不再赘述。MBO 在管理中这么流行,一个原因可能要归功于对结果目标的重视。管理者通常很重视强调利润、销售额和成本这些能带来成果的指标,这种趋向恰好与 MBO 法对工作绩效定时测评的关注一致。正因为 MBO 重结果更甚于手段,因此使用这一评估方法可使管理者得到更大的自主权,以便选择其达到目标的最好路径。

8.5　薪酬管理

【相关阅读】

白秦铭的跳槽

白秦铭在大学时期的成绩不算突出，老师和同学都认为他不是很有自信和抱负的学生。他的专业是日语，毕业后被一家中日合资公司招为销售员。他对这个岗位挺满意，不仅工资高，尤其令他满意的是，这家公司给销售业务员发的是固定工资，而不采用佣金制。他担心自己没有受过这方面的专业训练，比不过别人，若拿佣金，比人少了多丢脸。

刚上岗的头两年，小白虽然兢兢业业，但销售成绩只属一般。可是随着他对业务的逐渐熟练，又跟那些零售商们搞熟了，他的销售额渐渐上升。到第三年年底，他觉得自己已算是全公司几十名销售员中前十名之列了。下一年，根据跟同事们接触、比较，他估计自己当属销售员中的冠军了。不过这公司的政策是不公布每个人的销售额，也不鼓励相互比较，所以他还不能很有把握地说自己一定是坐上了第一把交椅。

去年，小白干得很出色。尽管定额比上年提高了25%，可到了9月初他就完成了全年的销售定额。虽然他对同事们仍不露声色，不过他冷眼旁观，也没有发现有什么迹象说明他们中有谁已经接近完成自己的定额。此外，10月中旬，日方销售经理招他去汇报工作。听他用日语做的汇报，那经理对他说："公司要再有几个像你一样棒的推销明星就好了。"小白只微微一笑，没说什么，不过他心中思忖，这不意味着承认他在销售队伍中出类拔萃、独占鳌头吗？

今年，公司又把他的定额提高了25%。尽管一开始不如去年顺利，但他仍是一马当先，比预计干得要好。根据经验估计，10月中旬前，他准能完成自己的定额。不过他觉得自己心情不舒畅。最令他烦恼的，也许莫过于公司不告诉大家干得好坏，没个反应。他听说本市另两家中美合资的化妆品制造企业都搞销售竞赛和奖励活动，其中一家是总经理亲自请最佳销售员到大酒店吃一顿饭，而且大家还有内部发行的公司通信之类的小报，让人人知道每个人的销售情况，还表扬每季度和年度的最佳销售员，想到自己公司的这套做法，他就特别恼火。其实，开始他干得不怎么样时，他并不太关心排名第几的问题，如今可觉得这对他越来越重要了。不仅如此，他开始觉得公司对销售员实行固定工资制是不公平的，一家合资企业怎么也搞"大锅饭"？应该按劳付酬。

上星期，他主动找了那位日本经理，谈了他的想法，建议他改用佣金制，至少实行按成绩给予奖励的制度。不料日本经理说这是既定政策，母公司一贯就是如此，这正是本公司的文化特色，从而拒绝了他的建议。昨天，令公司领导吃惊的是，小白辞职而去，听说他被挖到另一家竞争对手那儿去了。

你觉得他辞职的原因是什么？如果你是公司领导，应该如何避免这类情况发生？

薪酬管理是人力资源管理的重要环节，是体现人力资源管理功能中保持与激励功能的最主要活动。同时，薪酬设计与管理还能体现其他人力资源管理的功能，例如，领先的薪酬水平可以较好地吸引人才的加盟，从而体现了"吸引"功能；考核发放的薪酬可以起到奖优罚劣的作用,从而体现了控制与调整的功能。

8.5.1 薪酬的概念和主要形式

员工薪酬是指员工在从事劳动、履行职责并完成任务之后,所获得的经济上的酬劳或回报。薪酬形式主要有四种:

(1)基本薪资。是雇主为已完成工作而支付的基本现金薪酬。它反映的是工作或技能价值,而往往忽视了员工之间的个体差异。某些薪酬制度把基本工资看作是雇员所受教育、所拥有技能的一个函数。对基本工资的调整可能是基于以下事实:整个生活水平发生变化或通货膨胀;其他雇员对同类工作的薪酬有所改变;雇员的经验进一步丰富;员工个人业绩、技能有所提高。

(2)绩效工资。是对过去工作行为和已取得成就的认可。作为基本工资之外的增加,绩效工资往往随雇员业绩的变化而调整。调查资料表明,美国90%的公司采用了绩效工资。我国的广大企业在2000年前后开始的新一轮工资改革中也都纷纷建立了以绩效工资为主要组成部分的岗位工资体系,事业单位在2006年的工资改革中也都设置了绩效工资单元。

(3)激励工资。激励工资也和业绩直接挂钩。有时人们把激励工资看成是可变工资,包括短期激励工资和长期激励工资。短期激励工资,通常采取非常特殊的绩效标准。例如,在普拉克思航空公司的化学与塑料分部,每个季度如果达到或者超过了8%的资本回报率目标,就可以得到等于一天工资的奖金;回报率达到9.6%,在这个季度工作了的每个员工可得到等于两天工资的奖金;如果达到20%的资本回报率,任何员工都可以得到等于8.5天的工资奖金。而长期激励工资,则把重点放在雇员多年努力的成果上。高层管理人员或高级专业技术人员经常获得股份或红利,这样,他们会把精力主要放在投资回报、市场占有率、资产净收益等组织的长期目标上。

虽然激励工资和绩效工资对雇员的业绩都有影响,但两者有三点不同:一是激励工资以支付工资的方式影响员工将来的行为,而绩效工资侧重于对过去工作的认可,即时间不同;二是激励工资制度在实际业绩达到之前已确定,与此相反,绩效工资往往不会提前被雇员所知晓;三是激励工资是一次性支出,对劳动力成本没有永久的影响,业绩下降时,激励工资也会自动下降,绩效工资通常会加到基本工资上去,是永久的增加。

(4)福利和服务。包括休假(假期)、服务(医药咨询、财务计划、员工餐厅)和保障(医疗保险、人寿保险和养老金),福利越来越成为薪酬的一种重要形式。

8.5.2 薪酬的作用

(1)保障作用

员工是企业的劳动力资源,是企业经营的第一生产要素。员工必须通过劳动获得薪酬来维持自身和家庭的生活需要,同时也要满足自身和家庭成员发展的需要。因此,员工薪酬数额至少要能够保证员工及其家庭的上述需要。否则就会影响员工的基本生活,影响社会劳动力的生产和再生产。通常,员工的基本薪金部分最能体现薪酬的保障作用,其稳定的、不变的特性能让员工无后顾之忧地安心从事工作,获得安全感。

(2)激励作用

薪酬代表着一定的物质利益,因此它对员工有重要的激励作用。首先,合理的有一定吸引力的薪酬能够调动员工的工作积极性,激发他们的潜力,促进他们的工作效率。其次,较高的薪酬可以吸引企业所需要的各方面人才来为企业工作,扩大企业的人力资本存量。再次,有效的企业薪酬系统可以通过各类薪酬的合理构成来增强企业的凝聚力和吸引力,增强员工对企业的归属感,保留人才,用好人才。

(3)吸引与保留人才

人和人的状态是任何企业经营战略实施的基石,是企业达到优良经营绩效的基本保障。薪酬不仅决定了企业可以招募到的员工的数量和质量,而且决定了企业中的人力资源存量。一套有竞争力的薪酬体系,不仅能够提供有吸引力的货币报酬,而且还能够为吸引目标人群的特别需要提供各种非货币形式的报酬,从而体现出对员工的人文关怀。

不同种类的薪酬,会有不同的作用。有的薪酬保障作用大于激励作用,有的薪酬激励作用大于保障作用。在设置员工薪酬的时候,必须考虑这些薪酬的特性,以便综合发挥薪酬的作用。

8.5.3 薪酬管理的程序

8.5.3.1 薪酬策略与需求分析

确定薪酬策略的工作是对薪酬体系设计和管理的必要性、激励重点和设计目标等进行的分析论证。只有在确定薪酬策略的基础上,才能确定企业的分配原则、拉开差距的标准、薪酬各组成部分的比例等具体的分配策略。

要明确企业的需求,必须首先了解企业的现状。

8.5.3.2 岗位评价与等级分析

岗位评价能在较大程度上解决薪酬的内容公平性问题,通过岗位评价可以比较企业内部各个岗位的相对重要性,得出岗位价值序列,使不同岗位之间具有纵向和横向的可比性,为确保薪酬的公平性奠定基础。同时,还可以为进行薪酬调查建立统一的岗位评估标准,消除不同企业间由于岗位名称不同,或即使岗位名称相同但实际工作要求和工作内容不同所导致的岗位差异,使薪酬调查结果具有实际参照价值。在得出岗位价值序列后,就要按照一定的规则来划分岗位等级。

岗位评价与等级分析是确定企业各个岗位薪酬水平、确保薪酬内部公平性的依据。常用的方法主要有:工作分类法、点数法、岗位参照法、配对比较法等。这些方法在岗位评价过程中通常需要结合使用,单独使用其中一种方法很可能无法达到岗位评价结果科学性、合理性和准确性的要求。

(1)工作分类法

工作分类法是将各种工作与事先设定的一个标准进行比较。工作分类法的步骤是:

①工作评价者应该确定工作类别的数目;

②为各种工作类别中的各个级别进行定义,这些定义为薪酬体系的建立提供了依据;

③将各种工作与确定的标准进行比照,然后将它们定位在合适工作类别中的合适级别上。

工作分类法的优点:简单明了,很容易被员工理解和接受。它强调的是工作类别的差异,而不是单个工作的差异。

工作分类法的缺点:在工作类别的划分上有一定的难度,如果工作的类别太少,难以准确区分工作的价值;如果工作的类别太多,对各种工作等级进行定义相当复杂。

(2)点数法

点数法是指把工作的构成因素进行分解,然后按照事先设计出来的结构化量表对每种工作要素进行估值。用点数方法进行工作评价的一般步骤是:

①进行工作分析;

②准备工作说明书;

③选择补偿因素;

④为各种补偿因素建立结构化量表,反映各个等级之间的程度差异。

(3)岗位参照法

岗位参照法是指企业事先建立一套较合理的标准岗位价值序列,然后将其他岗位比照已有标准岗位来进行价值评估。岗位参照法的具体操作步骤为:

①选出几个具有代表性并且容易进行评估的岗位,将选出的岗位定为标准岗位,对这些岗位采用合适的方法进行岗位评估;

②根据标准岗位的工作职责、工作环境和任职资格要求等信息,将类似的其他岗位归类到这些标准岗位中来;

③根据每个岗位与标准岗位的工作差异,对这些岗位的岗位价值进行调整;

④确定所有岗位的岗位价值。

岗位参照法的优点是通过选择、评估标准岗位价值,再推广到所有岗位,可大大节省为岗位评估所花费的时间、精力和成本,且评估的结果具有较高的准确性。

它的缺点是标准岗位的选择具有一定的难度,其他岗位在与标准岗位相比照时,也需要一定的精确度和说服力。

(4)配对比较法

配对比较法是通过对待评估岗位的工作内容、工作职责、任职资格等所有要求进行两两配对比较,从而根据比较结果确定其相对岗位价值的岗位评估方法。

在两两对比时,对价值相对较高的岗位计 1 分,对价值相对较低的另一个岗位计 0 分。两两对比完成后,将每个岗位的所得分类进行汇总和排序。根据汇总结果,总分最高的岗位其岗位价值最高,总分最低的岗位其岗位价值最低。依次排序,就可以得出所有岗位的价值序列。配对比较法的优缺点与排序法大致相同。

8.5.3.3 薪酬水平市场调查

薪酬调查的主要目的在于解决薪酬的对外竞争力问题。在进行薪酬调查时,一定要选择与自己有竞争关系的公司或同行业的类似公司,重点考虑员工的流失去向和招聘来源。

为了确保薪酬调查的可信性,要采用相同的标准进行岗位评估,并力争得到真实的薪酬数据。一般来说,市场薪酬调查要委托专业的咨询公司进行。

8.5.3.4 薪酬结构与水平的确定

(1)薪酬水平。薪酬水平是指企业所支付的薪酬在市场薪酬中所处的位置。薪酬水平的确定取决于与企业战略相配合的薪酬战略。另外,对薪酬竞争力的理解,不能单纯看薪酬水平的高低,单纯依赖高薪不一定就可以吸引、保留和激励人才。薪酬的支付方式、薪酬的内部公平性以及薪酬对员工实际需求的满足等也是保持薪酬竞争力的重要手段。确定薪酬水平时,可以先确定不同职业等级的薪酬水平、薪酬幅度和薪酬差距,在确定了薪酬的总体水平和结构之后，再确定每一个岗位的具体薪酬水平。

(2)薪酬结构。薪酬结构是指企业的组织结构中各岗位的相对价值及其对应的实付薪酬之间保持着什么样的关系，薪酬的组成及各组成部分之间的比例。

①固定薪酬与浮动薪酬之间的比例

在薪酬的构成中，固定薪酬主要起到保障的功能，而可变薪酬与绩效指标的完成情况紧紧挂钩，主要起到激励的作用。

人力资源管理各个模块的实施中，要充分考虑人员在组织中的级别，针对不同层级的人员，要实施区别对待的人力资源管理政策；另外，由于"二八原理"的存在，对掌握核心技术的研发人员及掌握决策权的高级经营管理人员，在人力资源管理中也应该施以特殊的政策，以充分激励这部分人员。

②短期薪酬与长期薪酬之间的比例

为了保持企业的可持续发展，必须给予员工长期的激励，特别是给予高级管理人员和核心技术人员以长期的激励。短期薪酬主要包括员工的基本工资和短期奖金，其职能是在年度经营中激励员工为实现经营目标而努力。由于利润的可操作性，短期经营目标的实现，并不意味着企业具有长期的可持续发展能力。

为了在长期内激励员工，就必须建立长期薪酬的激励机制。长期薪酬主要是员工所获得的长期激励，主要包括员工持股、模拟股票期权和延期支付计划等。短期薪酬和长期薪酬之间的比例通常与员工在组织架构中所处的等级层次相关。

8.5.4 我国企业员工福利种类

福利作为培育员工对企业归属感和忠诚度的独特手段，历来为企业家和管理者重视。在我国，福利和工资分配所依据的原则不同。工资分配所依据的是"按劳分配"的原则，其水平是根据员工劳动的数量和质量来确定；而福利则是根据整个社会的生活和消费水平，根据企业的实际支付能力，有条件、有限度地解决和满足员工的物质文化需要，并利用各种休假和休养制度来保证员工的身心健康。我国企业为员工提供的福利主要有以下几种：

(1)福利设施

这是指企业为员工提供的福利设施，包括为员工建立的食堂、住宅、单身设施、托儿所、幼儿园、浴室、理发室、休息室、保健科等，以及为员工文化娱乐所提供的文化馆、俱乐部、图书馆和体育场等。

(2)补贴福利

这是指企业根据国家的有关政策和规定，按照企业的性质和员工的福利水平，发给员工的补贴和津贴。比如，探亲补贴、交通费补贴、伙食费补贴、洗理费补贴、书报费补贴、独生子女费补贴、生活困难补贴等。

(3)教育培训福利

这包括企业给予员工在职或短期脱产免费培训、公费进修(部分脱产或全脱产)等。

(4)健康福利

这主要是指医疗(全部或部分)福利，如免费定期体检及防疫注射、药费报销等。

(5)假日福利

这是指带薪假日，包括法定假日、病假、产假以及每年若干带薪事假或休假日，其长短通常随工龄的不同而不同。我国法定的休息、休假时间主要有六种，分别是工作日内的休息时间、周休、节假日、探亲假、年休假以及结婚假或直系亲属去世的丧假。

以上的这些福利,为员工工作、学习和生活带来了方便,既减轻了员工的经济负担,又丰富了员工的文化生活,对于增强员工的凝聚力和向心力起到了较大的作用。除此以外,随着我国社会保障制度的日益完善,由国家、企业和员工共同承担的各项劳动保险已成为员工福利的重要内容。目前我国现行的劳动保险制度主要有养老保险、失业保险和医疗保险。另外,随着福利分房制度的终结,住房公积金也成为员工所关注的福利内容。

总的说来,因为我国尚属发展中国家,所以员工的福利从内容和形式来看,主要还都是实物或金钱形式的经济性福利。随着社会的发展,人民生活水平的不断提高,企业在福利管理方面的工作也将不断得到完善和改进,将从目前的经济性福利,不断向有利于加强员工工作环境保障和员工自身发展的非经济性福利转变,真正发挥福利的保障作用和激励作用,确保员工安心工作、高效工作。

任务小结

亲爱的读者,你已经完成了任务 8 的学习。相信你又有了很大的收获,通过完成本任务,你已经了解人力资源管理的定义、人力资源管理地位的变化、各种招聘方式的特点、各种培训方法的特点、工资的基本构成,熟悉了招聘的过程、培训的各种方式、常见绩效评估办法,你已经能够有效实施一定规模企业的员工绩效考评、薪酬管理。

在此,必须强调的是人力资源管理是对管理中最灵活的一个要素——人的管理。管理的核心就是对人的管理。没有有效的人力资源管理,一切管理都无从谈起。

下面请进入到能力自测部分,巩固上面任务 8 所学内容。

能力自测

一、单项选择题

1. 人力资源规划是根据(　　)的变化,预测企业未来对人力资源的需求。

A. 市场　　B. 经营战略

C. 组织内部环境和外部环境　　D. 组织内部人员的多少

2. 人力资源规划的首要任务是(　　)。

A. 人力资源需求预测　　B. 人力资源供给预测

C. 核查现有人力资源　　D. 确定企业发展目标

3. 甲公司在报纸上刊登一消息:本公司因业务发展需要,需销售部经理一名等,这属于组织中的(　　)。

A. 培训　　B. 招聘　　C. 晋升　　D. 广告宣传

4. 薪酬市场调查是为了确保员工薪酬的(　　)。

A. 外部公平　　B. 内部公平　　C. 个人公平　　D. 程序公平

5. (　　)是以技能为基础来支付的一种薪酬系统。

A. 技能工资　　B. 绩效工资　　C. 工龄工资　　D. 岗位工资

6. 企业招聘的来源有(　　)。

A. 内部招聘、外部招聘　　B. 笔试、面试

C. 招聘空间、招聘时间　　D. 广告招聘、借助中介机构

7. 下面培训方法中属于脱产培训的方法是(　　)。
A. 学徒培训　B. 辅导培训　C. 工作轮换　D. 案例分析法
8. 组织的培训按照内容划分为(　　)。
A. 知识性培训、技能性培训、态度性培训　B. 入职培训、在职培训
C. 基层培训、中层培训、高层培训　D. 在职培训、脱产培训
9. 现代人力资源管理以(　　)为中心。
A. 信息　B. 资本　C. 知识　D. 人
10. 将全体职工逐一配对比较,按照逐对比较中被评为较优的总次数来确定等级名次的绩效考核方法是(　　)。
A. 简单分级法　B. 交替分级法　C. 范例对比法　D. 成对比较法
11. 企业对新录用的员工进行集中的培训,这种方式称为(　　)。
A. 岗前培训　B. 在岗培训　C. 离岗培训　D. 业余自学
12. 下面属于绩效考核的方法是(　　)。
A. 关键事件法　B. 点数法　C. 德尔菲法　D. 马尔科夫法
13. 通过检查人力资源需求,确保组织能够在需要的时候聘用到足够数量合格员工的人力资源实践活动是(　　)。
A. 人力资源培训　B. 人力资源招聘　C. 人力资源选拔　D. 人力资源规划

二、简答题

1. 人力资源规划包括哪几个步骤?
2. 企业招聘员工的渠道有哪些?
3. 员工培训的方法有哪些?
4. 员工薪酬的作用是什么?
5. 绩效评估的方法有几种?
6. 我国员工福利的种类有哪些?

案例分析

福临汽车配件股份有限公司

福临汽车配件股份有限公司位于珠江三角洲,是它的董事长兼总经理乔国栋于多年前创办的,专门生产活塞、活塞环、气门之类的产品,并为华南的汽车提供修理服务。

乔国栋53岁,本来在北方一家国有大型汽车制造厂的销售部门工作。20世纪80年代初,他毅然辞职南下,在一家中外合资汽车制造公司搞销售工作。干了近10年后,他觉得自己干销售得心应手,又已建立了一个不小的用户联络网,并攒了一笔钱,觉得与其给洋老板打工,不如自己干。于是他与从北方一起南下的老同事傅立朝,辞去现职,办起了一家只有10人的福临汽车修配站。老傅懂技术、有手艺,乔自己管公关、干销售,生意红火,很快发展了起来。三年多以后,又拉了一位会计出身的女强人关迪琼入伙,办起这家汽车配件股份有限公司,乔、傅、关各占股本的40%、30%、30%。乔国栋任董事长兼总经理,但干销售是他的拿手戏,所以他坚持自己兼营销副总,关迪琼任财务副总,傅立朝是生产副总。生产副总手下有位生产厂长,叫刘志仁,是老傅自己找来的。事实上,创业之初,厂区布局、车间设备、工艺、质量标准,直至四位车间主任人选,全由老傅包揽,连第一批生产工人中不少人也是他招考进来的。老乔并不全力关注公司发展的全局和战略,至少1/4的精力花在他爱干也擅长的营销、采购和公关上了。好在当时公司规模不大,市场也有利,这么干下来,效益相当不错。

从一开始,公司的做法就是大胆放权,各车间主任和科室负责人都各自包下自己单位的人事职能,对自己手下人从招聘、委派、考核、升迁、奖惩都是他们自己说了算,公司领导基本上不过问。

7年发展,公司规模扩大到340多人,业务也复杂起来。乔总发现当初那几年全公司“一个和睦大家庭”的气氛消退了,近两年员工士气在不断下降。领导班子开会研究,一致决定,应该专门设一个管人事的职能办公室。但这办公室该设在哪一级,班子意见起先是不一致的。争论再三,才决定设在生产厂长之下,办公地点在生产厂进门左边一间小房间内。该办公室有主任一名,并配一名秘书。

公司财务科有位成本会计师,叫郭翰文。他6年前从北方一所大学工商管理专业毕业,经他的父亲、乔总的一位亲戚推荐,来公司财务科工作。那时公司还小,不久业务就熟练了。他的工作使他跟生产与营销两方面的人多有接触,人缘不错。乔总和傅总都觉得这小伙子工作自觉,受到大家喜爱。但他常说:“我并不喜欢干财会,我其实爱搞人事工作,爱跟人打交道,不爱跟数字打交道。”他那天在食堂,正巧跟总经理秘书小周同桌吃饭,从小周处听到公司要设“人事办”的消息。于是他闻风而动,马上递上书面申请,要求当这“人事办”主任,又分头向乔、傅、关“三巨头”口头汇报,软磨硬缠,终于如愿以偿,当上了“人事办公室主任”。上任前,乔总关照他说:“你这人事办公室主任干得好坏,对全厂工作很重要。”

郭主任新官上任三天,他就向各车间主任发出书面通知说:“为适应公司的扩展,公司领导决定对全厂员工的人事管理实行集权。为此成立本办公室。今后各车间一切人事方面的决定未经本主任批准,一概不得擅自执行。”

通知发下后,各车间主任对此政策变化的不满便接踵而至,都说“小郭这小子太狂了,一朝权在手,便把令来行,手太长了”。厂长开始听到车间主任们的抱怨,“工人们已经跟刚招来时不同了,难管多了”。厂长有一回见到一位车间主任,问为什么生产下降了,主任答道:“我手脚都给捆住了,还怎么管得了工人。如今奖励、惩罚、招聘、辞退,我都没了权,叫我怎么控制得了他们?怎么让他们出活?”

有一天,有位女工闯进人事办公室气冲冲地说,她被车间主任无缘无故地辞退了。郭主任说:“别急,让我先搞清楚情况。”就给那车间主任挂了电话:“喂,三车间张主任吗?我是郭翰文,你们车间林达芬是怎么回事?”“我炒了她的鱿鱼。”“这我知道,但为什么呢?”“很简单,我不喜欢她。”“你知道,没有人事批准,你是不能随便辞退工人的。”“是吗?可是我已经辞退她了。”“老张,你不能这么办。你总得有个站得住脚的理由才……”“我不喜欢她,这就够了。”电话自此被挂断了。

郭主任把这事向刘厂长做了汇报。刘厂长做了不少工作,并坚持让小林复职,这事才平息下来。但主任们关于招的工人质量差、自己没有人事权、管不了的抱怨却有增无减,他们主张人事办管的事越少越好。这事终于闹到老傅那里去了,因为乔总出差去走访用户了。刘厂长对傅总说,看来,现在这厂的规模还不算大,用不着设一个专门的人事职能部门。他建议还是用行之有效的老办法,让各车间主任自己管本单位的人事工作,郭主任还是回财务科去做原来的成本会计为好。

老傅左思右想,觉得恐怕只好按刘厂长的意见办了。但他说还是等几天乔总回来后,请示了再定。

思考题:

1. 福临公司是在怎样的情况下把人事权下放给各车间主任的?为什么看来这套办法还算有效?
2. 你认为该公司这样处理人事职能(前后两次)恰当吗?为什么?
3. 郭翰文改行人事,是否合适?为什么?
4. 你若是乔总,回来听了老傅的汇报,会怎样决定?为什么?
5. 福临公司实行的是传统人事管理还是现代人力资源管理?你从这个案例的研讨中得到些什么教益?

实训操作

【实训目标】

(1)培养人员招聘工作的能力;

(2)训练应聘的能力与心理素质。

【实训内容与要求】

(1)角色扮演的情景设定:根据模拟公司的工作计划建立组织结构,各模拟公司组织招聘各部门负责人(班级统一制定编制或职数);各模拟公司招聘由总经理主持,公司成员均为招聘组成员;每名学生可向不超过三家公司(不含本公司)应聘;各公司根据每个应聘者的表现决定聘任;招聘程序按课程讲授内容进行,同学们先在课下进行精心准备,在课上完成角色扮演。

(2)各公司要制订招聘计划,包括招聘目的、招聘岗位、任用条件、招聘程序,特别是聘用的决定办法。

(3)每个人要写出应聘提纲或应聘讲演稿,一定要体现出应聘竞争优势。

(4)以公司为单位,组织招聘活动(全班可分为两大组,轮流担任招聘方与应聘方)。

【成果与检测】

(1)各公司提供招聘计划书;

(2)每个人提供应聘提纲或讲演稿;

(3)评估各公司招聘的组织状况的好坏,并以前来应聘者的人数作为重要衡量指标;

(4)评价每个人的表现,特别是受到其他公司聘任的频次;

(5)由教师做出统计与综合评估。

任务 9

企业文化建设

能力目标

通过完成本任务，你应该能够：
1. 了解企业文化的概念和构成
2. 了解企业文化的产生背景
3. 了解企业文化的功能
4. 熟悉企业文化的建设途径
5. 熟悉中国企业文化的渊源和发展

核心能力

1. 领会什么是企业文化
2. 掌握企业文化的建设程序和途径

◆项目任务

9.1 企业文化概述
9.2 企业文化的建设
9.3 建设中国特色的企业文化

- ◆ 任务导入
- ◆ 任务小结
- ◆ 能力自测
- ◆ 案例分析
- ◆ 实训操作

任务导入

【相关阅读】

名牌是怎样打造出来的?

L集团由一家濒临倒闭的集体小厂,最终发展成年销售收入上百亿元的国际化大型企业集团,该集团总裁的总结是:L几十年的成就,首先不在于有形的东西,而恰恰在于无形的东西。他首先从改变职工的“质量价值观”入手。为了改变传统的观念,他要求所有L人树立这样一种群体意识:“有缺陷的产品就是废品,生产不合格产品的员工就是不合格的员工”。经过努力,L在容易被人们所忽视的“看不见的战线”上实现了企业员工观念的变革,不仅把L产品,同时也把L集团变成了闻名海内外的著名品牌。

文化虽然是无形的,但它是无处不在、无时不有的,“无形的比有形的重要、软件比硬件重要”,这就是经济时代的特征。未来的企业竞争将主要是人的竞争,而人的竞争从某种角度上讲就是文化的竞争,所谓“文化是明天的经济”的认识,也预示着一个文化竞争时代的到来。所以企业要成为世界一流的企业,必须依靠文化的强大作用。未来的发展趋势必将证明,文化是获得经济效益和经济增长的最有效的途径,是企业取之不尽、用之不竭的财富源泉。从某种意义上讲,企业文化是企业的大脑和潜意识,是企业凝聚力与活力的源泉。

问题:(1)从L的成功经验,解释在企业的管理中“无形的比有形的重要、软件比硬件重要”的奥秘。(2)L打造世界知名品牌是从何处入手抓企业文化的?(3)你是怎样理解“文化是明天的经济”这句名言的?

9.1　企业文化概述

9.1.1　文化的定义

对企业文化的理解首先要从对文化的理解开始,即考察文化是怎样把人们凝聚在一起、规范他们的行为并保持新思想和传统习惯的平衡。一旦有了对文化的基本认识,企业文化的含义就会变得清晰起来,管理者方能采取更加有效的步骤发展一种健康的文化。

自从有了人类,就有了文化。文化是人类社会特有的标记,然而什么是文化,直到今天,也没有一个统一的定义。

文化一词,在德文中为Kultur,在英文中为Culture,它们都是来自拉丁文Cultura,意思为耕作、培养、教育、发展、尊重、开化。18世纪以后,文化的含义逐步演化为个人素养,整个社会的知识、思想方面的素养,艺术及学术作品的汇集,以及引申为一定时代、一定地区的全部社会生活内容。在中国最早把“文”和“化”两个字联系起来的是《易经》,“关乎天文,以察时变;观乎人文,以化天下”。意思是指圣人在考察人类社会的文明时,用诗、书、礼、乐来教化天下,以构造“修身、齐家、治国、平天下”的理论体系和制度,使社会变得文明而有序。但最先给文化下定义的是英国的人类学家泰勒，他认为，文化和文明就其广泛的人种学而言，是一个复杂的整体，包括知识、信仰、道德、法律、风俗及作为社会成员的人所获得的才能与习惯。自泰勒以后，文化人类学家、社会学家、哲学家、民俗学家、民族学家、管理学家等从自身研究的领域和目的出发，从不同的角度给予文化不同的解释。据学者们统计，到 21 世纪初，仅用英语下的文化定义就有 160 多种。

一般而言，文化有广义和狭义两种理解，广义的文化是指人类在社会历史实践过程中所创造的物质财富和精神财富的总和；狭义的文化是指社会的意识形态，以及与之相适应的礼仪制度、组织机构、行为方式等物化的精神。本章所说的文化，是指广义的文化。

9.1.2 企业文化的含义

对于任何一个企业来说，由于每个企业都有自己特殊的环境条件和历史传统，也就形成自己独特的哲学信仰、意识形态、价值取向和行为方式，于是每个企业也都形成了自己特定的文化。

就企业特定的内涵而言，企业是按照一定的目的和形式而建构起来的社会集合体，为了满足自身运作的要求，必须要有共同的目标、共同的理想、共同的追求、共同的行为准则以及与此相适应的机构和制度，否则企业就会是一盘散沙。而企业文化的任务就是努力创造这些共同的价值观念体系和共同的行为准则。从这个意义上来说，企业文化是指在一定的社会政治、经济、文化背景条件下，企业在长期的社会实践中所形成的并且为企业成员普遍认可和遵循的具有本企业特色的价值观念、共同思想、团体意识、工作作风、行为规范和思维方式的总和。包括企业的价值观念、经营哲学、管理思想、文化教育、行为准则、道德规范、文化传统、风俗习惯、典礼仪式以及企业形象等方面。企业文化是民族文化的具体体现，它从属于民族文化，是由民族文化所决定的。

企业文化作为一种新的社会现象，已经被人们广泛地认识和重视，并正在打破国界，在全世界兴起，成为新世纪企业改革、经济发展和社会进步的重要标志。更进一步说，企业文化是一种以价值观为核心的对全体员工进行“企业意识”教育的亚文化体系。这种亚文化体系既根植于它的大文化环境之中，如日本的企业文化根植于日本文化之中，美国的企业文化根植于美国文化之中，又有自己的特点，比如同是根植于日本文化中，松下有松下文化，丰田有丰田文化。

任何企业都有文化。不论好坏、积极与消极、明确化的程度如何，任何企业都有其基本的风格、风气，都有不同于其他企业的特点。其不同之处，就是该企业文化上的特色。日常生活中，人们议论某企业“具有创新精神”，某企业“团队精神强”，某企业“官僚作风重”等，都是企业文化的表现。

9.1.3 企业文化理论的形成

企业文化是与企业相伴而生的客观现象。在企业诞生之时，就存在企业文化，但是人们对于这一文化现象的认识和研究，则始于 20 世纪 80 年代初。

第二次世界大战以后，美国的企业在行为科学理论和管理科学理论的指导下迅猛发展，劳动生产率得到了极大的提升。利润的大量汇集，使美国企业界一片兴旺，企业的规模也迅速扩大，从而使美国迅速成为世界上的头号经济强国，经济的强盛，使美国在政治上也出尽风头。但是，在 20 世纪 70 年代初期爆发的石油危机，使美国的许多企业受到了沉重的打击，竞争力大大削弱，劳动生产率在持续增长了 20 年后戛然停止，此后美国经济长期陷于停滞状态。

然而，作为战败国的日本，令人惊奇地在短时间内治愈了战争的创伤，并在战争后的一片废墟中迅速崛起，经济迅速发展，其产品大量冲击和占领美国曾居于优势的市场份额。在战后的 30 年时间里，以每年 10%的增长速度赶上并超过了一个个西方发达国家。值得注意的是，20 世纪 70 年代工业发达国家由于石油危机而普遍发生通货膨胀时，日本经济却依然保持快速增长的势头。这一严峻的挑战引起美国各界的震惊和深刻反思。经过多方面的比较和研究，美国学者发现，成功的企业管理是日本经济迅速发展的重要原因之一，而日本的企业管理方法之中有不少是美国企业所忽视的。

美国管理界对照日本经济的发展，发现两国在企业管理上的差异是导致两国企业发展如此不同的重要原因。美国企业注重管理的硬件方面，强调理性和科学。美国人崇尚独立和自主，注重个人发展，强调个人作用，缺乏将个人放在一个群体中考虑的习惯，团队意识差；日本企业则不但重视全体员工共有的价值观念和群体意识，还重视强化职工对企业的向心力，注重培养企业中人们之间良好的人际关系。比较的结果使美国的学者认识到，文化是企业管理中不可忽视的重要因素，对于企业的成功与否具有重要的影响。为此，他们提出要向日本学习，借鉴日本社会和企业中的许多独特的文化因素，培育和发展美国的企业文化。美国学者提出的企业文化理论和模式的研究引起日本企业界和理论界的强烈反响，并相继波及其他国家，由此兴起一股全世界范围的企业文化热潮。目前，企业文化在理论和实践方面均已得到长足的发展，企业文化学作为一门边缘学科，已经成为现代管理科学的重要组成部分。企业文化理论的形成标志着企业管理从物质的、制度的层面向文化层面发展的趋势，被称为自古典管理以来管理理论发展的第四阶段。

9.1.4 企业文化的结构

一般认为企业文化有三个层次结构，即物质文化层、制度文化层和精神文化层。

9.1.4.1 物质文化层

物质文化层是企业文化的表层部分，它从一个角度对企业精神、企业目标、企业经营哲学、企业风气、企业道德等作了具体的展示，使人对这个企业一目了然、印象深刻。它包括企业开展活动的基本物质基础，具体内容如下：

(1)企业标志，产品种类设计，产品特色、式样、品质和包装；

(2)工厂空间布置、厂房的造型、颜色，纪念性建筑；

(3)厂容、厂貌，包括企业的自然环境、建筑风格、车间和办公室的设计和布置方式、厂区和生活区的绿化与美化等；

(4)厂旗、厂服、厂徽、厂歌、服务、质量；

(5)企业的文化体育设施，机器设备，产品的外观、企业的纪念品；

(6)企业的文化传播网络，包括报纸、杂志、广播、电视、宣传栏、广告板等，它是公司传递价值观念及英雄典范意识的渠道。

企业文化的物质层往往比较稳定，成为企业识别的标志，是 CIS 系统的重要组成部分，如麦当劳的黄色 M 型标志，麦德龙的商场外围的布置等，让人一看就知道是哪家企业。

9.1.4.2 制度文化层

制度文化层是企业文化的中间层部分。它是物质层和精神层的中介，构成了企业管理的个性特征，具体包括具有本企业文化特色的，为保证企业活动正常进行的企业领导体制、企业中的全体成员共同遵守的一切规章制度、道德规范和员工行为准则、人际交往的方式等，它是企业文化的制度保证和规章体现。

(1)一般制度。是指厂规、厂纪、各种工作制度和责任制度，如岗位责任制度、各种酬劳制度。

(2)特殊制度。这里所指的是该企业所特有的，代表其企业个性的一系列制度。如职工民主评议干部制度、财务公开制度、公示制度、培训制度、职工有重大事情时的关怀制度以及企业的不成文规范。

(3)企业风俗。和民俗一样，企业在长期发展过程中，会积累起自己的礼仪和风俗，如接待客户的礼仪、员工发生重大事件(婚、丧、嫁、娶、生日等)时企业介入的程度等。企业风俗不像一般制度和特殊制度，它没有明文规定，不需要行政命令，而是完全靠习惯和偏好维持，它由精神层主导，同时又反作用于精神层。我们可以在自然形成的基础上，通过宣传倡导等手段加快良好企业风气的形成。

9.1.4.3 精神文化层

它是企业文化结构的核心层，是指企业在长期的实践活动中逐步形成的，并为全体员工所认同和共同遵守的基本信念和共有意识，是企业物质文化层和制度文化层的基础，包括企业的价值观、企业精神、企业道德、集体思维方式、各种思想观念、民主意识、企业风气等。

(1)企业的价值观。企业的价值观就是指企业内部管理层和全体员工对该企业的生产、经营、服务等活动以及指导这些活动的一般看法或基本观点。它包括企业存在的意义和目的、企业中各项规章制度的必要性与作用、企业中各层级和各部门的各种不同岗位上的人们的行为与企业利益之间的关系等。每一个企业的价值观都会有不同的层次和内容，成功的企业总是会不断地创造和更新企业的信念，不断地追求新的、更高的目标。企业价值观是企业文化的核心和灵魂。

(2)企业精神。企业精神是指企业经过共同努力奋斗和长期培养所逐步形成的，认识和看待事物的共同心理趋势、价值取向和主导意识。企业精神是一个企业的精神支柱，是企业文化的核心，它反映了企业成员对企业的特征、形象、地位等的理解和认同，也包含了对企业未来发展和命运所抱有的理想和希望。企业精神反映了一个企业的基本素养和精神风貌，成为凝聚企业成员共同奋斗的精神源泉。

(3)企业的经营哲学。它是企业全体成员共同追求的最高目标，是全体员工共同价值观念的集中表现，是企业文化的出发点和归宿。企业目标是企业员工凝聚在一起的根本原因，优秀的企业目标能在实现企业利润最大化的同时，把企业的命运同国家、民族的命运联结在一起，形成崇高的目标。

(4)企业的道德和风气。企业道德是企业内部调整人与人、个人与集体、个人与社会和单位之间、企业与社会之间的关系准则，包括道德意识、道德关系、道德行为。企业道德在影响社会道德的同时，也影响其在社会上的形象。良好的企业道德是对社会负责也是对自己负责。企业的不道德行为最终会导致自食恶果，于己、于消费者、于社会都是有害的。企业风气是企业文化的外在表现，是企业及其员工在长期的工作实践过程中所形成的精神状态和精神风貌。良好的企业风气可以克服个人主义唯利是图的不良作风，形成人人争先、同舟共济的企业氛围，促进企业的健康发展。

(5)企业素养。企业的素养包括企业中各层级员工的基本思想素养、科技和文化教育水平、工作能力、精力以及身体状况等。其中，基本思想素养的水平越高，企业中的管理哲学、敬业精神、价值观念、道德修养的基础就越深厚，企业文化的内容也就越充实丰富。可以想象，当一个行为或一项选择不容易判定对与错时，基本素养水平较高的企业容易帮助管理者做出正确决策，企业文化必须包含企业运作成功所必要的企业素养。

综上所述，物质文化层、制度文化层、精神文化层由外到内的分布形成了企业文化的结构。其中精神文化层是企业文化的灵魂，反映了企业文化的境界，它决定了制度文化层和物质文化层；制度文化层是联结精神文化层与物质文化层的桥梁，它是企业文化的重要组成部分；物质文化层是企业文化的载体，它也是企业文化作用的结果，它从多方面反映了企业文化的特点。三者密不可分，它们相互作用、相互影响、相互依存，共同构成企业文化的完整体系。

9.1.5　企业文化的功能

(1)导向功能

企业文化规定了企业的目标，明确了企业的宗旨，它有助于把企业成员的思想、行为引导到实现企业所确定的目标上来，使企业员工知道和明确自己的活动方向，引导着员工去实现企业的目标。企业文化是在一定的历史条件下和长期的实践活动中形成的，在形成的过程中，它通过对企业成员共同的价值观和思想行为的塑造，从精神上引导员工的心理和行为，并使企业群体产生共同的追求、共同的价值观和共同的利益，从而使全体员工为实现企业的目标而共同奋斗。

(2)凝聚功能

企业文化对企业员工的行为有着凝聚的功能。企业的目标、价值观念、行为规范和道德准则等被员工认同时，就会产生巨大的黏合作用，把企业成员紧密地团结起来，形成一个统一体的凝聚力量，把企业成员凝聚在一起。因此，企业可以通过对这种认同感的培养，使员工的行为、思想、感情、信念、习惯与整个企业有机地统一起来。企业文化还能培养员工的归属感和使命感，满足员工归属于某一群体的需要，建立为世人所欣赏的企业精神和企业形象，使员工产生强烈的归属愿望，从而能更好地处理个人与企业的关系，自觉维护企业的利益。良好的企业文化会造就一种和谐的气氛，有利于员工之间的正常沟通，减少摩擦，从而增强员工的凝聚力，加强员工之间的感情联系，使员工在受到尊重的同时增强与企业的感情，产生与企业同命运、共患难的坚强意志。企业员工的这种凝聚力的产生，一方面是塑造企业文化时重视人的价值，珍惜、关心和培养人的感情，注重集体观念的形成；另一方面是企业文化建设要注重用文化的心理沟通人们的思想，使人们产生对企业的观念认同、使命感和归属感。

(3)激励功能

企业文化能激发员工的工作热情、积极性、主动性和创造性。一方面由于企业文化是一种以人为中心的管理，承认人的价值，尊重人、关心人、爱护人，注重对人的思想、行为的“软”约束，这在很大程度上让员工感觉到受到了赏识，认清自己在企业中的地位，有一种主人翁的责任感，从而产生高度的自觉性和工作热情。另一方面，企业文化的激励功能不是消极被动地去满足人们对自身价值的心理需求，而是通过企业共同价值观的形成，使其转化为员工实现自我激励的动力，自觉自愿地为企业的生存和发展而努力工作。

(4)约束功能

企业文化包含了企业的各种行为规范，对企业员工的行为具有规范和约束的作用。由于企业文化是企业群体的文化，其必然影响每个成员的认识、感觉、思想、伦理和道德等心理过程。如果企业的共同价值观深入到每个员工的头脑中,则员工的心理就会产生与之相适应的感觉和认识,自觉或不自觉地按照共同的价值观行事,一旦违反这种价值观念,无论别人知道与否,自己都会感到内疚和不安,从而自觉地在思想和行为上做出调整,以服从价值观念的规范。

(5)辐射功能

企业文化对企业的内外都有强烈的辐射作用。在企业内部,企业文化通过强烈的感染传播力量对员工产生着影响,无论员工的来去、职位的调动,还是领导的改换,都难以影响企业文化的固有力量。良好的企业文化也可以通过一定交流和形式向企业外部传播,这将有助于树立企业形象,扩大企业对社会的影响,提高企业的知名度。同时,企业文化也会通过每个员工的作用,影响社区或其所有的交往对象,从而使企业文化扩展到更广泛的范围。例如,通过高质量的产品和卓越的服务,使顾客感受到企业独特的文化特色;通过利用各种宣传手段,如电视、广播、报纸、杂志、会议等传播方式,宣传企业文化等。企业文化对内外辐射的过程,也正是企业形象的塑造过程,因而对企业的发展有着重要的意义。

(6)塑造企业形象的功能

企业形象是一个企业在社会公众及消费者心目中的总体印象,是企业文化的外在表现,也是企业巨大的无形资产。优秀的企业文化能为企业塑造良好的整体形象,树立信誉,扩大影响。

搞好了企业文化建设,就能给企业带来很大的益处。像铁路、航空、电力等企业,其安全运输和安全生产非常重要,因此,它们的企业文化重点往往放在安全上,围绕着安全转。抓好了安全,能带来巨大的社会效益,同时也就带来巨大的经济效益。美国麦当劳食品公司的成功也是这样的。它的企业价值观表现为精益求精的服务质量和清洁舒爽的饮食环境。这家公司现在已成为世界上最大的食品公司。目前麦当劳的分公司已遍及世界各地,其中包括中国。它的企业价值观不仅在它的本土国充分体现出来,在它的跨国分公司同样体现着这一企业价值观。它不仅是靠其可口卫生的食品而赚钱,也可以说是靠其优秀的企业文化在赚钱。

9.2 企业文化的建设

9.2.1 文化建设的程序

建设企业文化是一项综合性的、复杂的系统工程,不可能一蹴而就,要经历探索、建设、积累和创新的过程。优秀企业文化的构建需要企业有意识、有目的、有组织地长期倡导、培育、强化、总结、提高,还要经过筛选、沉淀、积累和升华的过程,更需要在与社会大环境的相互作用中逐步得到实现。企业文化建设要遵循企业文化的发展规律,依据科学的程序和方法进行系统建设。根据我国一些企业的经验,现代企业文化建设的一般程序包括以下两个方面:

(1)通过调查研究,对本企业的文化现状进行分析

为了使现代企业文化建设结合现代企业实际,必须首先对企业的文化现状做深入系统的调查研究。调查提纲是开展调查的依据,它的质量直接制约着调查研究的水平。因此,精心设计,拟定一个便于操作的提纲是一个十分重要的环节。原国家体改委经济体制与管理研究所设计出了一个包括调查目的、调查对象、调查方法和调查基本内容的现代企业文化现状调查提纲。调查的基本内容涉及十个方面的情况,即企业环境、企业精神、企业领导者、企业职工素

质、企业思想政治工作、企业经营战略、企业制度和组织机构、企业人才开发、企业凝聚力、企业形象，可供参考。

企业开展现代企业文化的调查研究，要注意调查对象的广泛性和代表性，要帮助他们了解调查的意义和目的，解除顾虑，认真地回答有关问题或提供有关资料。在调查的基础上，要对大量资料和数据分类整理，进行深入分析，全面把握企业的文化现状优势和经验，找出存在的主要问题与薄弱环节，并写出企业文化现状的调查研究分析报告，作为下一步有的放矢地开展现代企业文化建设的重要依据。在调查研究的基础上，企业可以提出进行现代企业文化建设的基本框架和思路，内容包括本企业的企业文化构成要素、各要素的具体内容、各要素在企业文化整体中的地位以及它们之间的相互关系、相互作用等，从中抓影响全局的主要矛盾，并提出解决矛盾的思路和措施。

(2)选择现代企业文化建设的切入点

在我国进行现代企业文化建设，多数企业都是在发扬优秀传统文化的基础上进行的。改革开放以来新创办的一些企业，有的在企业创办时就开始了现代企业文化建设。无论是老企业还是新企业，在一定的现代企业文化理论和目标模式指导下，都存在选择现代企业文化切入点的问题。归纳多数企业的做法，选择切入点的方法有以下几种：

①从企业面临的主要矛盾入手，寻找现代企业文化建设的切入点。

有些企业产品质量不高或服务水平较差，竞争能力不强；有的企业管理混乱，效率低下，浪费严重；有的企业人心涣散，士气低落；有的企业人际关系不协调，能量内耗等。这些企业就从解决企业面临的上述某一方面问题入手，倡导某种正确的价值观、精神，建立良好的企业行为方式，纠正不良思想和行为。这样做，容易收到良好效果，并能增强和扩大现代企业文化的影响力。

②从企业的优良传统入手，选择切入点。

企业的优良传统是企业历史上形成的文化精神和闪光点，包括经营管理经验、思想政治工作经验、企业作风、习俗、英雄人物等，抓住企业这些闪光之处，继承、发扬、形成现代企业文化的生长点和建设的切入点。

③以企业环境的重大变化、组织结构的重大改组、制度的重大创新为契机，建设现代企业文化。

【相关阅读】

北京王府井百货大楼曾被誉为“新中国第一店”，在建店初期就以优质服务、敬业精神闻名于世。自改革开放、转变机制以来，他们在总结著名全国劳动模范张秉贵的“一团火精神”和其服务艺术的基础上，将其提升为大楼文化的精华——大楼精神，并渗透于企业经营管理、营销服务、思想教育诸项工作之中，形成北京王府井百货大楼的“大楼文化”。实践证明，他们选择的切入点是切合实际并有效的。

9.2.2　企业文化建设的基本途径

随着高科技时代的到来，企业在竞争中不可避免地面临着风险，因此，新时代的企业必须能够容忍错误和失败，在企业中形成不畏风险、大胆创新、勇于竞争的企业文化。在知识经济时代，知识资本将成为企业成长的关键性资源，企业要生存发展，就必须强化知识管理，更好地开发利用和共享知识，建立学习型组织，通过持续不断的学习来掌握新科技，适应新变化。现代企业间的竞争主要还是人才竞争,也是企业凝聚力的较量,企业文化必须体现成就感、团队合作精神和整体荣誉感,树立以人为中心的管理思想,增强企业的凝聚力和向心力。

(1)选择合适的企业价值观标准

企业价值观是整个企业文化的核心,选择正确的企业价值观是塑造良好企业文化的首要战略问题。选择企业价值观要立足于本企业的具体特点,根据自己的目的、环境要求和增长方式等特点选择适合自身发展的企业文化模式。其次要把握住企业价值观与企业文化各个要素之间的相互协调,因为各个要素只有经过科学的组合与匹配,才能实现协调整体的优化。

在此基础上,选择正确的企业价值观标准要注意以下四点:

①企业价值标准要准确、明晰、科学,具有鲜明的时代特点。

②企业价值观和企业文化要体现企业的宗旨、发展战略和发展方向。

③要切实调查本组员工的认可程度和接纳程度,使之与本企业员工的基本素质相和谐,过高和过低的标准都很难奏效。

④选择企业价值观要发挥员工的创造精神,认真听取员工的各种意见,并经过自上而下和自下而上的多次反复,审慎地筛选出既符合本企业的特点又反映员工心态的企业文化模式。

(2)强化员工的认同感

在选择并确立了企业的价值观和企业文化模式之后,就应把员工基本认可的方案通过一定的强化灌输方法使其深入人心。具体做法可以是:

①利用广播、电视、报纸、杂志等各种宣传媒体,宣传企业文化的内容和企业精神,使之家喻户晓,以创造浓厚的企业文化氛围。

②培养和树立榜样及英雄人物。“榜样的力量是无穷的”,榜样和英雄人物的先进事迹是企业文化和企业精神的缩影,他们的感人事迹会对员工有巨大的感召力和影响力。

③加强对员工进行企业文化的教育和培训。

通过对员工的教育和培训,使全体员工认同并产生共同的价值观念,使员工的思想得到统一,从而增强企业的凝聚力和向心力,加强员工的自我调节和控制。

(3)提炼企业精神

企业价值观的形成不是一蹴而就的,必须经过科学地分析、归纳和提炼才能够准确地确定下来。

首先是精心分析。在经过群众性的初步实践之后,应当将反馈的意见加以分析和评价,详细分析和比较结果与规划方案的差距,必要时可采纳有关专家和员工的合理意见。

其次是全面归纳。在系统分析的基础上,进行综合化的整理、归纳、总结和反思,去除那些落后和不合时宜的内容与形式,保留积极进步的内容和形式。

最后是精炼定格。把经过科学论证的和实践检验的企业精神、企业价值观、企业伦理与行为,予以条理化、完善化和定格化,再经过必要的理论加工和文字处理,用精炼的语言表达出来。

(4)巩固落实

要巩固落实已经提炼的企业文化和企业精神,首先要建立必要的制度保障。在企业文化演变为全体员工的习惯和行为之前,要使每一位成员在一开始就能自觉主动地按照企业文化和企业精神的标准去行动比较困难,即使在企业文化已经成熟的企业中,个别成员背离企业宗旨也是经常发生的。因此建立某种奖优罚劣的规章制度十分必要。其次,领导者在塑造企业文化的过程中起着决定性的作用。领导者必须更新观念并能带动企业成员为建设优秀的企业文化而共同努力。

(5)在发展中不断丰富和完善

任何一种企业文化都是特定历史的产物,当企业的内外条件发生变化时,企业必须不失时机地丰富、完善和发展企业文化。这既是一个不断淘汰旧文化和不断产生新文化的过程,也是一个认识与实践不断深化的过程。全体文化由此经过不断的循环往复以达到更高的层次。

9.3 建设中国特色的企业文化

【相关阅读】

日本"企业文化"

日本企业文化具有鲜明的日本民族特色,强调团队精神、家族精神。在日本,企业文化的表现形式是多种多样的,如"社风""社训""社魂""组织风土""经营原则""企业使命感"等。这种企业文化是在企业内部把全员力量统一在共同目标之下的一种文化观念、历史传统、价值标准、道德规范和生活准则。日本企业文化的特点主要体现在以下几个方面:

1."和"的观念

"和"是被应用到日本企业管理范畴中的哲学概念和行动指南,其内涵是指爱人、仁慈、和谐、互助、团结、合作和忍让,它是日本企业成为高性能团队的精神主导和纽带。它最初渊源于中国儒家理论,但又对儒家理论进行了发展。中国儒家理论强调的是"仁、礼、义",而日本则强调"和、信、诚",人们注重共同活动中与他人的合作,追求与他人和睦相处,并时刻约束自己,所以日本企业都遵循"和"的观念行事。在日本人看来,一个团体或企业如果失败,多半是由于缺乏"和"的精神。真正实行了"和"的团体,势必带来和谐和成功。理想的工作环境,使人的潜能得到良好的发挥,使人找到了人生的归宿,达到幸福的境界。"和"的观念很大程度上制约和引导着日本企业的经营哲学。日本企业实行的自主管理和全员管理、集体决策和共同负责都与"和"的观念密不可分。

2. 终身雇佣制

终身雇佣制在第二次世界大战后在日本进行全面推广,目前已作为一种制度沿用下来,尽管这种制度不是由国家法律规定的。日本的年轻人一旦到一家大公司,就把自己的一生交给了这家公司,使自己成为企业大家庭的一员。日本企业非常注重培养职工的群体观念,培养雇佣人员的品质、忠诚和长期为公司做贡献的愿望。终身雇佣制的作用一方面可以解除员工失业的后顾之忧,促使他们对工作采取从长计议和一往无前的态度,有利于提高劳动生产率。同时也有利于培养员工的团队精神,而且企业可以有计划、有步骤地对员工进行培训,而不必像西方公司那样时时担心员工"跳槽"。

3. 日本文化具有对优秀文化"兼收并蓄"的包容能力

在历史上,日本的文化曾经出现过大大落后于世界上先进国家的状况。当日本尚处于原始公有制时期,中国已经开始从奴隶社会向封建社会的转变;当欧美各国已经步入资本主义社会的时候,日本民族仍在封建主义制度下缓缓前行。而且,日本的"单一民族"的同质条件十分容易导致僵死、凝固的文化状态。在这种状态下,可以有两种选择:一是封闭自我、抱残守缺,抵制外来文化,使自己已经落后的文化更加落后;二是对外来文化兼收并蓄,通过移植和创新,改造先进文化而自我更新,吸收融合先进文化,使自身迅速跨入先进文化的行列。在日本的文化发展史上,日本民族明智地选择了第二条道路。日本对外来文化和异源文化的冲击,既没有采取否定一切的虚无主义,也不是全盘照搬,而是采取拿来主义的态度。对外来的文化进行了自主性的移植,显示出自身的独特优势。

4. 日本文化具有强烈的理性精神

中国学者陈荣耀认为日本式理性至少由三个因素构成:第一,生存理性。日本的资源极其缺乏,因此历史上曾经有这样的规定,只有长子才有婚配权,以限制人口的增长,所以日本人从不对现实产生一种安逸感,他们深刻体会到,只有拼命地努力才能取得生存的权力。第二,危机理性。在历史上,日本曾经数次落后于包括中国在内的邻国和西方国家,使他们深刻体会到,只有自强、奋发,才能发展自己,从而取得自己的生存权。第三,人文理性。日本自"大化革命"以后,开始接受儒学文化。儒学文化不是神性文化而是理性文化,这就使日本民族的实用理性上升到人文理性,巩固了日本民族的理性精神,日本的这种理性精神,是其文化发展中的重要特征。

9.3.1 中国企业文化的根基

众所周知,企业的发展离不开社会环境,而一个社会或国家的文化对企业的影响是巨大的。传统文化是企业文化产生的条件和土壤,尤其在中国这样一个传统文化十分丰富的国度,企业文化建设与传统文化必然有着十分密切的关系。所有企业的管理者要深入地学习研究中国传统文化的特点,同时在管理中汲取中国传统文化的管理思想和管理智慧。这对于企业来说是至关重要的,因为企业文化和传统文化就像是鱼和水的关系,离开了传统文化的"水",企业文化这条"鱼"是注定无法生存的,因此,中国企业文化的根基是中国传统文化。

(1)中国传统文化的整体风貌

①中国传统文化为大陆型文化。从地理环境上看,中国传统文化产生并成熟在与外界相对隔绝的东亚大陆之上,是典型的"大陆民族文化",相比而言,西方文化属于海洋文化,古希腊人依赖海洋,穿梭于海洋,是一个典型的海洋性文化类型。中国版图辽阔,东临浩瀚的太平洋,西面和西南面有帕米尔高原和喜马拉雅山脉及横断山脉,北面有沙漠和戈壁等。中国多山的环境造成了交通不便,产生了相互封闭的自给自足的小农经济,中国传统文化系统从半封闭的大陆性地理环境中获得了特别完备的"隔绝机制",而这种隔绝机制正是一个独立的文化系统得以延续的先决条件,所以从秦汉到隋唐,中国传统文化虽然与匈奴等草原文化以及南亚大陆的佛教文化进行过颇有深度的交流,但中国传统文化始终保持着自身的风格和系统。

②中国传统文化是农业文化。世界上没有任何一个国家像中国这样,在几千年的历史上如此重视农业,把农业放在社会政治、经济生活的首位,"天下重农耕"是中国传统文化的一个重要特征。农业的兴旺与衰落一直是衡量中国历代社会是否稳定与富足的基本标志。其原因是在中国古代社会中,吃饭问题一直是居于首要地位的大事,因此农业一直是中国历代王朝极力解决的重大问题。由此而形成的中国农业文明,是中国传统文化的一个重要特征。

③中国传统文化是伦理型文化。"欲治其国者先齐其家,欲齐其家者,先修其身。""修身、齐家、治国、平天下"的古代政治学说,重视个人道德品质的完善,促进家庭伦理关系的协调。所以中国古代"修齐治平"的政治学说充满了中国传统文化的伦理色彩。中国传统文化的核心是"求善",受制于政治,以"修齐治平"为人生导向,以道德的自我完善为人生价值的第一取向。

中国的传统文化强调人、天、地，把人与天、地等量齐观。但中国传统文化的“重人”意识，并非尊重个人的价值和个人的自由发展，而是将个体与美、将人与自然和社会交融互摄，突出强调人对国家、社会、宗族的义务。因此，中国传统文化属于以求治为目标的“伦理型”文化。

(2)继承中国传统文化，发扬现代企业文化

企业文化作为一种新的社会现象，越来越多地为人们所认识，它正在打破国界，在全世界兴起，成为现代企业改革、经济发展、社会进步的标志之一。企业文化已经成为现代企业不可或缺的重要组成部分。在中国这样一个有着五千年灿烂历史文化的文明古国，吸取古老文化的精髓，古为今用应当是现代企业管理者的治企之道。特别是在今天的高科技时代，弘扬传统文化必须把握好继承和发扬的辩证关系，要区别精华与糟粕，依靠科学精神、科学态度和科学方法，结合时代特征加以发展和变化。

管理大师彼得·德鲁克曾经说过：企业文化只有符合民族的文化，才能扎根久存。企业文化是在民族文化的影响下逐步形成的，它是民族文化的组成部分，通常都要打上民族文化的烙印。在经济全球化的今天，中国的企业面临着来自各方面的巨大压力，能否在激烈的市场竞争中立于不败之地，在很大程度上取决于能否创建一个健全的企业创新文化。

9.3.2　中国企业文化的发展状况

从 20 世纪 80 年代末到 90 年代初，随着我国改革开放的进一步深入，在引进外资、引进国外先进技术和管理的过程中，企业文化作为一种管理模式被引入到我国的企业中。一时间，许多企业都风起云涌地搞起了企业文化，在全国掀起了企业文化的热潮。有些企业模仿外资企业管理和企业文化的一些形式，如搞文艺活动、喊口号、统一服装、做企业形象设计等，这些形式虽属于企业文化，但多数企业忽略了企业文化的内涵和基础，给人一种误导，并使企业文化的建设进入误区，从而使中国的企业文化在其建设和发展的过程中面临着一系列的挑战和存在着许多问题。

(1)企业领导人对企业文化建设的必要性认识不足

不少企业经营者只重视制度、纪律、产量、产值、营业额、利润等硬管理项目，对于以人为核心、以非理性为特点的企业文化认识不足，认为只要员工遵守厂规、厂纪，完成工作定额就可以了，不注意从人的思想深处挖掘人的积极性、主动性和创造性，从而丧失了企业更好发展的良机。

(2)将企业文化建设等同于思想政治工作

在国有企业的垄断时代，企业文化的代名词就是政治思想工作，中国企业改革已经进行了几十年，但由于历史和体制的原因，在实际工作中，我们的企业文化建设大多是由政工部门负责，因而在广大员工中形成一种对于企业文化的错误认识，认为搞企业文化建设就是做思想政治工作，使员工对它产生抵触情绪。殊不知，企业文化建设实际上是一种企业管理活动，它的内涵远比思想政治工作宽泛，它不仅针对员工，同时也针对企业经营者，是整个企业的黏合剂、催化剂。这种混同实际上是将企业文化建设政治化了。

(3)将企业文化建设抽象化、运动化、肤浅化

首先，一些企业在进行企业文化建设时，不先对什么是企业文化进行一番深入、细致的研究、学习，只是凭主观的想象，认为搞企业文化建设就是提出几个抽象、空洞的口号，写出几个标语。人们常见的口号有“团结”“开拓”“进取”“求实”“高效”等，可是这些口号往往既不反映本企业的特点、特色，又不能与员工的理想、抱负产生共鸣，从而成为一种只供外人参观的装饰品、点缀物，这就把企业文化抽象化了。其次，就是将企业文化建设当作运动来搞，“一阵风”一

拥而上,“风一过”一哄而散,而没有意识到企业文化建设是一项艰巨的工程,需要企业的全体员工,付出长期艰巨的努力。第三,将企业文化建设等同于举办文体活动。在不少企业中,建设企业文化就是搞文体活动,如排几个节目、放几场电影、举行几次体育比赛等。这些活动固然算作企业文化建设的一个方面,但将其等同于企业文化建设,就把企业文化建设大大地肤浅化了。

(4)将企业文化全盘西化

中国“入世”后,许多西方管理理论大量被中国企业所采用,认为中国企业的出路就是要按照西方管理理论来运作。但是,西方企业管理理论能否在中国运用,能否适合中国国情,其中一个主要的判断标准就是它能否融入中国民族文化之中。中国什么管理理论都可以引进,就是企业文化不能全盘引进吸纳。因为企业文化是基于民族文化的根基之上,任何先进的管理模式如果不能与当地文化相结合,它就会水土不服。文化的差异已经是当今影响跨国管理的重要因素。只有将管理融入民族文化的精髓之中,发扬传统民族文化的精华,选择与借鉴和民族文化深层结构有互补或一致的内容,才能创造出适合中国国情的企业文化模式。因此中国的企业文化更多的不是模仿和照搬西方企业的精神内涵,而是学习他们如何执着地将企业核心价值观转化为企业员工行为的做法。只有中国人的精神才是中国企业文化的支柱,也只有基于中华民族文化的企业文化才可能是中国企业的文化。

(5)在企业文化建设中忽略“个体人”的作用

企业文化建设的核心是要把人的积极性和创造性激发出来,让企业的每一个员工都尽可能地将自己的最大潜能释放出来,以便使整个企业充满朝气与活力。但是,在我国目前的大多数企业中,企业文化建设成为一种机械、古板的日常管理教育活动,多的是说教、灌输、强化和例行公事,忽视了对人的关心、尊重和重视,这种做法弱化了企业文化的功能和作用,使企业文化建设流于程式化。

9.3.3 创建中国独特的企业创新文化

中国企业面临着来自各个方面的巨大压力,能否在激烈的国内国际市场竞争中取胜,并不断成长和壮大,在很大程度上取决于是否能够创建一个健全的企业创新文化。那么,中国企业应该倡导什么样的创新文化,以有效地推动企业的发展、管理的创新,进而迅速提高中国企业的综合水平呢?我们既不能单纯地模仿美国企业文化模式,也不能照搬日本企业、韩国企业文化模式,而应该坚持中国的优秀文化,创建自己独特的企业创新文化。

中国独特的企业文化必须是建立在中国优秀文化基础上的,与中国社会主义市场经济相吻合的群体创新文化模式。这一模式的特色主要反映在两个方面:一是立足于中国的优秀传统文化,这一文化是中国几千年文明的积累,是人类优秀文化的组成部分,至今对中国人乃至全世界都有着非常重要的影响。二是社会主义市场经济。这种经济体系与西方资本主义市场经济具有质的不同,即这种体系是在公有制基础上运行的,其运作方式和内在机制都有自己的特色。在此条件下,中国的企业及管理必然就应有与之相适应的方面,中国企业文化建设涉及以下五个方面:

(1)企业文化价值观的提炼和培育

中国的群体创新应当既包括集中集体创新,也包括分散群体创新,为此,企业创新价值观的导向性应涵盖这两方面。

(2)企业创新文化环境的建设

企业创新文化环境的建设包含硬环境建设和软环境建设两个方面。硬环境建设主要是建设创新工作赖以进行的各种物质环境条件,如创新所需要的工具、设备、仪器,创新试验的条件,创新资料是否齐备,信息沟通和管理方式,工作场所及生活环境等。软环境是指企业内部的创新氛围,这主要是一种无形的推动力和激发力量,创新文化本身就是营造这种氛围的一个重要方法。在群体创新文化条件下,氛围良好应表现为企业员工个个努力创新,争取创新成果,企业领导者言传身教大力倡导管理创新,并对成功者给予荣誉与奖励等。

(3)创新英雄人物的塑造

创新英雄人物的塑造在中国企业中应大力提倡,这不仅因为英雄人物对群体创新文化的建设有着举足轻重的作用,而且因为创新英雄人物在创新的过程中表现出来的优秀品质本身就展示了优秀的创新文化。塑造创新英雄人物与群体创新文化的建设并无矛盾之处,因为创新英雄人物的事迹广为员工所知,可以使员工们的学习和仿效具有榜样,进而推动群体的创新。

(4)企业创新制度的设置与完善

创新制度是创新及创新行为展开的制度保障。这种制度的建设对于我国企业过去少有创新动力和创新行为的现象而言,显得非常必要。中国企业在管理创新和其他方面的创新较少,主要原因是我们的制度问题,即现代企业制度问题。而这一制度的核心是产权制度,其中也包括管理创新制度等。

(5)创新文化礼仪的建设

中国素有"礼仪之邦"之称,文化礼仪在中国古代就非常发达,然而,随着社会的变迁和历次文化运动,中国的礼仪也已经发生了较大的变化。中国企业要创设其独特的创新文化,就必须以中国的传统文化和企业特点为根据,创设出既符合时代发展又富含中国传统文化韵味的创新文化礼仪,通过文化礼仪来宣传企业的价值观,利用生动的礼仪形象来感染广大员工,提升整个企业的团队创新意识和创新精神,最终提高企业的经济效率和效益,促进企业的健康发展。

总之,创建独特的企业文化既是中国企业走向世界的必由之路,又是中国企业获得迅速发展的关键所在,更是中国企业进军世界500强的内在动力。因此,中国企业建立健全完善的企业文化刻不容缓。

【相关阅读】

美国"企业文化"

美国的企业文化具有其明显的特色,美国的企业文化与其社会文化有着天然的关系。美国是一个只有200多年历史的多民族国家,它的社会文化流派很多,十分复杂,其文化源头主要是基督教文化。这种社会文化背景决定了美国企业文化的最大特点是提倡自由贸易、自由竞争、自由经营,鼓励个人凭能力和智慧致富。从文化的内容看,美国企业具有如下特征:

1. 建立共同的价值观

美国企业领导者认识到,决定公司生存和发展最重要的因素是企业共同的价值观和共同的信念。美国最杰出企业的价值观主要有以下四个方面:

第一,成功的企业要有一个崇高的目标,不能单纯以盈利为企业的最高目标,而是要努力为消费者、为社会提供优良的产品和服务。

第二,企业应使员工参与决策和管理工作。企业的成功不仅要有先进的科学技术,而且必须创造一种合作文化,让员工参与合作并解决问题。

第三,追求卓越。这是美国企业文化的核心之一,企业应创造一种环境、一种文化,让更多的人感到不满足,更多的人追求卓越。

第四,建立亲密文化。要求管理人员与下属员工建立友谊,有了友谊才会有信任、牺牲和忠诚,员工才会发挥出巨大的创造力量。

2. 个人能力主义与重视自我价值的实现

美国的历史使美国民族的生活带有个人能力主义及流动性和变动性的特点,因此,美国企业文化培植了不怕风险、不怕失败、勇往直前的开拓进取精神,尊重个人、崇尚个人自由、追求个人发展的精神,鼓励自由贸易、自由竞争、任何人都要凭才智和工作而富的精神。而在这个过程中,企业又非常重视员工自我价值的实现。美国著名的苹果电脑公司认为,要开发每个人的智慧闪光点。"人人参与""群言堂"的企业文化使该公司不断开发出具有轰动效应的新产品。

3. 提倡竞争

竞争出效益,竞争出成果,竞争出人才,但竞争的目的不在于消灭对手,而是自由参与竞争的各方更加努力地工作,美国企业十分重视为员工提供公平竞争的环境和竞争规则,充分调动员工的积极性,发挥他们的才能。如 IBM 公司对员工的评价是以其贡献来衡量,提倡高效率和卓越精神,鼓励所有管理人员成为电脑应用技术专家。

4. 奖励创新

美国许多企业都用不断创新来保持自己的优势。许多成功的公司都是不断发扬创新精神,不断开发新产品,大胆鼓励创新,不抹杀人们的创造性,容忍失败。对于成功者给予奖励、重奖,失败者也不会受到惩罚。

5. 人际关系淡漠

由于不干涉个人私事,企业和职工之间、职工和职工之间的关系成为单纯的工作关系,造成美国企业文化中人际关系淡漠,形成过分重视利润、市场占有率和技术革新等实际价值的特点。

任务小结

亲爱的读者,你已经完成了任务 9 的学习。你已经初步了解了企业文化的含义、企业文化的构成、企业文化的产生背景以及企业文化的功能,熟悉了企业文化的建设程序和途径,熟悉了中国企业文化的渊源和发展状况。

这里我们特别强调,文化虽然是无形的,但它是无处不在、无时不有的。所以企业要成为世界一流的企业,必须依靠文化的强大作用。未来的发展趋势必将证明,文化是获得经济效益和经济增长的最有效的途径,是企业取之不尽、用之不竭的财富源泉。从某种意义上讲,企业文化是企业的大脑和潜意识,是企业凝聚力与活力的源泉。

下面请进入到能力自测部分,以巩固上面任务 9 所学内容。

能力自测

一、单项选择题

1. 企业文化的内核是(　　)。

A. 价值观　　B. 经济观　　C. 利益观　　D. 是非观

2. 体现在企业的规章制度、组织机构等方面的文化是(　　)企业文化。

A. 制度文化层　　B. 物质文化层　　C. 精神文化层　　D. 核心的

3. 厂旗厂标、厂貌厂容、厂服厂歌是(　　)企业文化。

A. 精神文化层　　B. 物质文化层　　A. 制度文化层　　D. 主要的

4. 企业的目标、价值观念、行为规范和道德准则等被员工认同时,就会产生巨大的黏合作用,把企业成员紧密地团结起来,形成一个统一体的凝聚力量,把企业成员凝聚在一起,这是企业文化的(　　)功能。

A. 导向功能　　B. 凝聚功能　　C. 激励功能　　D. 约束功能

二、简答题

1. 如何理解文化的含义?
2. 什么是企业文化?其构成内容如何?
3. 怎样理解企业文化的各种功能?
4. 简述企业文化的建设途径。
5. 简述中国企业文化的源泉和现状。

案例分析

硅谷高新技术企业的创业文化环境

美国旧金山东南圣克拉拉谷是美国主要微电子公司的集中地,因为微电子工业的材料主要是硅片,所以那里又被人们称为硅谷。硅谷独一无二的企业文化是该地众多高新技术公司获得成功的主要原因。今天,那些骨干企业的老总们已经创造了一种新的工作环境,这种工作环境强调自由、进取和乐趣,而不是服从、统一和敬畏。

硅谷的老总们把企业视为共同体,而不是一台机器或者是一个军事机构。他们不会婆婆妈妈地告诉员工们应该做些什么,而只是提供一种环境,这种环境可以鼓励员工实现自己的愿望,同时又能满足公司的需要,他们运用最新的技术去发展生产,同时他们对待员工像是同僚而不是下属,从而承认员工的价值。当然这些公司首先是一起改进市场运行状况和摒弃官僚主义恶习来使自己兴旺发达的。詹姆斯对美国硅谷最负盛名的公司如微软公司、戴尔公司及康柏公司等的老总们进行了访谈,然后他把这些公司的总经理和其他公司的经理们的经验体会总结成八条,合起来就成了一种强有力的带有灵活性的团体文化。

(1)交易是一种经济方式,而不是一场斗争。一般人把交易看成是两个公司、两个部门或是两个人之间的一系列斗争。但在硅谷的公司的老板们看来,交易只是一种经济方式,在这里独树一帜的公司最有可能繁荣昌盛。

(2)公司是一个共同体,而不是一种机器。一般人把公司看作一个组织,里面的人物都是可有可无的小人物,但在硅谷,公司却被认为是共同体,共存共荣,目的是让每个员工实现理想。

(3)管理是一种服务,而不是控制。一般人总以为经理的工作就是指挥和管住员工。在硅谷,经理只确定方向、拥有资财,这样可以让员工自由地完成工作。

(4)员工是经理的同事,而不是他们的孩子。一般人都说,不盯住员工,他们是不肯干活的;他们素质太差,不能委以重任。在硅谷,员工被视为经理的同仁。由于平等对待,人尽其才,从董事会会议室到装货码头,随时随地都会产生出英明的决策。

(5)以理想为动力,而不是用恐惧作动力。在一般人看来,因为怕炒鱿鱼,员工才去工作。在硅谷,员工的动力是:实现宏伟目标后,可以获得丰厚的经济上的回报。

(6)改变是发展的形式,而不是对人的折磨。一般人认为,改变是复杂的、困难的,它是绝望之中不得不承受的痛苦。在硅谷,改变被当作一种乐于接受的过程,借此可以适应新的市场环境。

(7)计算机是奴隶,不是主人。一般人利用计算机来加强对公司的管理和控制。在硅谷,计算机被当作有用的奴隶,以此来避免重复、枯燥的劳动。

(8)变干为乐,不是变干为苦。一般人把工作视为逼不得已的苦差和引发矛盾、产生困扰和压力的祸源。在硅谷,工作被视为理想、让人喜欢的东西。所以员工们总想在工作场所多消磨一些时间。

这就是硅谷特有的企业文化。

思考题:

1. 硅谷企业文化的核心是什么?它对我国的高科技企业有什么借鉴意义?

2. 硅谷高科技公司的总经理和其他公司的总经理的管理方法有什么不同?

3. 强调交易是一种经济方式,而不是一场斗争,强调公司是一个共同体,而不是一种机器,强调管理是一种服务,而不是控制,这对我们的企业管理、特别是高科技企业的管理和企业文化建设有何积极意义?

实训操作

【实训目标】

(1)巩固和强化学生对企业文化理论知识的理解及深刻认识。

(2)锻炼并提高学生的独立思考能力,知识转化能力,发现、分析及解决问题的能力。

(3)具有初步的组织文化分析与设计能力。

【实训内容与要求】

(1)由5—8名同学形成一个小组,全面调查当地的一家企业的生产经营及管理的整体状况;

(2)运用企业文化的相关知识,分析该企业的企业文化特色及不足之处;

(3)从企业文化的构成来为该企业提出塑造企业文化的具体方案。

【成果与检测】

(1)每个小组通过集体讨论研究之后,写出一份分析报告;

(2)在班级组织一次交流,每个组推荐两名成员谈谈管理的理论依据,并由一个代表谈谈该企业的企业文化建设方案;

(3)由教师与学生对各组所交材料与交流中的表现进行评估打分。